应用型本科院校"十二五"规划教材/人文社科类

Situation And Policy

形势与政策

（第2版）

主 编 沃金雁 陈 威
副主编 王秀娟 冯 博
　　　 赵 晶 王艳辉

哈尔滨工业大学出版社
HARBIN INSTITUTE OF TECHNOLOGY PRESS

内容简介

本书共分十一章,从不同视角概述分析了当前国内外形势与政策要点。本书涵盖面广、材料翔实、可读性强,能够帮助学生认清国内外形势,了解世情、国情,教育和引导学生全面准确地理解党的路线、方针和政策,坚定在中国共产党领导下走中国特色社会主义道路的信心和决心,积极投身于改革开放和现代化建设伟大事业。

本书适合应用型本科院校学生使用。

图书在版编目(CIP)数据

形势与政策/沃金雁,陈威主编. —2版. —哈尔滨:哈尔滨工业大学出版社,2013.7

应用型本科院校"十二五"规划教材

ISBN 978-7-5603-3691-6

Ⅰ.①形… Ⅱ.①沃…②陈… Ⅲ.①时事政策教育-高等学校-教材 Ⅳ.①G641.41

中国版本图书馆 CIP 数据核字(2013)第 158759 号

策划编辑	杜 燕 赵文斌
责任编辑	苗金英
出版发行	哈尔滨工业大学出版社
社 址	哈尔滨市南岗区复华四道街 10 号 邮编 150006
传 真	0451-86414749
网 址	http://hitpress.hit.edu.cn
印 刷	黑龙江省委党校印刷厂
开 本	787mm×960mm 1/16 印张 12.75 字数 272 千字
版 次	2012 年 8 月第 1 版 2013 年 7 月第 2 版
	2013 年 7 月第 1 次印刷
书 号	ISBN 978-7-5603-3691-6
定 价	23.80 元

(如因印装质量问题影响阅读,我社负责调换)

《应用型本科院校"十二五"规划教材》编委会

主　任　修朋月　竺培国

副主任　王玉文　吕其诚　线恒录　李敬来

委　员　（按姓氏笔画排序）

丁福庆　于长福　马志民　王庄严　王建华

王德章　刘金祺　刘宝华　刘通学　刘福荣

关晓冬　李云波　杨玉顺　吴知丰　张幸刚

陈江波　林　艳　林文华　周方圆　姜思政

庹　莉　韩毓洁　臧玉英

序

哈尔滨工业大学出版社策划的《应用型本科院校"十二五"规划教材》即将付梓，诚可贺也。

该系列教材卷帙浩繁，凡百余种，涉及众多学科门类，定位准确，内容新颖，体系完整，实用性强，突出实践能力培养。不仅便于教师教学和学生学习，而且满足就业市场对应用型人才的迫切需求。

应用型本科院校的人才培养目标是面对现代社会生产、建设、管理、服务等一线岗位，培养能直接从事实际工作、解决具体问题、维持工作有效运行的高等应用型人才。应用型本科与研究型本科和高职高专院校在人才培养上有着明显的区别，其培养的人才特征是：①就业导向与社会需求高度吻合；②扎实的理论基础和过硬的实践能力紧密结合；③具备良好的人文素质和科学技术素质；④富于面对职业应用的创新精神。因此，应用型本科院校只有着力培养"进入角色快、业务水平高、动手能力强、综合素质好"的人才，才能在激烈的就业市场竞争中站稳脚跟。

目前国内应用型本科院校所采用的教材往往只是对理论性较强的本科院校教材的简单删减，针对性、应用性不够突出，因材施教的目的难以达到。因此亟须既有一定的理论深度又注重实践能力培养的系列教材，以满足应用型本科院校教学目标、培养方向和办学特色的需要。

哈尔滨工业大学出版社出版的《应用型本科院校"十二五"规划教材》，在选题设计思路上认真贯彻教育部关于培养适应地方、区域经济和社会发展需要的"本科应用型高级专门人才"精神，根据黑龙江省委书记吉炳轩同志提出的关于加强应用型本科院校建设的意见，在应用型本科试点院校成功经验总结的基础上，特邀请黑龙江省9所知名的应用型本科院校的专家、学者联合编写。

本系列教材突出与办学定位、教学目标的一致性和适应性，既严格遵照学科体系的知识构成和教材编写的一般规律，又针对应用型本科人才培养目标及与之相适应的教学特点，精心设计写作体例，科学安排知识内容，围绕应用讲授理论，做到"基础知识够用、实践技能实用、专业理论管用"。同时注意适当融入新理论、新技术、新工艺、新成果，并且制作了与本书配套的PPT多媒体教学课件，形成立体化教材，供教师参考使用。

《应用型本科院校"十二五"规划教材》的编辑出版，是适应"科教兴国"战略对复合型、应用型人才的需求，是推动相对滞后的应用型本科院校教材建设的一种有益尝试，在应用型创新人才培养方面是一件具有开创意义的工作，为应用型人才的培养提供了及时、可靠、坚实的保证。

希望本系列教材在使用过程中，通过编者、作者和读者的共同努力，厚积薄发、推陈出新、细上加细、精益求精，不断丰富、不断完善、不断创新，力争成为同类教材中的精品。

第 2 版前言

为深入贯彻落实中共中央、国务院《关于进一步加强和改进大学生思想政治教育的意见》(中发[2004]16号)和中宣部、教育部《关于进一步加强高等学校学生形势与政策教育的通知》(教社政[2004]13号),哈尔滨石油学院思想政治教研部的教师,结合学院课程设置的实际情况,编写了《形势与政策》教材。

孟德斯鸠说过:"能将自己的生命寄托在他人的记忆中,生命仿佛就加长了一些,光荣是我们获得的新生命,其可珍贵实在不下于天赋的生命。"思政部全体教师正是抱着这一人生理想去实践的。

本次修订的第 2 版与 2012 年版相比,增加了第六章"两岸关系发展走向",并根据党的十八大精神,对其他章的部分内容进行了补充。

本书编者均是长年奋斗在高校思想政治理论课教学一线的骨干教师,年富力强,具有扎实的理论功底和科研能力,从而保证了本书的编写质量。全书共分十一章。编写人员及具体分工为:沃金雁(第一章)13600 字;王秀娟(第二章、第三章、附录 1、附录 3)62560 字;王艳辉(第四章、第九章)27200 字;赵晶(第五章、第六章、附录 2)40800 字;陈威(第七章、第八章、第十章)51680 字;冯博(第十一章、附录 4)62560 字。

本书在编写过程中参阅了许多专家、学者的论著,也参阅了同类的《形势与政策》教材,在此向原作者表示感谢。本书是在哈尔滨石油学院党委和各级领导的大力支持下编写的,在此一并表示谢意。

由于编者水平有限,书中缺点和纰漏在所难免,恳请各位专家、学界同仁和读者提出宝贵意见,以便再版时改正。

编者

2013 年 6 月

目　　录

第一章　绪论 ··· 1

第二章　当前国内形势与发展趋势 ·· 11

第三章　全球化时代下的"中国模式"分析 ··································· 19

第四章　国内社会热点问题 ·· 25

第五章　中国的能源安全形势 ··· 41

第六章　两岸关系发展走向 ·· 49

第七章　中国和亚洲关系 ··· 59

第八章　中美关系 ··· 81

第九章　中国与欧盟关系 ··· 89

第十章　中俄关系 ··· 93

第十一章　中非关系 ·· 101

附录 1　中华人民共和国国民经济和社会发展第十二个五年规划纲要 ····· 119

附录 2　在庆祝中国共产党成立 90 周年大会上的讲话 ···················· 135

附录 3　中共中央关于深化文化体制改革推动社会主义文化大发展大繁荣若干重大问题的决定 ··· 147

附录 4　坚定不移沿着中国特色社会主义道路前进　为全面建成小康社会而奋斗
　　　　——胡锦涛在中国共产党第十八次全国代表大会上的报告 ······ 163

参考文献 ·· 191

综述篇

第一章
Chapter 1

绪 论

"形势与政策"课是高校思想政治理论课的重要组成部分,是对学生进行形势与政策教育的主渠道、主阵地,是每个学生的必修课程。"形势与政策"课既具有传达、贯彻、落实党和国家在国内外重大时事上的政策、立场、态度的功能,也有思想政治教育的一般特点,即服务于大学生的成长成才,为大学生全面发展、长远发展奠定基础。大学生要把握形势与政策的特点,审时度势,积极投身于和谐社会建设和"美丽中国"建设,在为建成小康社会奋斗的过程中实现个人理想。

一、"形势与政策"课的性质及其主要内容

(一)"形势与政策"课的性质

我国的读书人自古以来就有审时度势、胸怀天下的优良传统。春秋战国时期的孟子讲"天时不如地利,地利不如人和";北宋的范仲淹在《岳阳楼记》中写下了"先天下之忧而忧,后天下之乐而乐";北宋理学家张载要"为天地立心,为生民立命,为往圣继绝学,为万世开太平";"风声雨声读书声声声入耳,家事国事天下事事事关心"是明代东林党领袖顾宪成写在无锡东林书院的一副对联,表现的是读书人既认真读书,又关心国家大事的胸怀。

关心天下大事、着眼身边小事,把自己的理想与国家的命运紧密联系在一起,在为共同理想奋斗的过程中实现个人理想。清朝初年著名儒者顾炎武曾说"天下兴亡,匹夫有责",而要担此重任,需了解国内外的形势、国家的政策。"形势与政策"课将为我们提供一个看中国、观世界的窗口。通过这个窗口,我们可以看到中国政治、经济、社会、文化发展取得的成绩与存在的问题,可以知晓我国前进的目标、规划……能够放眼世界,看清当今的国际政治、经济形势,知晓中国在世界的地位、中国与世界其他国家的关系、中国发展可以利用的世界资源……从而明确自己所处的国内外环境、资源,为确立个人发展的可行性目标奠定基础。

早在1987年,教育部就决定在大学生思想教育课程中设置"形势与政策"必修课,要求各高校将"形势与政策"课列入教学计划。1996年国家教委制定下发了《关于进一步加强高等

学校"形势与政策"课程建设意见》,进一步对"形势与政策"课的教学目标、教学内容、教学方法、资料建设、师资队伍及教学管理等方面作出一系列具体的规定。1998 年中共中央宣传部和教育部将"形势与政策"课归入高校"两课"的范围。2004 年中共中央宣传部、教育部还专门为"形势与政策"课下发了《关于进一步加强高等学校学生形势与政策教育的通知》(教社政[2004]13 号)(以下简称 13 号文件)。13 号文件中明确指出:"形势与政策课是高校思想政治理论课的重要组成部分,是对学生进行形势与政策教育的主渠道、主阵地,是每个学生的必修课程,在大学生思想政治教育中担负着重要使命,具有不可替代的重要作用。"它是一门以邓小平理论、"三个代表"重要思想、科学发展观为指导,以高校培养目标为依据,紧密结合国内外形势,紧密结合大学生的思想实际,对大学生进行比较系统的党的路线、方针和政策教育的思想政治教育课程。它的基本任务是通过适时地进行形势政策、世界政治经济与国际关系基本知识的教育,帮助学生开阔视野,及时了解和正确对待国内外重大时事,使大学生在改革开放的环境下有坚定的立场、较强的分析能力和适应能力。13 号文件的下发,使"形势与政策"课的地位进一步凸显。

(二)"形势与政策"课的主要内容

中共中央宣传部、教育部下发的 13 号文件中指出:"当前和今后一个时期,要着重进行党的基本理论、基本路线、基本纲领和基本经验教育;进行我国改革开放和社会主义现代化建设的形势、任务和发展成就教育;进行党和国家重大方针政策、重大活动和重大改革措施教育;进行当前国际形势与国际关系的状况、发展趋势和我国的对外政策,世界重大事件及我国政府的原则立场教育;进行马克思主义形势观、政策观教育。"

根据中宣部、教育部对高校形势与政策教育内容的要求,高校形势与政策教育由四部分组成:基本理论、基本形势与政策、当前形势与政策、社会热点问题。其中前两部分是相对稳定的内容,是形势与政策教育的基础和教材建设的重点;后两部分是动态的,也是这门课的亮点,反映本课程的特色。

1. 基本理论,即马克思主义的世界观和方法论

马克思主义、毛泽东思想、邓小平理论、"三个代表"重要思想以及科学发展观关于如何认识形势的论述,党和国家重要会议的重要决议和纲领性文件,党的路线、方针、政策的重要内容等,都是基本理论的重要组成部分。

2. 基本形势与政策

形势与政策是变化的,但在一定时期内,形势发展与政策调整有其规律性和必然性。如当代世界政治经济格局及总体发展趋势,国际关系的基本走向及中国政府的外交原则立场和政策,我国的基本国情、国力和国策,国内改革开放的总趋势等,在相当长的时期内是相对稳定的,其发展变化具有必然性和规律性,可以构成基本形势与政策课程的框架。

3. 当前形势与政策

党的"十八大"之后,国际国内形势的新变化、新发展是"形势与政策"课教学的主要内容,也

是大学生十分关注的部分。如国际社会发生的重大事件及发展变化趋势、国内政治经济形势的新变化、党和政府的重要会议精神以及重大改革发展举措等,都是对大学生进行形势与政策教育的重要内容。行业形势也是形势与政策教育的重要内容。一个行业的历史、现状、发展趋势、其在国民经济中的地位作用以及在国际同行中的地位等,都是相关专业学生关注的内容。

4.社会热点问题

形势发展变化是必然性和偶然性的统一。有时形势受偶然因素影响突然发生较大变化,引起人们广泛关注,这类问题被称之为社会热点问题。这一部分内容虽然也遵循形势发展变化的大趋势和总的变化规律,但由于其突发性和结果的不确定性,在一段时期内引发特定的内容出现并引起社会关注。对这一部分内容应紧密结合基本理论和基本形势,及时客观地给学生讲解和分析。

二、形势与政策概述

(一)形势概念和基本特征

1.形势的概念

"形"与"势"。"形"侧重表现为事物的静态形象;"势"侧重表现为事物的动态趋势。"形"可以直观,"势"则需要分析,"形"与"势"总是统一于事物之中,所谓"形"中有"势","势"蓄于"形"。从语源上看,"形势"就是指某种事物在一定阶段所呈现出的基本状况和变动趋势。《现代汉语词典》对形势的解释是:事物发展的情况。目前,我国学者对"形势"概念有不同的表述,如"事物发展变化的态势和趋势""客观事物发展的状况和趋势""客观事物发展的基本情况和主要趋势""事物发展的现状和趋势"等。从以上表述来看,尽管人们表述的用词不完全相同,但基本含义却大同小异。对形势的表述包括了这样一些关键词:事物或客观事物、发展或发展变化、状况或现状、趋势或主要趋势。需要指出的是,目前学者对形势一词的解释有所不同,主要分歧在于:形势是指事物发展的"状况",还是指事物发展的"状况"和"趋势"。即形势中应该不应该包括事物发展的"趋势"。笔者认为形式的基本含义应当包括客观事物发展的现实状况和未来发展趋势两个方面。因为现实状况和未来发展趋势两个方面都是客观事物在发展过程中本身所具有的属性和特点。尽管未来发展趋势还不具有完全的现实的特点,但它毕竟反映了事物发展的方向和未来可能达到的境况。如果只承认事物发展的现存性而不承认事物发展未来趋势性的存在,不仅不符合事物发展的规律,而且会阻碍我们正确认识事物及事物的发展。所以,形势是指客观事物发展的基本状况和主要趋势;主要是指国际国内政治、经济、文化、社会等重要方面总体的发展状况和发展趋势。

正确认识形势,是我们党制定路线、方针、政策的客观依据,也是我们自觉贯彻执行党的路线、方针、政策不可缺少的条件。只有对形势作出准确的估计和正确的判断,才有可能制定出正确的方针政策,才有可能在执行方针政策的过程中,增强自觉性、主动性和创造性,避免或减少盲目性和失误。

世界是丰富多彩的,形势也是多种多样和相互关联的。从内容上讲,形势包括政治形势、经济形势、军事形势、科技形势、教育形势等;从范围上看,有国际形势、国内形势、农村形势和城镇形势等;从性质上分,有大好形势、严峻形势、有利形势、不利形势等;按照时间顺序,可以将形势分为过去形势、当前形势和未来形势;针对不同时期的不同情况,又可以把形势分为特殊形势和一般形势。

2. 形势的基本特征

形势作为社会现状和发展态势的综合反映,具有如下特征:

第一,形势的客观性。我们说形势是客观的,即认为形势的存在和发展是不以人的主观意志为转移的,它是独立于人的意识之外的。这是唯物主义对形势最根本的看法。之所以说形势是客观的,这主要是由形势的属性决定的。我们说的形势,是客观存在的事物以及事物发展的现状和趋势,这种事物及事物发展的现状和趋势,是先于我们的认识而存在的,即在你没有认识它之前,它就已经存在了。不论人们对它抱有什么认识和态度,对它来讲,都是无所谓的。承认形势具有客观性,可以划清唯物主义与唯心主义在对形势认识上的界限。

第二,形势的可知性。尽管形势的发展是不以人的意志为转移的客观存在,但是它可以被人们认识、被人们预见、被人们驾驭。决定形势发展变化的因素是多方面的,但主要有两个因素:一是人心向背;二是力量对比。因此,在观察形势时,首先要从实际出发,尊重客观事实,全面地把握客观形势及其发展变化的规律;其次要在实际工作中充分发挥人的主观能动作用,使形势朝着有利的方向发展。

第三,形式的规律性。规律性是指客观事物内部的本质联系。列宁说:"规律就是关系……本质的关系或本质之间的关系。"形势的规律性是指形势的发展变化不是杂乱无章的,而是按照一定的内在规律发展变化的。形势发展的规律性,不仅表现在各种不同形势之间的相互影响和制约(如社会政治形势与经济形势之间的相互影响和制约),而且表现在每个具体形势内部各要素之间的相互影响和制约(如经济形势中工业经济形势与农业经济形势间的相互影响和制约)。只有认识形势发展的规律性,才有可能预见未来,驾驭错综复杂的形势。

(二)政策的概念和基本特征

1. 政策的概念

古人云:"政者,正也;策者,谋也。"(正,通过管理,使其端正)简言之,政策即管理的谋略。《现代汉语词典》对政策的表述是:"国家或政党为实现一定历史时期的路线而制定的行动准则。"我国学者对政策的内涵有多种表述,如:"国家、政党在一定历史时期为实现一定任务而规定的行动依据和准则。""政党或国家在一定时期内为实现一定任务而制定的行动准则。""国家、政党等组织机构为实现某一目标而确定的行为准则。"这些对政策的表述,尽管不完全相同,但总地来说还是大同小异的。一般都认为政策包括四个要素,即主体、目标、时间、规范。政策是党和国家为实现一定时期的目标和任务而制定的行为准则,属于上层建筑和意识形态范畴。

政策是统治阶级利益和意志的体现。制定政策是统治阶级管理国家、处理各方面关系、实现经济社会发展目标和任务的主要途径和手段。政策的执行和实施,就是要把根据形势发展要求确定的工作任务在规定的时间内完成,把发展的目标变成现实。

政策是一个复杂的体系,是由各个方面的内容组成的。政策体系是多层次的,有总政策、具体政策和基本政策之分。总政策是实现党和国家一定历史时期的总路线和总任务的最基本的行动准则,它要解决的是一个国家发展战略全局的问题。总政策决定各项基本政策和具体政策,是指导和制定基本政策和具体政策的依据。例如,科学发展观既是中国特色社会主义理论体系的重要组成部分,又是我国经济社会发展的重要指导方针,属于总政策范畴。具体政策是根据不同地区、不同行业的不同情况规定的各项具体工作的具体行动准则。例如工业、农业、商业、文教卫生等具体政策。基本政策介于总政策和具体政策之间,它是在一些关系全局的重大问题上的带有根本性质的行为准则。例如,独立自主的和平外交政策、"一国两制"政策、计划生育政策、民族宗教政策、环境保护政策等。政策体系按其横向领域又分为经济、政治、文化、教育、内政、外交等政策;政策按其制定机关的不同层次还可分为中央政策和地方政策等。

2. 政策的基本特征

第一,政策的原则性。政策作为一种行动准则,体现了事物的本质和规律,具有高度的原则性。任何组织和个人,都必须坚持维护政策的权威性和严肃性。

例如,我国的计划生育政策明确规定了什么人可以生育,什么人禁止生育。这些规范都是必须遵守的。政策的原则性不同于法律、道德的规范性,从主体上说,政策制定的主体比法律制定的主体要宽泛得多(法律仅仅是国家制定的,即掌握国家政权的统治阶级通过立法机关制定的),而道德则很难说有什么特定的制定主体(道德规范往往不是由哪个主体制定的),它更多的是在适应人们社会生活需要过程中自发产生的。

政策作为指导人们实践活动的准则,代表和反映社会和公共利益,必须具有高度的原则性,这是由政策的本质决定的。原则性遭到破坏,政策的作用就消失了。

第二,政策的稳定性。政策应具有相对的稳定性,政策的稳定性是稳定社会、稳定人心、促进社会经济持续发展的保证。

政策在其各自存在和发生作用的领域内具有相对的稳定性和连续性。政策的稳定性是由社会发展的阶段性和事物的规定性所决定的,它是经济社会健康发展的基本保证。

第三,政策的强制性。任何规范都具有一定的强制性,区别只在于强制程度的强与弱。政策的强制性是指主体制定的行为规范必须加以遵守,违者将要受到一定的惩罚。政策的强制性必须是明确的,对违反政策的行为如何处罚,必须在政策中作出明确的规定,否则,就可能发生人为的乱施处罚的现象。政策的强制不同于法律、道德的强制,法律的强制依靠的是国家的强制;道德的强制依靠的是人们的内心信念、传统习惯和社会舆论的强制;而政策的强制在于政策制定者的强制,其性质、力度因主体的不同而有所不同。我国执政党和政府制定的政策,主要以人们自觉遵守为主,但绝不排除必要的处罚强制,否则,所制定的政策就会失去其应有的作用。

(三)形势与政策的关系

1. 形势与政策之间的区别

首先,形势是事物发展的客观状态,尽管对形势的判断是主观行为,但形势本身却是客观存在的;政策是人们在实践中为了达到确定的目标任务所作的决策和举措,是认识活动的产物。因此,形势本身无对错之分,而政策则有正误之别。

其次,形势判断的主体可以是多样的,任何个人和组织都可以对形势作出自己的分析和判断;而政策主体主要是执政党和政府。个人和社会组织可以参与政策的制定,但是政策发布及其组织实施,则是由党和政府作出的。

再次,对形势的考察和判断更加注重事实,即反映事物的真实状况;对政策的考察和判断是根据一定的价值标准和事实标准,通过一定的程序,对政策实施中的价值因素进行分析,因而更加注重价值判断。

比如我们评价一项政策优劣,主要看是否有利于推动社会生产力发展,是否有利于实现国家和人民的利益,是否有利于维护社会的稳定和谐,等等。

2. 形势与政策之间的联系

首先,形势是制定政策的客观依据,又是检验政策的客观标准。把握形势的现状和发展趋势,是制定政策和执行政策的客观要求。毛泽东同志说过:"人们要想得到工作的胜利即得到预想的结果,一定要使自己的思想合于客观外界的规律性,如果不合,就会在实践中失败。"形势是客观的,而政策是人们为了达到一定的目的而制定的行为准则,是主观对客观认识的成果。政策的基本特征贯穿着一条基本要求,就是必须建立在对于形势的正确认识之上,必须以客观实际情况为依据,准确地审时度势,才能制定出正确的路线、方针、政策,从而推动形势向好的方向发展。在民主革命时期,我们党几经挫折,终于认识到我国还处在新民主主义革命阶段,从而制定了不同于苏联的、具有中国特色的新民主主义革命的路线、方针和政策,使革命取得了胜利。新中国成立后,我们党经过了20多年艰苦探索,终于认识到我国还处在社会主义初级阶段,从而制定了符合中国国情的社会主义初级阶段的基本路线和政策,促进了社会主义事业的不断发展。相反,不从客观形势出发,或者从对形势的错误判断出发,就不能制定出科学的、正确的政策。因此,制定政策,必须从世情国情出发、从客观实际出发,实事求是,力戒主观主义,这样才能制定出正确的政策。

其次,政策对形势具有能动的反作用。形势是客观存在的物质运动,是人们制定政策的客观基础,可以说形势决定政策。而政策是人们根据客观形势所制定的主观指导性行动准则,它对形势的发展具有强大的推动作用,即主观能动性对客观事物的反作用。因此,政策是促进形势发展的重要手段,是发展有利形势的重要推动力量,是我们能动地改造世界的锐利武器。我们分析形势和制定、执行政策,就是为了推动我国经济社会的发展。

既然政策对形势的发展起推动作用,那么,必然有正作用与反作用。当人们能够正确地分析、判断和把握形势并制定贯彻正确的政策时,就会引导和推动形势朝着有利的方向发展,这是主观和客观相一致。反之,当人们错误地估量形势并制定贯彻了错误的政策时,就会引导和推动形势朝着不利的方向发展,必然受到客观规律的无情惩罚。由此可见,形势决定政策、检验政策,政策推动形势、影响形势。我们必须正确认识两者的辩证关系,恰当地处理好两者的关系,使政策不断推动形势朝着健康的方向发展。

总之,形势是客观存在的物质运动,是人们制定政策的客观基础,同时,政策的制定和实施必然影响着形势的变化和发展。形势与政策紧密联系,相互制约,相辅相成,是一个永无止境、交互作用、动态发展的过程,两者统一于人们认识世界和改造世界的实践活动之中。

三、学习形势与政策的意义及其方法

(一)学习形势与政策的意义

1. 学习"形势与政策"课是大学生明确时代责任所必需

青年人都想跻身大学生的行列,但"大学生"称号仅从优胜、荣耀、个人出路去理解,并不能真正明白其全部含义。未来属于整个青年一代,当代大学生将承担更为重要的使命,这就是:全面建设小康社会,不断推进中国特色社会主义事业,实现国家的富强、民族的振兴、人民的富裕和幸福,这是历史赋予大学生的时代责任。时代责任不是空洞的概念,它的内涵是由当今国内外形势及其发展趋势,我们党和国家为实现振兴中华民族而提出的历史任务,以及为完成这些历史任务而制定的路线、方针、政策所规定的。离开形势、任务和政策,就无法弄清时代责任。学习形势与政策,正是为了使大学生明确自己所承担的时代责任。

一方面,只有认识形势及其发展趋势,才能明确时代责任。时代责任不是人为规定的,而是人们在洞悉形势及其发展趋向的基础上对自身历史使命的自觉。如果不了解国内外政治、经济、意识形态的历史、现状和发展趋势,就无法了解时代需要什么,国家需要什么,人民需要什么,就无法提出任务,确定目标,当然也就谈不上对时代责任的自觉。另一方面,只有懂得制定和实施政策的基础知识,懂得党和国家现行的路线、方针、政策以及它们的生命力,才能更为深刻地理解和切实地担当起时代责任。一个对党和国家的路线、方针、政策一无所知或知之甚少的人,很难深刻地理解自己的责任,更难以自觉地承担起未来的使命。路线、方针、政策既明确规定了奋斗的方向和目标,又指出了达到目标的途径。因此,大学生学习关于政策的基础知识和现行的方针政策,既能从中深刻地领会自己的时代责任,又能明确奋斗的方向和目标,在前辈开辟的道路上继续前进。

2. 学习"形势与政策"课是大学生成才的迫切需要

大学生一旦明确了自己的时代责任,就会产生了解、认识、把握形势和政策的迫切需求,青年知识分子具有关心国家大事和天下大事的特征。大学生都喜欢"风声雨声读书声声声入耳,家事国事天下事事事关心",不愿做"两耳不闻窗外事,一心只读圣贤书"的"书呆子"。这表明学习形势与政策已经成为当代大学生的内在需要。就主流而言,大学生都有强烈的社会责任感,都有了解国内外形势和我国大政方针的强烈愿望,但也存在种种弱点,其中最为突出的,一是对马克思主义缺乏系统的学习和理解;二是对国情缺乏深刻的了解和认识,往往不能用科学的立场、观点、方法去认识和分析形势,因而对历史、对国情、对世界风云变幻的实质并不完全了解,对党和国家的方针政策理解不深。因此,当前大学生需要学习并掌握马克思主义的立场、观点和方法,科学地分析和正确地认识国际国内形势,全面地学习和深刻地理解党和国家的路线、方针、政策。

3. 学习"形势与政策"课是提高大学生思想政治素质的重要途径

科学分析形势,正确把握政策,是大学生的必备素质。从正确的立场出发,运用马克思主义的观点、方法认识形势和政策,既是大学生明确时代责任的客观要求,又是大学生满足自己的求知欲、克服自身弱点的内在需求。这就从主观和客观的一致性上,构成了大学生素质的一项不可缺少的内容,就是说,科学分析形势、正确理解政策,应该是大学生的必备素质。学习"形势与政策"课,有助于大学生培养这方面的能力和素质。通过对形势的科学分析,对政策的正确理解,可以帮助大学生学会在纷繁复杂的情况下,站稳立场、坚持原则、把准方向,积极投入改革开放事业;可以帮助大学生在了解世界、认识国情的基础上,正确选择自己的人生道路;可以帮助大学生全面提高政治思想素质,成为社会主义现代化建设事业的合格人才。

(二)学习形势与政策的方法

"形势与政策"是一门集综合性、科学性、时政性为一体的思想政治理论课程,为了提高教学质量,增强教学效果,达到教育目的,一方面,对其相对稳定的内容和有关理论,要集中时间,进行较为系统的学习;另一方面,要根据形势发展的需要和这门课程的自身特点,结合当前的形势,采取灵活多样的学习方法。

第一,必须坚持以马克思主义理论和中国特色社会主义理论体系为指导。"形势与政策"课的性质与特征,要求我们必须坚持以马克思主义、毛泽东思想、邓小平理论和"三个代表"重要思想、科学发展观为指导,坚持辩证唯物主义和历史唯物主义的基本观点,坚持把坚定正确的政治方向放在首位。毛泽东思想是马克思列宁主义在中国的运用和发展,是被实践证明了的关于中国革命和建设的正确的理论原则和经验总结,是中国共产党集体智慧的结晶。毛泽东思想是在我国新民主主义革命、社会主义革命和社会主义建设的实践过程中,在总结我国革命和建设正、反两方面的历史经验的基础上,逐步形成和发展起来的。邓小平理论是马克思列宁主义的基本原理同当代中国实践和时代特征相结合的产物,是毛泽东思想在新的历史条件下的继承和发展,是中国共产党集体智慧的结晶。这一理论是在和平与发展成为时代主题的历史条件下,在我国改革开放和现代化建设的实践中,在总结我国社会主义胜利和挫折的经验和教训并借鉴其他社会主义国家兴衰成败的经验和教训的基础上,逐步形成和发展起来的。"三个代表"重要思想是对马克思主义、毛泽东思想、邓小平理论的继承和发展,是中国共产党和国家工作的新要求,是加强和改进党的建设,推进我国社会主义自我完善和发展的强大理论武器,是中国共产党集体智慧的结晶。科学发展观是对中国共产党三代中央领导集体关于发展的重要思想的继承和发展,是马克思主义发展观的世界观和方法论的集中体现,是同马克思主义、毛泽东思想、邓小平理论和"三个代表"重要思想既一脉相承又与时俱进的科学理论,是我国经济社会必须坚持和贯彻的重大战略思想。科学发展观是立足社会主义初级阶段基本国情,总结我国发展实践,借鉴国外发展经验,适应新的发展要求提出的。马克思主义、毛泽东思想和中国特色的社会主义理论体系是形势与政策的理论基础,是学习形势与政策的指导思想。辩证唯物主义和历史唯物主义是马克思主义的科学世界观和方法论,也是学习形势与政策的基本方法。

第二,必须坚持理论联系实际。学习"形势与政策"课,必须坚持理论联系实际。理论联系实际是我们党的优良传统。毛泽东一贯倡导理论与实践相联系,他指出:"只有善于应用马克思列宁主义的立场、观点和方法,进一步从中国的历史实际和革命实际的认真研究中,在各方面作出合乎中国需要的理论性的创造,才叫做理论和实际相联系。"邓小平也十分重视理论联系实际,特别强调马克思主义基本原理同中国具体实际相结合的原则。他指出:"我们坚信马克思主义,但马克思主义必须和中国实际相结合,只有结合中国实际的马克思主义,才是我们所需要的真正的马克思主义。"江泽民把贯彻理论联系实际的原则提到重大政治问题的高度。他说:"学习马克思主义,尤其要切实解决好理论联系实际的问题,只有联系实际才能真正学好。"胡锦涛强调:"在新的历史条件下,我们必须从理论和实践相结合的角度,坚持解放思想、实事求是、与时俱进,紧紧围绕建设中国特色社会主义这个主题,准确把握时代特征和中国国情,认真研究和回答我国社会主义经济建设、政治建设、文化建设、社会建设和党的建设面临的一系列重大问题,不断总结实践经验,不断扩展理论视野,不断作出理论概括。这既是推动党和人民事业发展的紧迫任务,也是坚持和发展马克思主义的必然要求。"习近平指出:"坚持实事求是,就必须坚持理论联系实际。理论是从实践中产生的,理论是否正确还要接受实践检验并要在实践中得到丰富和发展;同时,理论只有与实际紧密联系,才能发挥对实践的指导作用,实现自身的价值和意义。"因此,理论联系实际是"形势与政策"课的学习必须遵循的基本方法和根本要求。

第三,必须坚持三贴近原则。"贴近实际,贴近生活,贴近群众"作为党对人民群众的思想政治理论宣传、教育过程中必须遵循的原则之一,以达到"以科学的理论武装人,以正确的舆论引导人,以高尚的精神塑造人,以优秀的作品鼓舞人",牢固占领高校思想政治理论课舆论阵地的落实。坚持"三贴近"原则是贯彻和落实以马克思主义世界观为其内核的科学的方法论。

首先,坚持"三贴近"原则是贯穿马克思主义的世界观和方法论。高校思想政治理论是在实践中产生,又推动实践的发展,既反映社会生活,又服务于社会生活;既体现了人民群众的根本利益,又能满足广大人民群众的需求。坚持"三贴近"原则,就是在深入实际、深入生活的过程中反映实际,反映生活,在了解群众、引导群众的过程中服务群众,教育群众。就高校来说,基本的群众就是广大青年学生。

其次,坚持"三贴近"原则,正是新形势新任务对高校"形势与政策"课的新要求,我们正处在全面建设小康社会的发展新阶段,这是一个大变革、大发展、大跨越的战略机遇期,也是一个新情况、新问题、新矛盾凸现的时期,各种思想文化相互激荡,人们的思想日趋活跃,对精神文化的需求迅速增长,呈现出多元化、多样性的特征。"形势与政策"课只有坚持"三贴近"原则,才能抓住机遇,迎接挑战,进一步巩固马克思主义在高校意识形态领域的主导地位。只有这样,才能不断增强"形势与政策"课的针对性、时效性、吸引力和感染力。

再次,坚持"三贴近"原则,体现高校"形势与政策"课求真务实的科学精神。高校"形势与政策"课,坚持"三贴近"原则,就是在宣传教育工作中大力弘扬求真务实精神,大兴求真务实之风。坚持"三贴近"原则,才能使高校思想政治教育工作,体现求真务实的基本要求,找到求真务实的现实途径,把解决思想问题和解决实际问题结合起来,落到实处,深入人心,取得成效。

"时势者,百事之长也。"纵观古今中外,大凡成功者的一个共同之处就是顺应时代潮流,遵循发展规律,善察时势之变,善谋应对之策。

如果说,关注社会,关心时事,集中体现了青年学生的社会责任感,那么,正确地分析和判断形势,准确地理解党和国家的政策,则是青年学生拓宽视野、提升素质、实现人生抱负的重要前提。

"风声雨声读书声声声入耳,家事国事天下事事事关心。"只有科学认识和判断形势,正确理解和把握党和国家的路线、方针和政策,才能把握时代特征和要求,避免在复杂的情势下迷失方向;才能自觉地把个人的成长和发展与社会历史发展的趋势和人民群众的期待紧密结合起来,在艰辛苦厄的境地中百折不挠;才能准确预知未来,有效地趋利避害,找准发展优势,抓住发展机遇,创造出无愧于人民、无愧于时代的人生华章。

第二章
Chapter 2

当前国内形势与发展趋势

中共十八大召开后,我国继续推进重点领域和关键环节的改革,处理好政府和市场、经济增长和社会发展、深化改革和保持稳定、应对当前挑战和完善体制机制之间的关系,更加重视改革顶层设计和总体规划,加快破除制约科学发展的体制机制障碍,促进经济发展方式转变,推动经济社会全面协调可持续发展。

一、全面推进政治体制改革

发展民主,健全法制,是社会主义制度的内在要求。构建和谐社会,最重要的是加强民主法制建设,促进社会公平正义。重点是积极稳妥地推进政治体制改革,加快中国特色的民主政治建设;扩大基层民主,保证人民依法直接行使民主权利;全面推进依法行政;加强政府立法工作;继续推进司法行政体制改革,维护司法公正。

(一)加强基层民主政治建设

以基层民主政治制度建设为重点,围绕保证人民依法实行民主选举、民主决策、民主管理、民主监督,制定和完善法规规章,健全各项民主管理制度,完善厂务公开、村务公开等各项办事公开制度,改进工作机制,依靠制度保证人民群众依法直接行使民主权利。丰富基层民主政治的实现形式,适应我国经济社会发展和人民群众参与愿望增强的要求,从基层经济、政治、文化、社会生活等方面,扩大人民群众的有序参与,引导和组织人民群众在基层民主政治的实践中提高自我管理水平。把发展基层民主政治同加强城乡基层自治组织建设紧密结合起来,同加强基层政权建设和基层干部队伍建设紧密结合起来,同在基层形成有效的利益协调机制、诉求表达机制、矛盾调节机制、权益保障机制紧密结合起来,推动改革、发展、稳定各项工作的落实。尊重人民群众的首创精神,善于把人民群众在基层民主政治实践中创造的好经验、好做法上升为政策,把成熟的政策上升为法规,不断提高社会主义基层民主政治建设的水平。

(二)坚持科学民主决策

进一步改革和完善政府决策机制,坚持把科学决策、依法决策、民主决策作为政府决策的基本准则。各级政府和部门在继续完善重大问题集体决策制度、专家咨询制度的同时,推行和完善社会公示和听证制度,依法保障公民的知情权、参与权、表达权和监督权。以保障公民"四权"为着眼点和着力点,推进决策科学化、民主化。深化政务公开,加快电子政务和政府网站建设,进一步提高政府工作的透明度、开放度,凡是有关公共事务的决策、政策和措施,原则上要予以公开并接受监督。以多种形式扩大公众、组织和媒体对公共事务决策和执行过程的参与,形成有效沟通和良性互动,推进政府各项工作。推行和完善决策后评价制度和决策责任追究制度,建立和健全决策失误的纠错改正机制。

(三)全面推进依法行政

按照《全面推进依法行政实施纲要》确定的目标和任务,加大法治政府建设力度。抓好贯彻落实《全面推进依法行政实施纲要》的监督检查工作,推进依法行政和执政为民。加强政府立法工作,重点是发展社会事业、健全社会保障、加强社会管理、节约能源资源、保护生态环境等方面的立法。创新政府立法工作机制,改进政府立法工作方法,进一步提高政府法制建设质量。坚持科学立法、民主立法,完善立法工作者、实际工作者和专家学者相结合的立法工作机制,扩大公众参与政府立法的范围,确保法制建设的科学性、合理性和公正性。探索开展政府立法后评估工作,不断总结经验,完善法规规章,提高立法水平。研究建立行政法规定期清理制度,对已不适应形势发展需要的、不符合行政许可法精神的法规规章,要及时修订或废止。加强和改善行政执法,推行行政执法责任制。按照权利与责任挂钩、权利与利益脱钩的要求,建立权责明确、行为规范、监督有效、保障有力的执法体制。改革行政执法体制,建立健全行政执法主体资格制度;相对集中行政处罚权,推进综合执法试点;减少行政执法层次,适当下移执法重心。执法部门应严格按照法定权限和程序行使权力、履行职责。

(四)加强对行政权力的监督

围绕规范行政权力运行,结合行政管理体制及其审批制度改革,进一步完善政务公开制度,把涉及人民群众切身利益的各类权力运行过程作为政务公开的内容,方便群众监督。健全对行政权力监督的体制机制,推行行政问责制度,抓紧建立政府绩效评估制度。进一步加强行政监督。强化政府内部的专门监督,严肃查处有令不行、有禁不止和失职渎职等行为。各级政府及其工作人员都应带头遵守宪法和法律,严格依法办事、按政策办事。自觉接受人民代表大会及其常委会的监督,接受人民政协的民主监督,认真听取民主党派、工商联、无党派人士和各人民团体的意见。各级政府和部门应为民主监督提供条件,畅通渠道,认真研究批评监督意见,并完善结果反馈制度。应接受新闻舆论和社会公众监督,支持监察、审计部门依法独立履行监督职责。通过加强对行政权力运行的制约和监督,确保人民赋予的权力用于为人民谋利益。

(五)完善司法行政体制和工作机制

坚持司法为民、公正司法,推进司法体制和工作机制改革,建设公正、高效、权威的社会主义司法制度,发挥司法维护公平正义的作用。认真总结我国司法实践经验,从人民群众反映的突出问题和影响司法公正的关键环节入手,完善刑罚执行、教育矫治、司法鉴定、刑事赔偿等制度。加强司法民主建设,健全人民监督员等制度,发挥律师、公证、和解、调解、仲裁的积极作用。深入开展普法教育,做好行政复议、法律服务和法律援助工作。加强人权司法保护,严格按照法定原则和程序进行诉讼活动。加强司法救助,对贫困群众减免诉讼费,完善司法便民制度。健全对司法的监督机制,抓住人民群众不满意、容易发生执法问题的岗位和环节,着力加强执行责任体系、执法质量考评体系和执法监督体系建设。加强司法廉政建设,维护司法廉洁,严肃查处徇私枉法、失职渎职、损害群众利益等行为。建立和完善司法工作保障机制,切实解决司法机关办案人员编制、设备和经费保障问题。

二、推进转变经济发展方式改革,促进科学发展

改革开放以来,中国遵循的是粗放式的发展,今后10年乃至20年,需要向内需继续发展,虽然外向型经济发展水平很高,但是对外经济发展很慢。必须转变发展观,但是这仅靠政府的引领和推动是不够的,必须通过市场机制,包括资源型改革、科技体制,坚持市场化的改革趋向,要推动要素价值的发展。

(一)加快转变经济发展方式,推动产业结构升级

要进一步改进劳动生产力,要提高劳动力的质量。中国要提升产业价值链,不能再走低成本的道路。实现未来经济发展目标,关键要在加快转变经济发展方式、完善社会主义市场经济体制方面取得重大进展。加快转变经济发展方式,推动产业结构优化升级,这是关系国民经济全局紧迫而重大的战略任务。要大力推进经济结构战略性调整,更加注重提高自主创新能力、提高节能环保水平、提高经济整体素质和国际竞争力。要深化对社会主义市场经济规律的认识,从制度上更好地发挥市场在资源配置中的基础性作用,形成有利于科学发展的宏观调控体系。

(二)中国还需要有效的管理资源,使得增长更加绿色,更加清洁

中国产能过剩的现象逐渐严重,出现高投入、高消耗和高污染的经济增长模式,依靠投资拉动和进出口拉动的增长模式。在这种情况下,必须把建设资源节约型、环境友好型社会放在工业化、现代化发展战略的突出位置。坚持节约资源和保护环境的基本国策,关系人民群众切身利益和中华民族生存发展,要把节约资源和保护环境落实到每个单位、每个家庭;要完善有利于节约能源资源和保护生态环境的法律和政策,加快形成可持续发展体制机制;落实节能减排工作责任制;加强应对气候变化能力建设,为保护全球气候作出新贡献。

所有这些,都体现了在全面建设小康社会进程中,深入贯彻落实科学发展观,转变发展观

念、创新发展思路、提高发展质量的新要求,在我国新的发展阶段实现国民经济又好又快发展。这必将进一步增强我国经济实力,彰显社会主义市场经济的强大生机活力。

三、文化大发展支撑民族复兴

党的十七届六中全会通过的《中共中央关于深化文化体制改革推动社会主义文化大发展大繁荣若干重要问题的决定》总结了我国文化改革发展的丰富实践和宝贵经验,研究部署深化文化体制改革、推动社会主义文化大发展大繁荣,从中国特色社会主义事业总体布局的高度,制定了建设社会主义文化强国的行动纲领,这是中国特色社会主义文化发展道路的一个重要里程碑,标志着我国文化改革发展进入了一个新的阶段。

党的十七届六中全会全面总结了我国文化改革发展的丰富实践和宝贵经验,从中国特色社会主义事业总体布局的高度,明确提出坚持社会主义先进文化的前进方向,以建设社会主义核心价值体系为根本任务,以满足人民精神文化需求为出发点和落脚点,以改革创新为动力,建设社会主义文化强国的宏伟目标以及到2020年文化改革发展的奋斗目标,从而将我国的文化改革发展推进到一个新的历史阶段。

十八大报告把文化建设推向了一个新的高度,提出了"推进社会主义文化强国建设"思想和目标,更全面认识文化在整个社会发展中的地位与作用。

(一)民族不断发展壮大在于其精神支柱牢不可破

一个民族,没有科学的核心价值体系,就等于没有精神支柱。在人类历史上,曾经存在数以万计的民族,但很多民族都因精神支柱垮塌而消失在历史的空间。有的民族之所以能够生存下来而又不断发展壮大,很重要的一个原因就是其精神支柱牢不可破并能够与时俱进。

中华民族是一个有着悠久历史的民族,中华文化之所以能够历经数千年而不断繁荣兴盛,其重要原因之一就是我们的一代又一代先人创造了绵延不断的符合社会发展趋势的核心价值体系。中国古代有延续数千年的以儒家思想为核心的价值体系。随着五四新文化运动的兴起,特别是马克思主义在中国的传播,中华民族的价值体系逐步实现着从传统形态到现代形态的转型,即以马克思主义为核心并广泛包容中外优秀文化传统的价值体系在逐步形成,从而推动了中国现代文化的形成。新中国成立后特别是改革开放之后,中国现代文化体系的发展进入快速发展时期。文化的基础是"话语"体系,也就是概念体系。中国现代文化的话语体系从何而来?对此,人们研究不多,认识也不尽一致。但有一点是可以肯定的,即我们今天的话语体系很大部分来源于对西方文化的引进,特别是对马克思主义经典文本的大规模的有组织的系统翻译和研究。我们今天的汉语规范体系在很大程度上就是根据马克思主义经典著作翻译和研究中用语规范体系建立起来的。当然,在中国现代话语体系中还保留了许多中国传统的优秀概念,并创造了不少中西合璧的新概念。在新世纪,我们要建设的和谐文化,仍然是中国现代文化的延续,但又有了新的时代内涵,这就是要赋予中国现代文化以更多的和谐特征,推进和谐社会建设的历史进程。要完成这一历史使命,首先要构建与之相适应的核心价值体系,形成能够反映这个价值体系的概念体系。

经过30多年的改革开放,我们已经初步建立了中国特色社会主义大厦的体系框架,特别是其物质基础,但其上层建筑尤其是文化体系的建设还很不完善。而只有当现代文化特别是现代核心价值体系建立和完善的时候,我们这座现代化社会大厦才能成为人们的现代精神家园,才能具有"灵性",从而生机勃发、光彩夺目。

(二)在全社会牢固树立共同的理想信念

改革开放以来,我们在理论和实践的不断探索中,逐步建立起现代意义上的民主法制、公平正义、诚信意识、主体意识、人权观念等一系列价值概念。这些概念反映在社会生活的各个方面,从日常用语到法律文本、哲学话语。其中,有的是概念的内涵发生了变化,有的则是全新的概念。认真总结已经取得的思想文化成果并不断与时俱进,能够建立崭新的核心价值体系并进而建立崭新的中国现代文化体系。

从当下的忧患意识角度看,建立核心价值体系也刻不容缓。众所周知,我们所处的经济社会发展阶段是黄金发展期,同时也是矛盾凸显期。如何解决这些矛盾,是我们必须回答的时代课题。另一方面,我们要建立崭新的、人们能够普遍认同的、社会化的、现代形态的核心价值体系,以维系我们民族的繁荣发展。

(三)完成建设核心价值体系这一历史任务任重道远

党的十六届六中全会提出了构建社会主义核心价值体系的基本内容,即马克思主义指导思想、中国特色社会主义共同理想、以爱国主义为核心的民族精神和以改革创新为核心的时代精神、以"八荣八耻"为主要内容的社会主义荣辱观。应当说,这四个方面比较全面地体现了我国现代核心价值体系的内涵,但要进一步具体化并使之成为每个人自觉遵守的行为规范,还需要提炼出一系列基本的价值概念。例如,中国古代有仁、义、礼、智、信等,西方近代有自由、平等、博爱等。我们现代核心价值体系也应当有这些标志性的价值概念,如科学、务实、民主、法治、公平、正义、诚信、友爱、富强、文明、和谐等。这样,才能把现代文化与古代文化相衔接,把中国文化与世界文化相衔接,把社会生活与个人生活相衔接,使现代价值观念体现在人们物质生活和精神生活的各个方面。

要建设核心价值体系,还必须在深入研究核心价值体系本身的同时,注重深入探讨实施核心价值观念教育的机制问题。比如,我们既要编写好相关文本,又要培养相关教师,还要善于联系广大社会成员的实际精神需要,特别是广大青少年的思想实际进行宣传教育,同时借鉴发达国家的大众教育经验,加大公共文化设施建设投资,尽量降低人民群众接受文化的成本,大力兴建相关的博物馆、文化馆、艺术馆,大力发展反映核心价值观念的文学、艺术以及各种传媒等,以便人们参观、学习和丰富自己的精神生活。又如,我们应当加强对青少年的礼仪教育,在思想品德教育课中应适当增加礼仪教育的内容,从家庭礼仪到社会礼仪。只有通过全方位的科学的价值观教育,才能使核心价值观深入人心,才能使人们在实现个人理想的同时实现社会理想,在知识学习和艺术欣赏中陶冶高尚情操,在潜移默化中形成健康人格和科学而高尚的价值观念。

党的十七届六中全会为我们绘制了文化大发展大繁荣的宏伟蓝图。要坚持以马克思主义为指导,坚持社会主义先进文化前进方向,坚持以人为本,坚持把社会效益放在首位,坚持改革开放。党的十七届六中全会明确提出文化改革发展的重要方针,为实现社会主义文化强国明确了基本思路,指明了发展方向,为全党全国人民进一步兴起社会主义文化建设新高潮提供了行动指南。党的十八大又把文化建设提升到新的高度,推进文化强国建设,在十八大报告的引领下,以"五个坚持"重要方针为指引,沿着中国特色社会主义文化发展道路,我国将逐步走向一条科学、协调和可持续的文化发展之路,渐渐实现文化强国目标。

四、生态环境面临严峻考验

党的十八大报告首次单篇论述生态文明,首次把"美丽中国"作为未来生态文明建设的宏伟目标,把生态文明建设摆在总体布局的高度来论述,表明我们党对中国特色社会主义总体布局认识的深化,把生态文明建设摆在五位一体的高度来论述,也彰显出中华民族对子孙、对世界负责的精神;反映了党和政府对建设生态文明的高度重视,表达了广大人民群众的迫切愿望,将对我国转变发展方式和保护生态环境具有重要引导作用。

(一)生态文明建设的重要性和急迫性

建设生态文明,在当前既具有迫切性,又具有战略重要性。它是落实科学发展观的内在要求。科学发展观的核心是以人为本,强调发展的目的是不断满足人民群众日益增长的物质与文化需要,提高人民的生活质量与水平,促进人的全面发展。落实科学发展观要求必须坚持统筹兼顾,统筹人与自然和谐发展;必须坚持全面协调可持续发展,坚持生产发展、生活富裕、生态良好的文明发展道路,建设资源节约型、环境友好型社会,实现速度和结构质量效益相统一、经济发展与人口资源环境相协调,使人民在良好生态环境中生产生活,实现经济社会永续发展。如果因为片面发展,导致生态遭到严重破坏,人民的生活环境恶化和生活质量下降,就背离了科学发展观的要求,违背了发展的初衷。

1. 建设生态文明是构建社会主义和谐社会的重要目标

实现人与自然和谐相处是构建社会主义和谐社会的重要目标。生态文明是社会主义和谐社会的生态条件。如果过度地消耗自然资源,严重恶化生态环境,导致人与自然关系紧张,势必引起人与社会关系的紧张,造成社会的不和谐。

2. 建设生态文明是实现全面建设小康社会奋斗目标的新要求

在我国这样的人口大国,在建设惠及十几亿人口的高水平的小康社会过程中,始终面临着资源短缺和环境限制的约束。如果不改变传统发展思维和模式,继续沿袭高投入、高能耗、高排放、低效率的粗放型增长方式和走先污染后治理、边污染边治理的发展道路,全面建设小康社会将无从实现。

3. 建设生态文明是由我国基本国情决定的

过去的发展在使我们取得巨大成就的同时,也使我们付出了资源过度消耗、环境严重污染的沉重代价。这样的发展不但不能持久,而且会抵消既有的发展成果,危及我们及子孙后代的生存与发展。恩格斯早就指出:"我们不要陶醉于我们人类对自然界的胜利。对于每一次这样的胜利,自然界都会对我们进行报复。"所以,我们要学会与自然和谐共处。

因此,为了促进国民经济又好又快发展,实现全面建设小康社会奋斗目标,就必须在全社会牢固树立生态文明观,建设生态文明,实现人与自然的和谐发展。

(二)让珍爱生态成为社会自觉

生态文明既是理想的境界,也是现实的目标。建设生态文明,需要伦理价值观、生产和生活方式、制度和机制等方面的转变。因此,胡锦涛总书记在党的十七大报告中对如何建设生态文明进行了全面的部署。

1. 牢固树立生态文明观念

把生态文明理念贯穿到物质文明、精神文明和政治文明建设中,推进社会走上生产发展、生活富裕、生态良好的文明发展道路。通过珍爱环境、保护生态、崇尚自然、节约资源、造福后代的宣传和引导,形成"节约环保光荣、浪费污染可耻"的社会风尚,营造有利于生态文明建设的社会氛围,切实把建设资源节约型、环境友好型社会的要求落实到每个单位、每个家庭、每个公民,使其在建设"生态文明"方面发挥积极作用,使生态文明观念成为十三亿中国人共同的价值观和自觉行动。

2. 转变经济发展方式,大力发展循环经济

基本形成节约能源资源和保护生态环境的产业结构、增长方式、消费模式,使"循环经济形成较大规模"。循环经济是"资源—产品—再生资源"的发展模式,是建设资源节约型、环境友好型社会和实现可持续发展的重要途径。坚持开发节约并重、节约优先,按照"减量化、再利用、资源化"的原则,在资源开发、生产消耗、废物产生、消费等环节,逐步建立全社会的资源循环利用体系。

3. 做好政策引导,健全法律法规

坚持节约资源和保护环境的基本国策,关系人民群众切身利益和中华民族生存发展。要"完善有利于节约能源资源和保护生态环境的法律和政策,加快形成可持续发展的体制机制"。发挥市场的杠杆作用,建立科学合理的资源环境的补偿机制、投入机制、产权和使用权等机制,形成经济社会发展与生态环境改善相互促进的良性循环机制;完善规划,强化监管,建立并落实节约资源、保护环境的目标责任制和行政问责制;完善立法,严格执法,依法推动节约资源和保护环境;建立统筹协调机制和公众参与机制,发挥各级政府的主导作用,调动社会各界参与生态文明建设的积极性。

4. 依靠科技进步和创新

科学技术既是经济增长的重要源泉,也是节约资源和保护环境的重要手段。因此,十七

大报告提出:"开发和推广节约、替代、循环利用和治理污染的先进适用技术,发展清洁能源和可再生能源,保护土地和水资源,建设科学合理的能源资源利用体系,提高能源资源利用效率。"

5. 加强污染防治和生态修复,全面改善城乡人居环境

生态保护和建设的重点要从事后治理向事前保护转变,从人工建设为主向自然恢复为主转变。坚持预防为主、综合治理,强化从源头防止污染,坚决改变先污染后治理、边污染边治理的状况。重点加强水、大气、土壤等污染防治,使"主要污染物排放得到有效控制,生态环境质量明显改善"。发展环保产业,加大节能环保投入,改善城乡人居环境;加强水利、林业、草原建设,促进生态修复;加强应对气候变化能力建设,为保护全球气候作出新贡献。

6. 加强国际交流与合作

地球是人类共同的家园。加强生态文明建设,需要全世界人民共同努力、一致行动。我国一向倡导和支持生态文明建设领域的国际合作。建设生态文明,需要继续拓展同发达国家的资源与环境合作,积极引进他们先进的理念、经验和资金、技术;开放能源环保基础设施和环保市场,充分利用国际资金开展环境保护和生态建设;发挥我国环保产业的比较优势,加大对发展中国家环保产品的出口。

在党的十七大报告中谈到面临的困难和问题时,把经济增长的资源环境代价过大列在第一位。而在党的十八大报告提到前进道路上的困难和问题时,"资源环境约束加剧"仍然位列其中。这足以表明,资源环境问题已经成为我们党的关切重点。要真正实现"三大发展",建设好"美丽中国",任务仍然艰巨,需要我们高度重视,一步一步攻坚克难,在今后的工作中把生态文明建设不断推向前进。

国内篇

第三章
Chapter 3

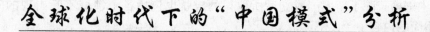

20世纪80年代以来,国际社会开始关注中国发展道路问题,并提出了"中国模式"这一概念。进入21世纪以来,"中国模式"更是国际主流媒体关注的焦点。2008年北京奥运会、2009年中华人民共和国60周年庆典以及2007年美国次贷危机引发的全球金融危机,更是凸显了"中国模式"的影响。总之,"中国模式"是国际社会对于中国改革开放发展道路提出的,而非中国人自己提出的概念。

一、什么是"中国模式"

(一)"中国模式"的概念提出

20世纪80年代,国外媒体和学者开始关注并讨论中国发展道路问题,到90年代,随着中国改革开放政策的提出与推进,取得了举世瞩目的成就,许多发展中国家开始将中国的改革开放道路视为楷模,引发了国际范围内关于"中国模式"更为广泛的大讨论。进入21世纪以来,国外学者继续关注中国发展模式问题,特别是2004年5月,英国著名思想库伦敦外交政策中心发表了雷默的一篇论文,题为《北京共识:提供新模式》。该文对中国20多年的经济改革成就作了全面理性的思考与分析,指出中国通过艰苦努力,主动创新和大胆实践,摸索出一个适合本国国情的发展模式,从而拉开了国际社会大范围内讨论"中国模式"的序幕。这种讨论在北京奥运会期间,新中国成立60周年庆典之际和中国应对国际金融危机过程中,不断被引向深入。

关于"中国模式"的概念,由于人们关注的角度不同、立场不同、方法不同,因此对其解释也不同。国外学者对其概念的解释基本比较随意,只具有参考性,而国内学者由于身处改革开放过程中,对其把握相对比较准确。

例如,著名学者赵启正提出,"中国模式"的定义可以说是新中国成立60多年来,特别是改革开放30多年来建设中国特色社会主义的理念、战略、政策、实践的过程和结果的总称,也包括出现的问题。

中国人民大学马克思主义学院院长秦宣提出,"中国模式"主要是指中国改革开放30多年的经验总结出来的一种社会发展模式。

新中国成立的60多年间,前30年已经开始对"中国模式"的探索,正是由于毛泽东开始认识到摆脱苏联模式的影响,提出了马克思主义与中国建设的具体实际"第二次相结合"的重大课题。《论十大关系》可以视为积极探索中国自己的发展道路和发展模式的初步成果。

邓小平的一番话更具有总结性意义,"我们过去照搬苏联搞社会主义的模式,带来了很多问题。我们很早就发现了,但没解决好。我们要解决好这个问题,我们要建设的是具有中国自己特色的社会主义。"

当然,中国模式除了新中国成立后所取得的成就也包括各个领域不断出现的问题,这些问题将在后面的内容中予以解读。

(二)中国模式的内涵

1. "中国模式"是全球化背景下积极回应和参与全球化的社会发展模式

它审时度势,以一种开放的眼光和世界的胸怀,充分吸收、借鉴并利用人类文明的一切优秀成果,以建设性的态度对待和参与国际机制,趋利避害,力争最大限度地为自身的发展创造条件。这是"中国模式"最富有时代性的内容,离开了全球化来谈中国的发展道路与模式就没有抓住核心。"中国模式"之所以受到世人瞩目,恰恰在于一个当今世界的非主导性国家,在充满挑战与机遇的全球化时代,能够以正确的理念、战略和政策,促进自身的发展,赢得世界的尊重。

2. "中国模式"是一种从计划经济向市场经济转型的社会发展模式

它坚持市场导向的全面改革,同时又注重国家政府的宏观调控,试图在两者的互动中找到平衡点。因此,总体上讲转型表现为相对有序,从而避免了剧烈的社会震荡。中国的经验与道路较之其他转型国家是比较成功的。而成功的关键在于并未把经济转型理解为私有化,因为市场化与私有化并非等同。与此同时,坚定不移地推进市场化,日益完善宏观调控,这就使中国的经济社会转型走上了一条渐进道路。

3. "中国模式"是一种强调经济、政治、文化、社会、生态协调发展的社会发展模式

它依据历史的经验和当代人类面临的最新问题在突出经济发展的同时,充分考虑到生态和非经济因素对经济发展的制约性,坚持统筹安排协调发展,倡导科学发展观,以实现发展的可持续性,强调发展的全面性、协调性和可持续性。

4. "中国模式"是一种以人的全面需求和全面发展为依归的社会发展模式

从抽象的人民、阶级扩展到具体、鲜活的个人,从整体的国家、民族扩展到个体的人,都是以人为中心的理念,这是一种历史性的转变,因此也是一种历史性的回归。这里,转变是指从片面的社会主义向全面具有亲和力的社会主义的转变;而回归是指回归到经典的马克思主义,即人的全面发展是社会主义应当始终坚持的价值目标。正是因为发生这种回归,中国的

发展才有坚实的群众基础,显示出活力与生机。以人为本的价值取向与理念的确立使"中国模式"更加人性化,同时也凝聚了人类文明的成果,使中国与世界更为贴近。

5. "中国模式"是一种开始关注社会功能,挖掘社会潜力,发挥社会作用的社会发展模式

它意识到国家、政府等传统政治领域之外的社会空间的真实存在及其对推动社会发展不可或缺的作用,意识到社会和谐对于化解社会矛盾,凝聚社会力量,促进公民参与的重要意义。因此,自觉倡导建立和谐社会。

6. "中国模式"是一种坚持社会主义、强调民族特色,但同时又倡导不同社会制度和意识形态"共处竞争、对话合作"的社会发展模式

社会主义是中国的历史选择,所以在指导思想、价值目标上中国毫不隐讳自己的主张和立场。中国又是一个有着悠久历史传统的文明古国,挖掘并发扬中国的民族精神和民族文化,在社会发展中依据自身的情况,走中国式发展道路乃是理中之义。但是,历史与现实又告诫人类,大千世界是一个多元、复杂的世界,社会主义仅仅是一种目标、制度和价值选择,此外还存在众多的目标、价值和追求。我们必须学会在多样性的价值、文化、制度、社会中对话与合作,学会宽容与相互尊重,在共存竞争中推动社会的发展和人类文明的进步。中国在明示自身的社会主义追求与实践的同时,正在由国际社会的习惯性批判者、革命者转向建设性的融入者、改革者,以负责任的态度参与国际社会。

(三)"中国模式"的基本特征

"中国模式"是中国特色社会主义建设的道路和经验,有自己的创造与独特之处。中国人民在共产党的领导下,不盲从西方国家与国际经济机构专家的意见,而是根据中国的实际情况进行改革开放,并在发展进程中始终坚持国家利益。作为中国改革开放前沿的东部沿海地区,从乡镇企业的"异军突起"到"两个率先",都受到了高度重视与肯定。这些地区经济与社会发展的实践,展现了"中国模式"的主要特征。

1. 实现向市场经济转轨,改善国家宏观调控

20世纪50~70年代,中国实行"苏联模式"的政治、经济、文化体制。1953年1月,新中国实行了第一个五年计划,是在苏联帮助下制定的。1978年以后,我国逐渐摆脱僵化的计划经济体制向社会主义市场经济转轨。在转轨的道路上遭遇了各种阻力和挫折,直到1992年,党的十四大确定把社会主义经济体制改革的目标确定为构建完善的社会主义市场经济体制。

在改革开放过程中,经济体制改革的关键在于如何处理好市场的作用与国家宏观调控的关系。在认识市场运行实际与规律的基础上,政府加强与改善宏观调控,对于培育市场具有必不可少的作用。近30多年来,中国政府共进行了5次宏观调控,20世纪80年代和90年代各有两次,2004年一次。80年代两次宏观调控都是为了抑制经济过热与通货膨胀。90年代中期的宏观调控也是出于同样的目的,而90年代后期则是为了克服通货紧缩问题,从2004年开始实行的宏观调控,又是为了防止经济过热与通胀。

2. 扩大对外开放，融入世界经济体系

改革开放以来，对外开放、贸易自由化，为中国经济发展奠定了重要的基础。2001年11月，中国经过漫长的15年谈判加入WTO，加速了中国对外开放、融入世界经济体系的脚步。在入世的十年间，中国的GDP总量已跃居世界第二位，成为出口第一大国，进口第二大国。不仅"引进来"，而且"走出去"。

中国成为世界制造业的中心，同时也成为巨额外资流入国；外资带来了先进的生产技术和管理理念，推动着制造业的发展，中国模式显示出自由的金融体系与鼓励基础投资的政策相结合的巨大优势。

3. 实行渐进式改革，维护社会稳定

"中国的问题，压倒一切的是需要稳定"。这是邓小平对中国政治最为深刻的认识，在改革开放过程中始终将稳定作为基础，强调稳定是大局。可想而知，没有稳定何来中国改革开放30多年伟大的成就。只有稳定社会政治，才能促使经济持续增长。

在改革开放过程中，影响中国社会政治稳定的最大问题就是腐败现象滋生蔓延，已经引起了民众的强烈不满。邓小平指出："要整好我们的党，实现我们的战略目标，不惩治腐败，特别是党内的高层腐败，确实有失败的危险。"近年来中央加大了严惩腐败分子的力度，各级政府中的腐败高官纷纷落马。

另外，构建社会主义和谐社会，是"中国模式"的又一次创新。这一创新是落实科学发展观、坚持以人为本，全面、协调、可持续发展的重要战略举措。新发展观的提出，不仅具有现实的针对性，也反映了当代发展观的最新成果。科学发展观在国际社会具有相当高的共识。

4. 实行农村工业化，推动城乡协调发展

中国一直是一个农业国，工业化已成为农业国变为工业国现代化进程的必由之路。工业化有两条途径：一是只发展城市工业，农村衰败；二是发展农村工业，城市工业与农村工业联动，促进小城镇和农业共同繁荣。改革开放后，中国南方乡镇采取了第二种模式，展开了"大鱼帮小鱼，小鱼帮虾米"的中国工业化的新模式，以后中国南方乡镇企业异军突起，这种企业以巩固、促进和辅助农业经济为前提，农副工齐头并进，协调发展，开创了农村不断繁荣昌盛的新局面。在农村经济的快速发展中，城乡之间加强了资本、人力、技术等要素的流动，城乡之间的经济横向联合得到了空前的发展。

5. 降低发展成本，坚持可持续发展

发展的代价，首先是环境污染。20世纪80~90年代乡镇企业的发展及重工业的加快发展，带来的环境污染现象日益突出。"十五"以来，我国加强对环境污染的治理，环境保护的投入也不断增加，提高环境与生态保护的门槛，实施"退耕还林、退耕还草"等政策，进一步从"先发展后治理"转变为"边发展边治理"，坚持可持续发展战略，走新型工业化发展道路。地方政府响应中央号召普遍加大了环境治理的力度，采取一系列解决经济发展与环境污染相矛盾的重大举措，关闭了一批污染企业，建成了一批集中污染处理设施，取得了显著效果。

我国是一个人口大国,变人口压力为人力资本是更深层次的可持续发展环节。提高劳动者素质,重视人力资源开发是中国特色社会主义的重要特征,资本与人力资本协调发展,正在成为我国经济增长的一个重要特色。

6. 效率与公平并重,坚持共同富裕路线

让一部分人一部分地区先富起来,是中国改革开放与发展的一条重要经验。邓小平指出:"鼓励一部分人、一部分地区先富起来,也正是为了带动越来越多的人富裕起来,达到共同富裕的目的。""效率优先、兼顾公平",对克服平均主义"大锅饭"的弊病,起到过重要历史作用,但不是市场经济永恒的原则。效率与公平并重,富民优先,共同富裕,从总体小康走向全面小康,才是"中国模式"的重要特征。

二、全球化背景下"中国模式"的世界意义

中国自改革开放以来取得了巨大的成就,自冷战结束后日益引起国际社会和舆论的广泛关注。从国际媒体和学者中流行的"中国崩溃论"、"中国威胁论"到"中国崛起论"、"北京共识"及"中国模式",反映了国际社会对中国发展道路认识的变迁,也凸显出中国特色社会主义发展道路对世界产生的积极影响。

中国是一个文明古国,也是发展中的大国,但由于近代以来国力不强,世界影响力趋弱,国外学者很少把注意力放在中国,这就造成一些国家对中国了解甚少,以至于会对中国及中国人产生不好的认识。

冷战后,随着苏联解体,东欧剧变社会主义阵营解体,世界社会主义和国际共产主义运动陷入低潮,中国作为为数不多的几个社会主义国家日益引起了国际学者的广泛关注。

中国经受住各种考验,不断深化社会主义市场经济体制改革,顺利加入世界贸易组织,在政治、经济、文化、体育等领域很好地融入国际社会,日益提高自身的影响力。但随着中国国力的增强,影响力的增加,一些国外学者又抛出了"中国威胁论",对中国的军力、国力水平的提高,给予很多负面的评价。而事实是中国高举和平与发展的旗帜,主张走和平发展道路,倡导构建和谐世界。中国不但没有威胁世界和平,还积极推动世界和平,维护了地区稳定。

进入新世纪以来,中国改革开放的成绩开始凸显,连年的经济增长率保持在9%以上,创造了"中国奇迹",而在其他领域国际影响力不断提升,尤其是文化软实力方面,国家汉语国际推广领导小组办公室在世界各国创办"孔子学院",掀起了"汉语热",一些国家也争办"中国文化年"、"文化周"活动,开展各项与中国的文化交流活动,把中国文化传递到全世界。西方学者由此又提出一系列观点"中国辉煌论"、"中国机遇论"、"中国崛起论"等。

2004年后,国际社会研究中国发展道路日益引发关注。前面提到了英国学者雷默的论文《北京共识:提供新模式》掀起了国际社会研究"中国模式"的热潮,各国学者竞相发表文章讨论"中国模式"对中国发展的贡献及对其他国家起到的榜样作用。特别是2006年后,2008年正值改革开放30年,在北京奥运会前夕,对"中国模式"的热议在国际社会呈愈演愈烈的趋

势,更多的学者加入到中国发展道路和中国经验的讨论中来。

在国外学者看来,"中国模式"具有以下几个特点:

第一,中国模式具有特殊性。中国国情是独一无二的,中国经验是举世无双的。中国取得的成功取决于选择了符合中国国情的发展道路。

第二,中国模式具有包容性、兼容性和创新性,它努力把社会主义制度和市场经济结合起来,把经济高速增长和社会全面发展协调起来,把政府宏观调控和市场微观运行结合起来,把效率与公平结合起来,把传统与现代结合起来。

第三,中国模式具有人民性。中国模式强调的是以实现绝大多数人的利益为本,帮助大众共同发展。

第四,中国道路强调发展的积累性、渐进性,即通过累积效应不断发展自己。这种模式"以一种循序渐进,摸索与积累的方式,从易到难地进行改革,并吸取中外一切优秀的思想和经验"。

三、中国模式面临的新挑战

"中国模式"是一种正在生成、正在构建、尚不成熟的社会发展模式,未来能否成为成熟的发展模式还需进一步发展,它仍然面临诸多的问题和挑战。由于国际金融危机的爆发,中国的外部政治压力骤然下降,意识形态的挑战没有以前突出。

中国须继续坚持和完善公有制的主体地位和国有经济的主导作用。

通过生产力的发展,逐步找寻不同所有制间合适的发展关系。国际金融危机爆发后,虽然国有经济在应对危机的过程中起到了中流砥柱的作用,但依然有人提出中国应对危机的出路是彻底的私有化或民营化,并将这次国际金融危机归结为是美国政府对市场的干预造成的,继续鼓吹中国应实行彻底的自由市场经济。对此,我们应该保持清醒的认识。中国应对金融危机的能力用事实证明了社会主义公有制的优越性。国有企业经过改革,其优越性已明显显现出来。有的学者把国有企业绩效的提高归之于它的垄断地位,这是不正确的。一是国有企业并不都是垄断企业,非竞争性行业只包括石油、石化、电网、铁路运输、邮电通信等,而且这些行业的垄断性主要出于生产力发展规律的要求。二是这些企业绩效的提高主要并不是来自于垄断。把一些特大型国有企业的发展笼统地以垄断加以批评不符合实际,单个企业做大做强是生产社会化发展的必然要求。国有经济在我国经济发展中的决定性地位和作用在国际学术界也得到了肯定。我们应该始终明确,鼓励支持非公有制经济发展的方针只是利用它为发展社会主义经济服务,绝对不是要搞私有化和建立资本主义私有制。非公有制经济的发展,必须是在国家政权和国有经济的主导下进行的,使其真正有利于社会生产力发展和人民生活水平的提高。国有企业也还要深入改革,特别是建立恰当的适应我国国情的企业治理结构,关键在于培养造就一支优秀的国有企业领导人队伍,从制度上不断完善国有经济的管理体制,树立巩固社会主义信心。

第四章
Chapter 4

国内社会热点问题

一、新形势下农村的改革发展

党和政府历来高度重视"三农"工作,特别是党的十六大以来,在经济快速增长、国力不断增强的背景下,坚持统筹城乡发展,坚持把增加农民收入作为农村工作的中心任务,农业生产持续发展,农村经济全面繁荣,农民生活显著改善,初步形成了强农惠农富农的政策体系,基本建立起符合统筹城乡发展要求的制度框架,为中国特色社会主义事业发展全局作出了巨大贡献。党的第十七届中央委员会第三次全体会议审议通过了《中共中央关于推进农村改革发展若干重大问题的决定》,对全面推进农村改革发展作出系统部署。

党的十八大报告指出,解决好农业农村农民问题是全党工作重中之重,城乡发展一体化是解决"三农"问题的根本途径。要加大统筹城乡发展力度,增强农村发展活力,逐步缩小城乡差距,促进城乡共同繁荣。坚持工业反哺农业、城市支持农村和多予少取放活方针,加大强农惠农富农政策力度,让广大农民平等参与现代化进程、共同分享现代化成果。加快发展现代农业,增强农业综合生产能力,确保国家粮食安全和重要农产品有效供给。坚持把国家基础设施建设和社会事业发展重点放在农村,深入推进新农村建设和扶贫开发,全面改善农村生产生活条件。

2004年到2013年,每年的"一号文件"都在持续关注"三农",说明农业在中国的重要地位,显示了中国领导人解决"三农"问题的决心。

(一)农村改革发展的光辉历程和宝贵经验

回顾30多年农村改革发展的历程,可以从四个阶段来把握其演进轨迹:

第一阶段(1978—1984年):重点是废除人民公社,确立以家庭承包经营为基础、统分结合的双层经营体制,建立农村基本经营制度。1978年,安徽省凤阳县小岗村18户农民率先搞起了"大包干"。1980年,中央明确提出在农业领域普遍建立各种形式的生产责任制。到1983年底,全国农村基本实行了以家庭承包经营为基础、统分结合的双层经营体制。1984

年,中央提出土地承包期一般在15年以上。

第二阶段(1985—1991年):重点是改革农产品统派购制度,发展乡镇企业,探索市场化取向的农村改革。1985年,国家取消粮食、棉花统购,改为合同定购,其他农产品实行价格放开,由市场供求调节。1990年10月以建立郑州小麦批发市场为标志,区域性农产品批发市场和各种类型的农贸市场快速发展,为最终取代主要农产品计划调拨创造了物质基础和制度条件。在国家的鼓励下,20世纪80年代中期,乡镇企业异军突起,带动了农村劳动力"离土不离乡"的大转移,推进了农村产业结构的大调整,推动了农村经济的大发展。

第三阶段(1992—2002年):重点是深化农产品流通体制改革,完善农产品和要素市场体系,开展农村税费改革试点。通过立法稳定农村基本经营制度,规定土地承包关系延长至30年保持不变,赋予农民长期而有保障的土地承包经营权。20世纪90年代中期,农村劳动力大规模向城市流动和跨区转移就业,国家采取改革中小城市和城镇户籍管理制度等措施,引导农村劳动力有序转移就业。1998年推进农业、农村经济结构的战略性调整,此后按照加入世界贸易组织协议的要求,改革农产品贸易的市场准入、国内支持和进出口政策,农业对外开放水平大幅提高。

第四阶段(2003年至今):重点是统筹城乡经济社会发展,在形成新时期强农惠农政策体系和构建统筹城乡发展制度框架方面迈出了重要步伐。党的十六大以来,中央强调把解决好"三农"问题作为全党工作重中之重的基本要求,明确统筹城乡经济社会发展的基本方略,提出"两个趋向"的基本论断,作出我国总体上已进入以工促农、以城带乡发展阶段的基本判断,实行工业反哺农业、城市支持农村和多予少取放活的基本方针,规划建设社会主义新农村的基本任务。放开粮食市场和价格、全面取消农业税、对农民实行直接补贴等一系列政策举措的出台,把国家基础设施建设和社会事业发展的重点转向农村,逐步扩大公共财政覆盖农村的范围,促进了农业发展、农民增收、农村繁荣。

中国农村改革发展的宝贵经验:

一是坚持以邓小平理论、"三个代表"重要思想和科学发展观为指导推进农村改革发展。我们党强调解放思想,实事求是,与时俱进;强调以人为本;强调"三农"问题是我们党各项工作的重中之重;强调全面、协调、可持续发展等重大发展战略,遵循生产关系一定要适应生产力发展水平的客观规律,切实把以家庭承包责任制为基础的统分结合双层经营体制,作为中国农村基本经济制度;坚持科学、全面、协调、可持续发展,积极有力地推进农村改革发展。

二是尊重农民的首创精神,调动农民的积极性。农民是农业和农村发展的主体,进行农村改革发展必须坚持实践的观点,一切从实际出发,因地制宜;必须相信群众,依靠群众,尊重农民的首创精神;必须始终把农民群众放在农村改革的主人和主体地位上,切实保障农民的自主权;必须认真落实同农村改革发展相配套的党在农村的一系列基本政策,依法保护农民群众的合法权益,调动农村广大干部和农民群众的积极性。改革的目的是让农民在经济上得到实惠,享有政治上当家做主的权利。三十年的实践证明,在农村改革发展过程中,只有把实现好、维护好、发展好农民的利益作为出发点、落脚点,尊重农民的首创精神,加强农村制度建设,切实保护农民权益,才能极大地调动农民的积极性,得到广大农民群众的拥护和支持,获得改革的最终成功。

三是坚持社会主义市场经济改革取向。中国30多年农村改革的高速发展,得益于紧紧围绕建设社会主义市场经济体制为目标来进行的体制改革和制度创新。通过对于传统的计划经济体制、农村基本经营制度、农产品市场流通体制、农村金融和财税等体制、国家宏观调控体制、收入分配体制、社会保障体制等方面的重大改革和调整,农村社会生产力得到极大解放,经济迅速发展,资源配置效率逐步提高,乡镇企业发展逐渐适应市场经济的要求,金融发展也正在步入国际化和全球化,社会保障体系逐步建立和完善。

(二)新形势下进一步推进农村改革发展的总体思路

新形势下推进农村改革发展,要全面贯彻党的十八大精神,高举中国特色社会主义伟大旗帜,以邓小平理论、"三个代表"重要思想和科学发展观为指导,把建设社会主义新农村作为战略任务,把走中国特色农业现代化道路作为基本方向,把加快形成城乡经济社会发展一体化新格局作为根本要求,坚持工业反哺农业、城市支持农村和多予少取放活方针,创新体制机制,加强农业基础,增加农民收入,保障农民权益,促进农村和谐,充分调动广大农民的积极性、主动性、创造性,推动农村经济社会又好又快发展。

根据党的十七大提出的实现全面建设小康社会奋斗目标的新要求和建设生产发展、生活宽裕、乡风文明、村容整洁、管理民主的社会主义新农村要求,到2020年农村改革发展基本目标任务是:农村经济体制更加健全,城乡经济社会发展一体化体制机制基本建立;现代农业建设取得显著进展,农业综合生产能力明显提高,国家粮食安全和主要农产品供给得到有效保障;农民人均纯收入比2008年翻一番,消费水平大幅提升,绝对贫困现象基本消除;农村基层组织建设进一步加强,村民自治制度更加完善,农民民主权利得到切实保障;城乡基本公共服务均等化明显推进,农村文化进一步繁荣,农民基本文化权益得到更好落实,农村人人享有接受良好教育的机会,农村基本生活保障、基本医疗卫生制度更加健全,农村社会管理体系进一步完善;资源节约型、环境友好型农业生产体系基本形成,农村人居和生态环境明显改善,可持续发展能力不断增强。同时,十八大报告中明确提出,到2020年要实现城乡居民人均收入比2010年翻一番。这是个温暖人心的量化指标。实现这个温暖人心的目标,意味着群众将得到更多实惠,意味着百姓的钱袋子将更鼓,生活将更加富足、更有质量。

(三)推进农村改革发展的重大战略部署

1. 大力推进改革创新,加强农村制度建设

实现农村发展战略目标,推进中国特色农业现代化,必须按照统筹城乡发展要求,抓紧在农村合同制改革关键环节上取得突破,进一步放开搞活农村经济,优化农村发展外部环境,强化农村发展制度保障。

第一,稳定和完善农村基本经营制度。以家庭承包经营为基础、统分结合的双层经营体制,是适应社会主义市场经济体制、符合农业生产特点的农村基本经营体制,是适应社会主义市场经济体制、符合农业生产特点的农村基本经营制度,是党的农村政策的基石,必须毫不动摇地坚持。

第二,健全严格规范的农村土地管理制度。土地制度是农村的基础制度。按照产权明晰、严格管理的原则,进一步完善农村土地管理制度。

第三,完善农业支持保护制度。健全农业投入保障制度,调整财政支出、固定资产投资、信贷投放结构,保证各级财政对农业投入增长幅度高于经常性收入增长幅度,大幅度增加国家对农村基础设施建设和社会事业发展的投入,大幅度提高政府土地出让收益、耕地占用税新增收入用于农业的比例,大幅度增加对中西部地区农村公益性建设项目的投入。

第四,建立现代农村金融制度。农村金融是现代农村经济的核心。创新农村金融体制,放宽农村金融准入政策,加快建立商业性金融、合作性金融、政策性金融相结合,资本充足、功能健全、服务完善、运行安全的农村金融体系。

第五,建立促进城乡经济社会发展一体化制度。尽快在城乡规划、产业布局、基础设施建设、公共服务一体化等方面取得发展,促进公共资源在城乡之间均衡配置、生产要素在城乡之间自由流动,推动城乡经济社会发展融合。

第六,健全农村民主管理制度。坚持党的领导、人民当家做主、依法治国有机统一,发展农村基层民主,以扩大有序参与、推进信息公开、健全议事协商、强化权力监督为重点,加强基层政权建设,扩大村民自治范围,保障农民享有更多更切实的民主权利。

2. 积极发展现代农业,提高农业综合生产能力

发展现代农业,必须按照高产、优质、高效、生态、安全的要求,加快转变农业发展方式,推进农业科技进步和创新,加强农业物质技术装备,健全农业产业体系,提高土地产出率、资源利用率、劳动生产率,增强农业抗风险能力、国际竞争能力、可持续发展能力;要明确目标、制订规划、加大投入,集中力量办好关系全局、影响长远的大事。

第一,确保国家粮食安全。粮食安全任何时候都不能放松,必须常抓不懈。加快构建供给稳定、储备充足、调控有力、运转高效的粮食安全保障体系。把发展粮食生产放在现代农业建设的首位,稳定播种面积,优化品种结构,提高单产水平,不断增强综合生产能力。

第二,推进农业结构战略性调整。以市场需求为导向、科技创新为手段、质量效益为目标,构建现代农业产业体系。搞好产业布局规划,科学确定区域农业发展重点,形成优势突出和特色鲜明的产业带,引导加工、流通、储运设施建设向优势产区聚集。

第三,加快农业科技创新。农业发展的根本出路在科技进步。顺应世界科技发展潮流,着眼于建设现代农业,大力推进科技自主创新,加强原始创新、集成创新和引进消化吸收再创新,不断促进农业技术集成化、劳动过程机械化、生产经营信息化。

第四,加强农业基础设施建设。以农田水利为重点的农业基础设施是现代农业的重要物质条件。大规模实施土地整治,搞好规划、统筹安排、连片推进,加快中低产田改造,鼓励农民开展土壤改良,推广测土配方施肥和保护性耕作,提高耕地质量,大幅度增加高产稳产农田比重。

第五,建立新型农业社会化服务体系。建设覆盖全程、综合配套、便捷高效的社会化服务体系,是发展现代农业的必然要求。加快构建以公共服务机构为依托、合作经济组织为基础、龙头企业为骨干、其他社会力量为补充,公益性服务和经营性服务相结合、专项服务和综合服务相协调的新型农业社会化服务体系。

第六,促进农业可持续发展。按照建设生态文明的要求,发展节约型农业、循环农业、生态农业,加强生态环境保护。继续推进林业重点工程建设,延长天然林保护工程实施期限,完善政策、巩固退耕还林成果,开展植树造林,提高森林覆盖率。

第七,扩大农业对外开放。坚持"引进来"和"走出去"相结合,提高统筹利用国际国内两个市场、两种资源能力,拓展农业对外开放的广度和深度。按照鼓励出口劳动密集型和技术密集型产品、适度进口结构性短缺产品的原则,完善农产品进出口战略规划和调控机制,加强国际市场研究和信息服务。

3. 加快发展农村公共事业,促进农村社会全面进步

建设社会主义新农村,形成城乡经济社会发展一体化新格局,必须扩大公共财政覆盖农村范围,发展农村公共事业,使党的十七大提出的"学有所教、劳有所得、病有所医、老有所养、住有所居"的要求覆盖到亿万农民。

4. 加强和改善党的领导,为推进农村改革发展提供坚强政治保证

推进农村改革发展,关键在党。要把党的执政能力建设和先进性建设作为主线,以改革创新精神全面推进农村党的建设,认真开展深入学习实践科学发展观活动,增强各级党组织的创造力、凝聚力、战斗力,不断提高党领导农村工作水平。

实现全面建设小康社会的宏伟目标,最艰巨最繁重的任务在农村,最广泛最浓厚的基础在农村。全党同志要锐意改革,加快发展,在推进中国特色社会主义伟大事业进程中努力开创农村工作新局面。

二、节能减排

(一)节能减排政策的提出

中国是当今世界上最大的发展中国家,发展经济,摆脱贫困,是中国政府和中国人民在相当长一段时期内的主要任务。20世纪70年代末以来,中国作为世界上发展最快的发展中国家,经济社会发展取得了举世瞩目的辉煌成就,用了30多年的时间,就走完了西方发达国家用了上百年才走完的工业化、城市化道路,成功地开辟了中国特色社会主义道路,已经总体进入了小康社会。

能源供应持续增长,为经济社会发展提供了重要的支撑,为世界能源市场创造了广阔的发展空间。中国已经成为目前世界上第二位能源生产国和消费国,成为世界能源市场不可或缺的重要组成部分,对维护全球能源安全,正在发挥着越来越重要的积极作用。2000年以来,我国能源供给能力明显增强。2007年中国化石能源生产总量占全球的15.87%,比2000年提高了5.39个百分点;中国已经成为全球第二大能源生产国。2007年,中国能源消费总量是26.5亿吨标准煤,成为世界上第二大的能源消费国;但是人均的消费只是世界平均水平的62%。2007年我国的装机容量已经达到71 329万千瓦,位居世界第二,仅次于美国。与2000年相比,2007年我国石油产量增长了14.7%,达到1.87亿吨。

如何以最低的资源环境代价确保经济可持续增长,已成为当代世界上所有国家在经济社会发展过程中所面临的一大难题。只有坚持节约发展、清洁发展、安全发展,才能实现经济又好又快发展。同时,温室气体排放引起全球气候变暖,备受国际社会广泛关注。进一步加强节能减排工作,也是应对全球气候变化的迫切需要。

随着改革开放的不断深入,资源环境约束已经成为我国经济社会发展的约束,针对日益加重的能源与环境形势,《中华人民共和国节约能源法》明确规定"节约资源是我国的基本国策。国家实施节约与开发并举、把节约放在首位的能源发展战略",我国在"十一五"规划纲要中提出了"节能减排"的目标。

所谓"节能减排"指的是减少能源浪费和降低废弃物排放,是为了提高能源资源的利用效率和追求环境质量的提高。"节能减排"是贯彻落实科学发展观、改善我国自然资源和环境问题现状、促进我国经济社会又好又快发展的重大举措。

(二)当前节能减排工作面临的形势

1. 自然资源方面

自然资源是指人类可以直接从自然界获得,并用于生产和生活的物质资源。一般可以分成可再生资源和非再生资源两大类。可再生资源指在较短时间内可以再生、可以循环利用的资源,包括土地资源、水资源、气候资源、生物资源和海洋资源等。非再生资源指在使用后不能再生的资源,包括矿产资源和地热能源。

(1)我国人均自然资源短缺

自古以来,人们就用地大物博形容我国,我国拥有辽阔的土地,丰富的自然资源,可以取之不尽,用之不竭,可是我国的资源总量与13亿人口基数联系到一起,我国却是一个实实在在的资源短缺的国家。

(2)我国能源资源消耗量大

一些发达国家在工业化进程中出现过人均年消耗4至5吨标准煤以上的发展阶段。但是,我国有13亿人口,根本不可能以每年消耗50多亿吨标准煤的代价来推进工业化。不仅能源资源条件无法承受,而且所造成的环境恶化和生态危机也是我们无法承受的。

2. 环境方面

环境问题是指由于人类活动作用于周围环境所引起的环境质量的变化,以及这种变化对人类的生产、生活和健康造成的影响。

中国环境问题及水资源问题面临着如下压力:大气污染问题,2000年我国二氧化硫排放量为1995万吨,居世界第一位,大气污染是中国目前第一大环境问题;水环境污染问题;垃圾处理问题;土地荒漠化和沙灾问题;水土流失问题;旱灾和水灾问题;生物多样性破坏问题;持久性有机物污染问题等。

(三)我国节能减排的目标及重要举措

2012年7月11日,国务院常务会议讨论通过了《节能减排"十二五"规划》(以下简称《规划》)。《规划》明确提出了节能减排的目标,即到2015年,单位GDP二氧化碳排放降低17%;单位GDP能耗下降16%;非化石能源占一次能源消费比重提高3.1个百分点,从8.3%到11.4%;主要污染物排放总量减少8%到10%。此外,还明确了主要污染物控制种类,在"十一五"化学需氧量、二氧化碳这两个类别基础上,增加了氨氮和氮氧化物两个类别的污染物控制指标。这些约束性指标的提出更加明确了国家节能减排的决心。

《规划》要求形成加快转变经济发展方式的机制,建立健全有效的激励和约束机制,大幅度提高能源利用效率,显著减少污染物排放。为此,一要调整优化产业结构。抑制高耗能、高排放行业过快增长,加快淘汰落后产能,改造提升传统产业,调整能源消费结构,推动服务业和战略性新兴产业发展。二要推动提高能效水平。切实加强工业、建筑、交通运输、农业和农村、商用和民用、公共机构节能管理,开展万家企业节能低碳行动。三要强化主要污染物减排。加强电力、钢铁、水泥等行业污染物防治,推进农村污染治理和畜禽清洁养殖,控制机动车污染物排放,推进大气中细颗粒污染物治理。四要深入开展节能减排全民行动,倡导与我国国情相适应的文明、节约、绿色的生产方式和消费方式。《规划》提出了节能改造、节能产品惠民、合同能源管理推广、节能技术产业化示范、城镇生活污水处理设施建设、重点流域水污染防治、脱硫脱硝、规模化畜禽养殖污染防治、循环经济示范推广、节能减排能力建设等十大重点工程和保障措施。

(四)节能减排工作需要全社会的共同参与

党的十八大报告明确提出:要节约集约利用资源,推动资源利用方式根本转变,加强全过程节约管理,大幅降低能源、水、土地消耗强度,提高利用效率和效益。推动能源生产和消费革命,控制能源消费总量,加强节能降耗,支持节能低碳产业和新能源、可再生能源发展,确保国家能源安全。积极开展节能量、碳排放权、排污权、水权交易试点。加强环境监管,健全生态环境保护责任追究制度和环境损害赔偿制度。加强生态文明宣传教育,增强全民节约意识、环保意识、生态意识,形成合理消费的社会风尚,营造爱护生态环境的良好风气。倡导全社会更加自觉地珍爱自然,更加积极地保护生态,努力走向社会主义生态文明新时代。

1. 节能减排是企业的社会责任

企业是节能减排的主体,我国要想完成节能减排的目标,首先需要企业节能减排观念的转变,企业要把降低能耗、减少环境污染、实现清洁生产看成是增强竞争力的手段,也要看成是企业的社会责任。在一些发达国家的企业,员工的节约意识已成为"职业道德"。节能减排要成为企业的自觉行为。因此,企业要严格遵守国家节能和环保的法律法规以及节能减排标准,加大节能减排技术改造和技术创新的投入,建立规范的考核机制和责任制,要建设与环境友好的企业文化,加强员工相应的教育。

2. 节能减排是公民的共同义务

节能减排目标的实现不能忽视我国全体公民的参与。我国是13亿人口的大国,任何一个微不足道的数字乘以13亿都将是巨大的,公民日常生活点滴中,节能减排潜力也是巨大的。目前,随着我国公民收入水平的提高,住房、电视、冰箱、空调、电脑、汽车的数量急剧增加,生活能源消费和废弃物排放迅速上升。2005年我国生活消费消耗的能源总量达5.3亿吨标准煤,占能源消费总量的24%,2006年这一数字还在提高。与此同时,公民生活消费还存在着高消费的现象,据世界奢侈品协会透露,2007年中国人的奢侈品消费总额已达到80亿美元,年增长率在20%左右,是世界第三大奢侈品消费国;目前我国的粮食浪费比例高达18%。因此,我国要向全社会宣传节能减排的生活方式和科学知识,提高全体公民的节能减排意识和能力,形成节约资源、减少污染、保护环境的社会风气。

(1)提倡节约的生活方式

中华民族自古就有崇尚节俭的优良传统。"一粥一饭,当思来处不易;半丝半缕,恒念物力维艰。"这些先哲古训,千百年来为人们所信守。但是,我们今天所说的节能减排,具有新的时代内涵。节能减排作为一种新的社会文明,不是要人们安贫乐道,固守自然经济条件下的生活方式。这里的"节约"是可持续发展的"节约",它主张适度消费,反对高消费,是在基本不降低消费本身的质量和数量水平的条件下,排除由于非经济因素造成的多余消费。比如,商品精美的外包装;大排水量的抽水马桶;高档大排量的轿车;为追求时尚提前抛弃的耐用消费品,如手机、电脑等;以及以炫耀财富为目的的消费主义等,这些多余消费实际上没有增进消费者的消费效果,而是一种浪费,造成资源的过多损耗和废弃物排放量的增加。

科技部向全社会公布了《全民节能减排手册》,将生活中衣、食、住、行、用等六个方面的36项日常行为,换算成节能减排的量化数据,提倡人们在不降低现有生活水平的前提下,选择科学合理节约能源的生活方式。例如,《全民节能减排手册》显示:①节约1斤粮食可节能约0.18千克标准煤,相应减排二氧化碳0.47千克。如果全国有11.65亿人平均每人每年减少这些粮食浪费,共节能约21.6万吨标准煤,减排二氧化碳54.8万吨。②若全国每年有2 500万人每人少买一件不必要的衣服,就可节能约6.25万吨标准煤,减排二氧化碳16万吨。研究的结果表明,如果公民都积极参与,36项日常生活行为的年节能总量约为7 700万吨标准煤,可用来创造GDP约6 400亿元,相应减排二氧化碳约2亿吨,经济、社会和环境效益十分显著。

(2) 培养合理的节约习惯

在实际生活中,许多浪费是由于不好的生活习惯造成的,是在不经意间发生的。如果我们有意识地改变生活习惯,将会节约大量的资源和能源。

①重新拎起布袋子、菜篮子。虽然少生产1个塑料袋只能节能约0.04克标准煤,相应减排二氧化碳0.1克,但由于塑料袋日常用量极大,如果全国减少10%的塑料袋使用量,那么每年可以节能约1.2万吨标准煤,减排二氧化碳3.1万吨。

②关掉电视遥控器后关闭电源开关。因为电视机、洗衣机、微波炉、空调等家用电器,在待机状态下仍在耗电,如果全国3.9亿户家庭都在用电后拔下插头,每年可节电约20.3亿度,相应减排二氧化碳197万吨。

据测算,按照每个家庭每月节约10度电计算,全国每年可节约用电450亿度,相当于三峡水电站半年满负荷的发电量,可减排二氧化碳4 500万吨。

合理的节约习惯:如关闭电器的同时拔掉插销、将灯泡换成节能灯泡、将空调调高至夏季26℃冬季16℃、减少使用塑料袋、洗衣服少用洗衣粉,科学用水、生活垃圾分类处置。节能减排从现在做起,从点滴做起,每个公民都要养成节约的好习惯。

三、科学人才观

人们常用"千军易得,一将难求"来形容人才的重要。随着科技进步的日新月异,全球一体化的深入发展,各个领域的竞争日趋激烈,树立正确的人才观,注重高端引领,已成为各个国家和地区抢占先机、赢得优势的战略制高点。党的十八大报告中明确地提出:广开进贤之路,广纳天下英才,是保证党和人民事业发展的根本之举。要尊重劳动、尊重知识、尊重人才、尊重创造,加快确立人才优先发展战略布局,造就规模宏大、素质优良的人才队伍,推动我国由人才大国迈向人才强国。

(一)科学人才观的确立

根据党的十七大提出的更好实施人才强国战略的总体要求,为实现全面建设小康社会奋斗目标提供人才保证,我国制定了《国家中长期人才发展规划纲要(2010—2020年)》(以下简称《纲要》)。

《纲要》指出:党和国家历来高度重视人才工作,新中国成立以来特别是改革开放以来,提出了一系列加强人才工作的政策措施,培养造就了各个领域的大批人才。进入新世纪新阶段,党中央、国务院作出了实施人才强国战略的重大决策,人才强国战略已成为我国经济社会发展的一项基本战略。

科学人才观是科学发展观的重要组成部分,是科学发展观在人才发展工作中的集中体现和具体应用,是近年来人才发展的创新实践总结,是人才工作科学化的探索指南,涵盖了育才、聚才、用才等各个方面。

科学人才观逐步确立,以高层次人才、高技能人才为重点的各类人才队伍不断壮大,有利于人才发展的政策体系进一步完善,市场配置人才资源的基础性作用初步发挥,人才效能明显提高,党管人才工作新格局基本形成。《纲要》的制定与实施,是贯彻落实科学发展观、更好实施人才强国战略的重大举措,是在激烈的国际竞争中赢得主动的战略选择。

(二)科学人才观的意义

科学发展,人才先行。江泽民同志指出:"人才是一个国家发展最重要的资源";"要确立人才资源是第一资源的思想"。胡锦涛同志指出,必须确立人才优先发展战略布局,坚持人才资源优先开发、人才结构优先调整、人才投资优先保证、人才制度优先创新。中共中央政治局常委、中央书记处书记、中组部部长李源潮出席《第一资源科学人才观简明读本》出版座谈会时强调要积极宣传和普及科学人才观更好发挥人才第一资源作用。人才优先发展是我国人才思想的重大创新和突破,是贯穿《纲要》的核心理念。科学人才观全面回答了新形势下我国人才发展的重大理论和实践问题,是我国实施人才强国战略的行动指南。科学人才观体现了我们党创新人才思想的智慧、气魄和情怀,对实施人才强国战略,建设中国特色社会主义,具有重大的现实意义和深远的历史意义。

科学人才观是正确认识历史发展进程、实现国家战略的需要。在人类社会发展进程中,人才是社会文明进步、人民富裕幸福、国家繁荣昌盛的重要推动力量。当今世界正处在大发展大变革大调整时期,世界多极化、经济全球化深入发展,科技进步日新月异,知识经济方兴未艾,加快人才发展是在激烈的国际竞争中赢得主动的重大战略选择。我国正处在改革发展的关键阶段,深入贯彻落实科学发展观,全面推进经济建设、政治建设、文化建设、社会建设以及生态文明建设,推动工业化、信息化、城镇化、市场化、国际化深入发展,实现中华民族伟大复兴,必须大力提高国民素质,在继续发挥我国人力资源优势的同时,加快形成我国人才竞争比较优势,逐步实现由人力资源大国向人才强国的转变。

科学人才观是实现全面建设小康社会的奋斗目标的需要。要全面建设小康社会,就必须加快建立人才竞争比较优势。要坚持服务发展、人才优先、以用为本、创新机制、高端引领、整体开发的指导方针,加强人才资源能力建设,推动人才结构战略性调整,创新人才工作体制机制,实行人才投资优先,实施更加开放的人才政策,加快人才工作法制建设,加强和改进党对人才工作的领导,培养造就出高素质的人才队伍。

科学人才观是全面做好人才工作的需要。牢固树立人才优先发展的价值理念,确立人才优先发展的战略布局,以人才优先发展引领科学发展。科学人才观,是对什么是人才、人才在经济社会发展中所处的地位,如何育才聚才用才所必须坚持的,适应新形势新任务要求,符合人才发展规律、充分发挥人才作用的科学观念和正确态度。牢固树立和认真落实科学的人才观,既是重要的理论问题,又是重大的实践任务。树立和落实科学人才观,才能全面做好人才工作。随着社会主义事业繁荣发展,人才对象的覆盖范围更广,接纳人才的社会包容度更大,为人人成才、争作贡献,提供了广阔的天地和更多的机会、条件。为此,要克服"名本主义",改变单纯按资历、学历、职称、职务等论人才的片面观。改革开放和现代化建设的宏伟事业需要亿万人才,呼唤亿万人才,造就亿万人才,为各类人才脱颖而出、大显身手、施展才华提供了广阔的舞台。

(三)《纲要》提出的重大人才工程

未来十几年,是我国人才事业发展的重要战略机遇期,中国迫切需要坚定不移地走人才强国之路,统筹推进各类人才队伍建设,实施重大人才工程,加大创新创业人才培养支持力度,重视实用人才培养,引导人才向科研生产一线流动。充分开发利用国内国际人才资源,积极引进和用好海外人才。加快人才发展体制机制改革和政策创新,建立国家荣誉制度,形成激发人才创造活力、具有国际竞争力的人才制度优势,开创人人皆可成才、人人尽展其才的生动局面。

围绕中心、服务大局是人才工作的根本出发点和落脚点。只有紧紧围绕经济社会发展的中心任务,人才工作才能在全面建成小康社会、建设社会主义现代化进程中作出更大贡献。为此,《纲要》明确提出了十二项重大人才工程。

1. 创新人才推进计划

为积极应对国际科技竞争,提高自主创新能力,着眼于培养造就一批世界水平的科学家,在我国具有相对优势的科研领域设立100个科学家工作室;瞄准世界科技前沿和战略性新兴产业,每年重点支持和培养一批具有发展潜力的中青年科技创新领军人才;着眼于推动企业成为技术创新主体,每年重点扶持1 000名科技创新创业人才;依托一批国家重大科研项目、国家重点工程和重大建设项目,建设若干重点领域创新团队;以高等学校、科研院所和高新技术产业开发区为依托,建设300个创新人才培养示范基地。

2. 青年英才开发计划

着眼于人才基础性培养和战略性开发,提升我国未来人才竞争力,在自然科学、哲学社会科学和文化艺术等重点学科领域,每年重点培养扶持一批青年拔尖人才;在高水平研究型大学和科研院所的优势基础学科建设一批国家青年英才培养基地,按照严入口、小规模、重特色、高水平的原则,每年选拔一批拔尖大学生进行专门培养;为培养造就未来国家所需的高素质、专业化管理人才,每年从应届高中、大学毕业生中筛选若干优秀人才送到国外一流大学深造,进行定向跟踪培养。

3. 企业经营管理人才素质提升工程

着眼于提高我国企业现代化经营管理水平和国际竞争力,到2020年,培养一批具有世界眼光、战略思维、创新精神和经营能力的企业家;培养1万名精通战略规划、资本运作、人力资源管理、财会、法律等专业知识的企业经营管理人才。

4. 高素质教育人才培养工程

为建设一支高素质、创新型教育人才队伍,通过研修培训、学术交流、项目资助等方式,每年重点培养和支持2万名各类学校教育教学骨干、"双师型"教师、学术带头人和校长,在中小学校、职业院校、高等学校培养造就一批教育家、教学名师和学科领军人才。

5. 文化名家工程

为更好地推动宣传思想文化工作，进一步提高国家文化软实力，着眼于培养造就一批造诣高深、成就突出、影响广泛的宣传思想文化领域杰出人才，每年重点扶持、资助一批哲学社会科学、新闻出版、广播影视、文化艺术、文物保护名家承担重大课题、重点项目、重要演出，开展创作研究、展演交流、出版专著等活动。到2020年，由国家资助的宣传思想文化领域文化名家达到2000名。

6. 全民健康卫生人才保障工程

适应深化医药卫生体制改革、保障全民健康需要，加大对卫生人才培养支持力度。到2020年，培养造就一批医学杰出骨干人才，给予科研专项经费支持；开展住院医师规范化培训工作，支持培养5万名住院医师；加强以全科医生为重点的基层卫生人才队伍建设，通过多种途径培训30万名全科医师，提高基层医疗卫生服务能力。

7. 海外高层次人才引进计划

重点围绕国家发展战略目标，在中央、国家有关部门、地方分层次、有计划引进一批能够突破关键技术、发展高新技术产业、带动新兴学科的战略科学家和创新创业领军人才。其中，中央层面实施"千人计划"，建设一批海外高层次人才创新创业基地，用5～10年时间引进2 000名左右海外高层次人才回国（来华）创新创业。随着国家千人计划的实施，大批海外高层次创新创业人才回到祖国，在部分领域和高科技产业亮剑于世界舞台。截至2012年07月25日，中国实施引进海外高层次人才计划（即"千人计划"）已引进各领域高端人才2 263名。

8. 专业技术人才知识更新工程

围绕我国经济结构调整、高新技术产业发展和自主创新能力的提高，在装备制造、信息、生物技术、新材料、海洋、金融财会、生态环境保护、能源资源、防灾减灾、现代交通运输、农业科技、社会工作等重点领域，开展大规模的知识更新继续教育，每年培训100万名高层次、急需紧缺和骨干专业技术人才，到2020年，累计培训1 000万名左右。依托高等学校、科研院所和大型企业现有施教机构，建设一批国家级继续教育基地。

9. 国家高技能人才振兴计划

适应走新型工业化道路、加快产业结构优化升级的需要，加强职业院校和实训基地建设，培养造就一大批具有精湛技艺的高技能人才。到2020年，在全国建成一批技能大师工作室、1 200个高技能人才培训基地，培养100万名高级技师。

10. 现代农业人才支撑计划

适应建设社会主义新农村、加快发展现代农业的需要，加大对现代农业的人才支持力度。到2020年，选拔一批农业科研杰出人才，给予科研专项经费支持；支持1万名有突出贡献的农业技术推广人才，开展技术交流、学习研修、观摩展示等活动；选拔3万名农业产业化龙头企业负责人和专业合作组织负责人、10万名生产能手和农村经纪人等优秀生产经营人才，给予重点扶持。

11. 边远贫困地区、边疆民族地区和革命老区人才支持计划

为促进边远贫困地区、边疆民族地区和革命老区加快发展,实现基本公共服务均等化目标,在职务、职称晋升等方面采取倾斜政策,每年引导10万名优秀教师、医生、科技人员、社会工作者、文化工作者到边远贫困地区、边疆民族地区和革命老区工作或提供服务。每年重点扶持培养1万名边远贫困地区、边疆民族地区和革命老区急需紧缺人才。

12. 高校毕业生基层培养计划

着眼于解决基层特别是中西部地区基层人才匮乏问题,培养锻炼后备人才,积极引导和鼓励高校毕业生到基层创业就业。实施一村一名大学生计划,用5年时间,先期选派10万名高校毕业生到村任职,到2020年,实现一村一名大学生目标。统筹各类大学生到基层服务创业计划。通过政府购买工作岗位、实施学费和助学贷款代偿、提供创业扶持等方式,引导高校毕业生到农村和社区服务、就业和自主创业。

四、最美女教师张丽莉

张丽莉同志,女,1984年1月19日出生。2007年毕业于哈尔滨师范大学中文系,佳木斯市第十九中学语文教师。

(一)张丽莉老师勇救学生的经过

2012年5月8日20时38分,张丽莉和下课的学生刚刚走出校门。据张丽莉的同事回忆:晚自习过后,学生纷纷走出校门,当时我在校门口遇到了张老师和一群学生正要过马路,校门口停了4辆车,突然最后面的大客失控,先撞到了前面的一辆大客车,这时,刚好有几个学生过马路。当时,张丽莉老师正面对着大客车,只要她向后退一步,就能躲过大客车。可她却在这生死攸关的时刻,挺身而出,迅速冲过去拉过来其中一个学生,又推出去另一个学生,两个学生没有受伤;而张老师却被大客车碾压在车下。急救车赶到后欲将张老师送到医院救治,当时她说的却是"先救学生"。

张丽莉老师把生的希望留给学生,把危险留给自己,用无私大爱谱写了一曲生命的赞歌。她的壮举昭示人的是守望相助,她用实际行动涂写了时代的精神底色,被人们亲切地称为"最美女教师"。

(二)领导对张丽莉老师的关怀

事件发生后,人民日报、央视新闻联播等主流媒体,纷纷报道了"最美女教师"的感人事迹,各级领导深切地关怀张丽莉老师的治疗情况,社会各界也在全国范围内掀起了向张丽莉学习的高潮。

2012年5月11日晚,中央电视台新闻联播播出佳木斯市十九中学教师张丽莉勇救学生的感人事迹后,中共中央政治局委员、国务委员刘延东同志立即打电话给黑龙江省委书记吉炳轩同志,首先向张丽莉及其家人表示诚挚的慰问,并转达对张丽莉的崇高敬意。她说,张丽莉在危急时刻挺身保护学生被轧断双腿,体现了一个人民教师的深厚慈爱之情,令人感动,可钦可佩。刘延东同志要求黑龙江省委、省政府一定要全力以赴做好救治工作,祝愿张丽莉尽快脱离生命危险,并能早日康复。吉炳轩同志当即向佳木斯市委、市政府传达了刘延东同志的慰问,并请佳木斯市委、市政府尽快向张丽莉及其家属传达,要求医疗部门不惜一切代价对张丽莉进行精心治疗。

受中共中央政治局常委李长春,中共中央政治局委员、中央书记处书记、中央宣传部部长刘云山和中共中央政治局委员、国务委员刘延东委托,黑龙江省委书记吉炳轩于5月15日下午来到哈尔滨医科大学附属第一医院看望张丽莉,向张丽莉老师及其亲属表示慰问和敬意。

黑龙江省教育厅决定,由省教师奖励基金会出资奖励张丽莉10万元,并转达了省委书记吉炳轩的承诺:张丽莉的救治、医疗费用都由省委、省政府专款支出,愈后的生活工作省委、省政府都会管起来、包起来,黑龙江决不会让英雄流血又流泪,请张丽莉的家人放心,请社会放心,决不让老百姓失望。

5月14日,教育部发通知,授予舍己救人的佳木斯市教师张丽莉"全国优秀教师"荣誉称号。通知要求,全国广大教师和教育工作者要以张丽莉为榜样,爱岗敬业,关爱学生,严谨笃学,勇于创新,为人师表,无私奉献,以人格魅力和学识魅力教育感染学生。

15日19时,中华全国总工会科教文卫体主席万明东抵达哈尔滨,将"全国五一劳动奖章"的颁发决定交到"最美女教师"张丽莉的丈夫李梓烨手中。

共青团黑龙江省委决定授予张丽莉全省"青年五四奖章"荣誉称号。

全国妇联16日作出决定,授予在危难时刻挺身而出、救出两名学生的"最美女教师"张丽莉全国三八红旗手荣誉称号。

事件发生后,社会各界纷纷为张丽莉老师的壮举所感动并踊跃捐款。据佳木斯慈善总会通报,截至2012年5月29日16时,"张丽莉见义勇为基金"共接收捐款1 236万元。

(三)张丽莉老师的主要事迹

1. 关怀学生

学生张佳岩说,张丽莉老师是一个关爱学生的好老师,她对学生的关怀无微不至。冬天,为了让班里的同学能够喝到热水,她自己出钱为班级买电水壶烧水,由于电水壶放在黑板的旁边,粉笔灰很容易掉到里面,张丽莉怕学生喝不干净的水,还细心地用一块小毛巾盖住了壶嘴。夏天,开家长会的时候,她都会细心地为每一位家长买一瓶矿泉水。

张佳岩还回忆说,刚上初一的时候不是很听话,张丽莉老师基本上每隔一个月就会找她谈一次话,劝她集中精力学习。

宋颐函同学回忆说:"我和焦研同学的作文一直都不太理想,心里很着急。一次下课,我们和张老师说了此事,张老师二话没说,跟我们约定,每周给我们留一个题目,单批单改,直到合格为止。有时候张老师给我写的评语比我写的作文字数都要多。"

学生闫泓佚说,2009年冬天,我读初一,班里有个同学生病了,张老师领着班干部去看望。准备打车时,一辆自行车因为路滑摇摇摆摆地撞了过来,张老师一把将我揽在怀中,车子刮坏了她的裤子,而她的第一反应却是问我:"孩子,你没事吧?""张老师就像妈妈一样,待我们就像对待自己的孩子。"学生张佳岩说,放学时学生等不到来接的家长,她就主动打车送学生回家,"我们全家都喜欢她。"

2. 资助贫困生

学生家长赵亚波说,她儿子是张丽莉老师班上的学生,她家是低保家庭,丈夫去世了,一个人领着儿子生活,十分辛苦。听说低保家庭好像可以减免学费,就去班上找张丽莉老师问这件事,张丽莉老师在得知她家的情况后,便每个月都给她儿子一百块钱,从孩子上初一时起就一直坚持,就连寒暑假,张丽莉老师都会把钱准备好了,在放假前给她儿子。她儿子做手术,张丽莉还买了水果送到医院来看孩子。她现在身体也不好,患有肾病,张丽莉知道后,经常询问她的病情,并且安慰她。

3. 与学生亦师亦友

入校5年,张丽莉老师各种赛课、教学比赛都名列前茅。张丽莉老师所带的班级名次遥遥领先,其中包括"青年骨干教师"、"教师新秀"、"最受学生喜爱的教师"、"菊花杯"语文竞赛一等奖等。

从初一到初三,丽莉老师和她的学生有个"幸福快乐的家庭",学生们亲热地叫她"丽莉姐"。张丽莉和学生们的关系让最好的朋友都有些"嫉妒"。同一个办公室,教师节她收到的礼物最多,小礼物、小食品每次都能在办公桌上堆成小山。

4. 工作认真

工作5年,张丽莉只请了两次假。一次是两年前的流产,还有一次就是三年前的婚礼。张丽莉的弟弟介绍:"父辈中就有人从事教师行业。由于从小受到熏陶,2008年姐姐学业有成后,随即投入教师的行业中,在第十九中担任语文教师,今年已工作5年。虽然没有教师编制,但她从来没有消极工作。2009年9月1日,是她任教以来第一次做班主任。此时,她不仅仅是位优秀美丽的教师,也刚刚成了一位甜蜜幸福的妻子。""担任班主任后她的心思完全放在了学生身上,带班两年多起早贪黑,甚至连饭菜也会让给没来得及吃饭的学生们。分校教学后,由于学校太远,很多学生每天来不及吃早饭,她就拿出每个月为数不多的工资买来面包、饼干给来不及吃饭的学生。"

(四)张丽莉老师光荣入党

2012年7月1日上午,哈尔滨医科大学附属第一医院重症监护室内,张丽莉老师乘坐轮椅,身着病号服,由医护人员护送至鲜艳的党旗前。张丽莉在鲜艳的中国共产党党旗前庄严宣誓,"我志愿加入中国共产党!"

佳木斯市教育局党委书记、局长宣读了市教育局党委关于张丽莉入党的批复:"张丽莉同志,根据你个人的入党申请以及你在日常工作中的一贯表现,特别是在危急时刻舍己救人的英雄壮举,经佳木斯市第十九中学党总支大会通过,佳木斯市教育局党委批准,发展你为中国共产党预备党员。"

"请张丽莉老师举起右手,跟我一起面对党旗庄严宣誓。"在领誓人的带领下,29岁的张丽莉郑重举起右手,一字一句认真宣誓。此刻的她,明亮的双眼已经开始湿润,声音十分洪亮,语气中透着一股坚定。因为心情激动,丽莉举起的右手略微颤抖。

宣誓后,张丽莉告诉记者,此刻她的心情非常激动。从高中起,成为一名中国共产党党员一直是她的心愿,能在党的生日这一天完成心愿,她真的非常高兴。"就像是孩子重新回到母亲的怀抱。""在我身受重创后,是党和政府第一时间伸出一双温柔而有力的大手支撑着我。在我脱离生命危险后,又敞开温暖的怀抱接纳了我,我真的非常感激!"张丽莉说,"今后的日子里,我会努力成为一名优秀的共产党员,一名优秀的人民教师。"

Chapter 5

中国的能源安全形势

改革开放以来中国的经济飞速发展,能源成为制约中国经济社会发展的重要因素,能源安全成为中国国家安全的重要组成部分。同时,随着经济全球化不断深化,世界各国的相互依赖加强,中国能源安全必然受到世界能源安全形势的影响和制约。因此制定中国的能源安全战略必须要有世界眼光,全球思维,应充分考虑全球能源发展趋势,借鉴其他国家制定能源安全战略的经验和教训,结合中国能源安全的具体环境,制定出适合中国国情又符合世界发展趋势的能源安全战略。

一、中国能源供求分析

对中国的能源安全现状加以清楚的分析是制定中国的能源安全战略的前提。能源供给与需求存在的和潜在的问题是影响中国能源安全的重要因素。

(一)石油资源储量少

中国的国土面积居世界第三位,有着漫长的海岸线,众多的岛屿,能源资源自然禀赋条件良好,能源资源总量较丰富。据2005年英国石油公司的统计,在世界103个产油国中我国石油可采资源总量和剩余可采储量分别居第11位和第10位。中国国土部发布统计数据,2010年全国新增石油探明地质储量11.5亿吨,新增探明技术可采储量约2.1亿吨。同期,天然气新增探明地质储量5 945.5亿立方米,新增探明技术可采储量2 875亿立方米。截至2010年底,全国石油累计探明地质储量为312.8亿吨,剩余技术可采储量31.4亿吨,同比增长6.5%;天然气累计探明地质储量9.3万亿立方米,剩余技术可采储量3.9万亿立方米,同比增长3.7%。2010年,中国石油产量为20 301万吨,占全年石油消耗量的45%,当年中国石油对外依存度为55%,即2010年中国新增石油可采储量不足当年消耗量的50%。我国石油总体属于石油勘探中等成熟阶段。综合分析资源情况和勘探潜力,预计未来15~20年内,我国石油储量仍处于高稳定增长期,年均新增石油可采储量大体与生产量相当。

改革开放以来中国经济高速发展,对能源的需求总量迅速增加。国家统计局发布统计数据显示,2010年,全国能源消费总量达到32.5亿吨标准煤,同比增长5.9%。

（二）能源结构中煤炭占主导

我国历年一次能源生产和消费结构中煤炭所占比重超过70%。我国能源结构以煤为主是由能源资源自然禀赋条件决定的。我国煤炭资源总量丰富,在世界上占有重要地位。中国常规能源（包括煤、油、气和水能,水能为可再生资源,按使用100年计算）探明（技术开发）总资源量超过8 230亿吨标准煤,经济可开发的探明剩余可采总资源1 392亿吨标准煤。

二、中国能源安全的主要问题

（一）能源结构性矛盾突出

基于资源禀赋特点和面临的国际环境制定的能源战略立足国内的原则,中国能源供应几十年来一直采取完全依靠国内资源的方针,从而在一次能源消费结构中煤长期居于主导地位,占到75%左右。2008年,煤炭作为中国的主要能源占已探明的化石能源总资源的94.3%,占一次能源生产量的76%,占一次能源消费量的69%。在已探明的化石能源可采储量中,世界石油、煤炭和天然气的结构关系为20%、60%和20%,中国为5%、91%和4%。2008年,美国的能源消费结构中,石油占38.48%,天然气占26.13%,二者合计占64.61%,煤炭只占24.58%。

国家统计局、国家发改委、国家能源局联合公布的《2010年上半年全国单位GDP能耗等指标公报》,上半年的单位GDP能耗不降反升,同比上升0.09%。从主要耗能行业单位增加值能耗看,煤炭行业下降2.69%,钢铁行业下降1.64%,建材行业下降7.61%,化工行业下降4.28%,纺织行业下降2.42%,石油石化行业上升11.35%,有色行业上升8.11%,电力行业上升4.19%。

（二）能源供给的风险加大

1. 石油的对外依存度加大

进入20世纪90年代以后,中国经济的持续高速发展总体规模不断扩大,使得石油消费量急剧上升。1993年石油进口量超过了石油出口量,在数量上成为净进口国;1995年石油进口的金额超过了石油出口的金额,在石油贸易金额上成为石油净进口国。2010年中国石油对外依存度已进一步扩大至55.14%,10年来中国石油净进口量呈直线上升之势,中国石油天然气集团公司预测称"十二五"期间,中国石油需求将进一步增加,石油对外依存度很可能越过60%,甚至更高。

2. 能源战略储备严重不足

中国战略石油储备的第一批基地镇海基地开始注油的时间是2007年8月11日,这是一个标志性的时刻,这标志着镇海基地战略石油储备库正式投入使用,此举也意味着中国战略石油储备体系实现零的突破。但是发达国家石油储备制度已经有了30年的历史,石油储备量相当于几个月消费量。随着每年中国石油进口量的增加和缺少石油战略储备,中国很容易受到全球原油价格变化的影响。2010年,中国原油进口来源于中东地区的占56%,来源于欧洲地区的占7%,来源于非洲地区的占23%,来源于亚太地区的占14%。这充分表明中国的能源安全已经成为国际能源供应体系中重要的一部分,中国的能源安全与国际能源形势已有明显的联动关系。

三、中国能源安全战略的主要措施

(一)节约能源与提高效率

节能本身就是一种能源,而且是最"清洁"的能源,必须始终将节约能源作为一项基本国策,致力于提高能源利用效率。如前所述,我国在能源开采与使用中存在着效率低下与严重浪费现象,使得我国有着巨大的节能空间。

(二)强化能源资源勘探开发

加大西部和海上能源资源开发的力度,为中国能源安全寻找新的支撑点。

1. 加大西部能源开发

能源的发展在西部的崛起中将产生不可替代的作用。首先,我们对西部能源开发的意义要有充分的认识。西部能源开发是维护我国能源安全的重要战略举措。中亚是我国油气资源进口的重要来源,西部地区也是中亚能源输送到中国的战略通道。从战略上看要实现我国与中亚乃至俄罗斯、中东与东亚的陆上能源连接,构建亚欧能源大陆桥,中国的西部是必经之地。西部能源开发的西气东输工程为建立新的西部能源供应基地走出了重要一步。要维护我国的能源安全,必须在国内打下坚实的能源供应基础。过去20年世界经济发展中最重要的特点是经济全球化,能源也已经溶入全球化过程之中,并成为极为重要的一个方面。目前,我国石油工业一方面面临探明储量不足,国内原油供小于求的问题;另一方面陆上东部主力油田经过二三十年的开采,大都过了生产高峰期而进入递减阶段,相反西部地区资源丰富,潜力巨大,是我国石油工业发展的战略接替区。因此,我们应从维护国家能源安全的高度出发来看待西部能源开发问题。

其次,西部能源开发的可能性是由我国的油气资源状况、分布情况和目前的勘探开发情况所决定的。从资源的分布看,陆地石油资源量总计694亿吨,大陆架243亿吨。其中东部地区364.8亿吨,中部地区382亿吨,西部地区291亿吨。陆地天然气资源量总计30万亿立方米,大陆架84万立方米。其中东部地区573万亿立方米,中部地区1 206万亿立方米,西部地区1 121万亿立方米。从目前全国油气资源开发形势看,原油产量主要产于东部老油田,占75%,天然气主要产于中部地区气田,占44.2%。东部、西部和海洋的石油资源量占石油资源的38.9%、31%和26.1%,而产量则分别占原油产量的75%、9.6%和5.6%,显然产量规模格局与资源格局极不相称。就现实的情况分析,我国东部地区是勘探程度较高的地区,老油气田地质储量采出程度已超过20%,多数油田综合含水率比较高,产量递减比较大,综合递减率高达7%,一般都处于油气田生命周期的稳产后期和衰退期。与之相对应的是整个西部的采出程度和产出量很低,有增加产出的基本条件。因此加快西部油气资源勘探开发是实现西部地区成为我国石油工业发展重要战略地区的保障。加大西部的能源开发,有助于缩小我国的油气供需缺口,减少对进口油气的依赖。中亚是我国油气资源进口的重要来源,西部的新疆与中亚接壤,是中亚能源输送到中国的第一站。从长远看,要实现中亚乃至俄罗斯、中东与东亚的陆上能源连接,构建亚欧能源大陆桥,中国的西部是必经之路。

2. 加大海洋石油的开发力度

随着陆地油气资源开采难度加大,国际油价持续上涨,全球油气开采必然逐渐由陆地向海洋转移,由浅海向深海转移。中国海洋油气探明率还很低,潜力巨大;世界海洋石油平均探明率为73%,中国仅为12.3%;世界海洋天然气平均探明率为60.5%,我国仅为10.9%。

近10年全国新增石油产量从增长幅度看大约53%来自海洋,2010年更是达到85%。海上油气的勘探和开发正成为我国原油产量上升的主要领域之一。

海上油气勘探开发具有"高风险、高投入、高科技"三大特点,在海上钻探一口井需要的资金是陆地钻井的5至10倍。进入大海开展油气勘探开发,就要有先进的技术和装备。我国经过数年引进、消化、吸收和再创新,已具备300米水深以内的海洋油气田自主开发能力。

加大海洋油气的开发不但对于能源安全意义重大,而且有利于维护我国的海洋权益。

(三)提高应对危机的能力

随着经济高速发展,能源消费结构开始转变,对石油资源的消耗激增,我国进口石油的运输线漫长,随着石油对外依赖程度的不断提高,如何确保我国的石油运输安全已经变得越来越重要。保障能源运输安全应该在国家能源战略规划下逐步展开,一方面,有计划地提高我国的运力,在金融、信贷等方面加强如招商局船队等大型船队的建设。但同时也旗帜鲜明地反对"一哄而上"的现象,利用政策手段妥善引导,防止出现重复投资,重复建设等情况,通过政策手段,协调各企业间的无序竞争,保障中国油轮运输业的健康发展。另一方面,应该鼓励和推动中国的油公司和船公司在双赢的前提下进行长期的战略合作,这种长期而稳定的战略合作,不仅可以有效地提高企业经营的抗风险能力,更可以保障我国的海外石油运输安全,尤其是在危机状态下的能源运输安全。

随着海上运输压力增大,保卫海上运输线也已成为保障能源安全的迫切要求。近年来,我国的海上力量发展迅速,但要真正担负起保卫海上石油运输线的任务尚有很长的路要走,可喜的是,我国正在加大对国防力量的投入,尤其是海上力量,相信海军在未来几年实力将会有质的飞跃。

加快建设我国的石油战略储备体系,提升抵抗外部石油供应中断的风险。建立国家石油储备制度是目前发达国家普遍采用的一种有效的抵御突发事件、增强能源保障能力的做法,同时石油储备也被用作在国际油价高涨情况下,平抑国内能源价格,保持经济、生活的平稳运行。

（四）充分利用国际市场，大力实施能源企业国际化战略

在经济全球化趋势不断强化的时代，中国的社会经济迅速融入世界，中国对外石油依存度不断提高，中国能源安全特别是石油安全日益与国际政治经济环境相关联，中国的能源安全日益成为国际安全和全球能源安全的一部分。所以，维护中国能源安全，必须要有国际视野和世界眼光，要在全球能源安全体系中思考中国能源安全问题。必要的石油进口和国际化战略是中国分享世界能源资源的两条路径。

由于国内能源供应不能满足中国能源需求，中国必须实施国际化的战略，到国际市场获取能源。在立足国内油气资源勘探开发的同时，要着眼世界，走出国门，分享国际油气资源，保证中国油气资源的中长期稳定供应。中国利用国际油气资源的主要途径有两种：一是通过石油天然气国际贸易，获得油气资源；二是参与国外油气开发，建立海外油气生产基地。

我国石油企业实施国际化战略，必须结合自身的实力和优势，在充分掌握大量信息的基础上，从政治环境、经济环境、自然环境、地理条件、经济效益等方面进行综合评价和市场分析，选择适合石油企业的目标市场。从世界主要产油区环境分析来看，我国石油企业今后国际化经营的重点地区应该是中东地区和独联体地区，次要地区为亚太地区和非洲地区，可以开展有限经营活动的地区是美洲地区。

一是中东地区仍将是 21 世纪主要的石油供应来源地。中东地区在政治和经济上的战略地位十分重要。中东地区不仅油田规模大、油层物性好、单井产量高，而且油层深度适当，开发和运输的地理条件有利，石油生产成本低。这就进一步强化了中东地区在石油供应中所占的主导地位。因此，当其他国家石油资源趋于枯竭，开采难度增大和开发成本越来越高时，中东地区产油国所占有的资源和勘探开发方面的优势也将越来越大。由于该地区民族和宗教矛盾尖锐、领土纷争较多，政局最为动荡不定，且属于西方特别是美国的冲突势力范围，中国石油企业进入该地区会承担较大的政治风险。不过，由于部分国家与西方国家之间的巨大矛盾，中国可以加强与中东国家的传统友谊，并巧妙地进行政治和经济渗透，为三大石油公司伺机深入创造条件。首先，中国与中东国家面临着和平与发展这一共同的时代主题；其次，双方在经济上既有互补性，又有积极促进、互利合作的愿望；第三，中东产油国开采石油的劳动力短缺；第四，国际石油价格波动给中东产油国经济带来较大影响，而伊拉克重返国际石油市场又将对油价形成新的压力，利用这一时机做好中东石油这篇大文章，对中国和中东产油国都有利。

二是中亚和俄罗斯地区。中亚和俄罗斯是目前国际石油投资的重点之一。该地区的俄罗斯油气资源储量巨大，中亚－里海地区被称为"第二海湾"，而且政治逐步稳定，地区经济开始复苏。中国石油企业应抓住这一历史机遇，利用在该地区的地缘政治优势和地缘经济的互补性，积极拓展在该地区的油气竞争与合作领域。近年来，我国与独联体各国的政治关系已经得到保障，经济环境正在改善，加之与我国相邻的独联体各国油气尚未投入大规模开发利用，有着较好的勘探开发前景，基本具备了天时、地利、人和的合作条件。针对其经营管理水

平和勘探开发的技术及设备均相对落后，特别是产品销售市场存在较大的开发余地，也可由此带动其他商品贸易。

三是亚太地区。整体看来亚太地区是今后一个时期世界经济增长的主要地区。由于亚太地区储量日趋降低，加上内部消费增长，估计不久将变成石油纯进口区，整个地区向我国出口低硫原油的可能性将随时间推移而降低，这将对我国的炼油工业提出严峻的技术挑战，因此寻求新的稳定石油供应源显得十分紧迫。同时，在这一地区投资所获油气资源量也不会占多大的比例，因而它只能作为今后进行油气项目活动的辅助地区。从我们熟悉国际市场、锻炼队伍的短期目标看，中国的近邻国家，特别是巴布亚新几内亚、印度尼西亚、印度、巴基斯坦、孟加拉国、泰国等东南亚国家，可以作为我们对外合作的前哨站，并带动相关产业走向国际市场。

四是非洲地区。非洲地区拥有巨大的油气资源潜力。从近几年全球勘探活动来看，该地区勘探成功率比较高，勘探开发成本却比较低，许多国家为了发展本国石油工业，纷纷颁布优惠政策，鼓励外国石油公司前来投资。2003年仅在西非地区就在2~2000米深的近海成功开钻出油气井近30口。从非洲的政治和经济形势来看，虽然仍有动荡，但已出现向民主政权和市场经济发展的势头，其巨大的油气资源潜力日益为外国公司看好，已成为国际石油工业投资的热点地区。从油气的探明程度和政局的相对稳定性考虑，石油和石化集团上游企业应首先进入非洲地区的苏丹、科特迪瓦、乍得、赤道几内亚、南非、刚果等新兴产油国（近几年，中国的石油企业已进入苏丹等国家的石油市场，石油开采占据了一定市场份额），其次选择北非的主要产油国进行油气田开发，再者可在一些产油国进行三维地震勘探、钻井、测录井、修井等技术服务项目。另外，由于近年来我国从西非进口原油量大幅度增加，仅次于进口中东原油量，而且根据权威机构能源专家预测，在未来5年内，西非将成为全球海上油气工业投资最大的地区，因此，今后几年内，我国石油企业应将西非几内亚湾地区列为重点考虑的投资对象。

五是美洲地区。拉丁美洲成为寻求石油能源的主要区域，主要原因：一是拉丁美洲所拥有的石油资源相当丰富，且持续发现新的油田；二是拉丁美洲有浓厚反西方的倾向，与中国有比较接近的政治立场，比较容易发展双边或多边的关系。南美地区的主要产油国普遍较为落后，一些国家受美国长期制裁，石油工业的基础较差；它们与我国关系友好，经贸往来不断扩大。这些产油国有较强的出口换汇的意愿，石油合同条款普遍也较为优惠；三是拉丁美洲石油公司多数为国营企业，且主要为国际比较大的国家的石油公司。因此中国石油公司有可能在这两个地区寻找到新的或大的石油项目。拉美地区是中国石油业根据国际化战略而设定的重要战略区。中国的国际能源合作正是从拉美起步的。拉丁美洲已经证实的石油储量从2000年的1248亿桶，占世界已经证实的石油储量的11.2%，增加到2008年底的1351亿桶，占世界的10.7%，主要变动的原因是巴西和委内瑞拉的储量微幅上调，而墨西哥呈现下滑。相较之下，全世界已经证实的石油储量呈现上涨的趋势，南美的委内瑞拉稠油资源丰富，该国和加拿大的稠油资源，将是21世纪中叶世界石油重要供给地。

（五）大力开展能源外交，保障中国能源安全

能源安全战略是国家安全战略的重要组成部分，其内涵和外延总是与国际政治斗争、全球战略利益争夺相联系。我们应站在国际战略的高度，在战略的层面上来认识能源安全问题，把能源安全战略融入为中国新世纪国际安全战略的有机组成部分，通过保障中国能源安全，促进世界经济、资源、环境、社会的可持续发展，实现人类和平进步。围绕能源安全战略，中国要积极开展能源外交。能源外交通常有两大类：一种是以能源为手段的外交，一种是以能源为目的的外交。前者如阿拉伯国家等，它们曾以石油资源作为武器，通过石油禁运等手段来达到它们的政治目的或是其他的目的，出口国还通过外交手段来推动能源出口，占领市场，提高自身在市场的地位。石油消费国与出口国的能源外交的目的是完全不同的。像消费国如美国、日本、欧盟等是为了保证能源供应，保证自身的能源安全，在市场上进行竞争而进行各种外交活动，中国现在能源外交就属于能源消费国的能源外交，目的是获取能源资源；由于能源对经济发展的基础保障作用，能源外交向来是世界经济大国外交工作的重点。通过能源外交谋取全球能源资源配置中的经济和政治利益，为本国经济发展提供强有力的保障，是各国能源外交的核心内容。能源外交对于中国来说还是一个崭新的课题，而对于很多石油输出国和输入国来说，通过外交手段保障能源利益是一个经常性的工作。应该说，能源外交已经成为中国外交战略中仅次于大国外交、周边外交之外的重要领域，能源安全问题已经成为中国外交战略的最重要的考量因素之一。互利共赢一直是中国外交战略的基本原则之一，同样表现在能源外交上，庞大的中国市场为中国换来宝贵的资源。能源不仅应成为中国外交政策的一个日益重要的目标，还要发挥直接影响中国与相关国家关系的发展变化的作用。能源因素在中国对外关系中所起的作用越来越大。在对外关系中，要努力建设有利于能源安全的政治气氛，外交政策与能源政策交融在一起互相配合才能产生最佳的效果。

中国能源安全面临着极其复杂的外部形势。中国所处的亚太地区是当前世界上石油需求增长最旺盛而自身资源量又严重不足的地区，对石油供应量和价格波动极为敏感，互相处于竞争态势。而未来主要的能源进口又依赖局势动荡的中东地区，从海外进口石油需要保证漫长的海上运输线的安全。加上中国与资本主义国家意识形态的不同，使得中国的能源外交从一开始似乎就面临着种种困难。对中国来说，所谓的能源威胁，一个是供应中断，一个是价格暴涨。中国50%的石油从中东来，运输的便捷使中国的石油供应较为依赖中东，而中东又最容易出事。即便不打仗而是其他因素引起价格上涨，也会波及能源的安全问题。中国和日本在亚洲能源市场上既有竞争也有合作，日本与中国都依赖中东和俄罗斯石油，中国和日本在能源方面的共同利益很多，双方又都有一定的实力，在一些项目上应该开展合作。

对于未来中国来说，需要建立全球油气贸易体系，建立健全与新的全球能源安全观和全球贸易体系相适应、与可利用油气资源相配合的和谐的全球外交体系。鉴于前面所提到的油气外交的背景，以及走出去、参与国际大分工过程中可能面临的问题，所以中国能源外交的重点还应该是中东地区，要全方位的处理与能源大国的关系，积极拓展非洲能源市场。

在美国、日本等能源消费大国争夺海外石油资源日趋白热化的形势下，中国国际化的能源战略成功与否，实行什么样的外交战略至关重要。过去我们的油气外交可以概述为项目外交。几乎所有的重大课题按照项目来做。项目外交在一定范围内，在高层的推动下非常有效，但项目外交一般较少考虑到本地区的长远发展和地区关系，很难形成一个全局的规划与分析。今后，我们必须认真审视全球的油气地缘政治和安全形势，通过讨论，形成一套以国家核心利益和长期可持续性发展为核心，与国际油气大分工相适应的多层次、一体化和综合性的全球能源外交体系，为充分利用国际油气资源提供一个和谐的国际环境和强有力的外交保证。

根据油气资源丰裕程度与可利用油气资源的矛盾和风险的不同，可以对我们的海外合作重点国家作一划分。比如对俄罗斯、哈萨克斯坦、土库曼斯坦、伊朗等能源战略资源国，外交工作必须考虑到几十年的长远利益和综合的、全局性的问题；以外交与外贸相互配合，为油气开发服务。对于其他能源资源供应国，在外交上应该不同于对待能源资源战略供应国。针对其他能源消费大国，采取区别对待的外交方针。

总之，未来中国的发展需要充分利用国内外能源资源，参与全球油气大分工过程，必然面临各种复杂的国际政治经济关系。对于中国来说，需要建立全球油气贸易体系，建立健全与新的全球能源安全观和全球贸易体系相适应、与可利用油气资源相配合的和谐的全球外交体系。能源安全必须与国家的整体利益联系在一起，只有这样能源安全才能得到保证。我们要反思在能源外交上的经验教训，然后制定出新的能源外交政策。不仅要注意能源生产国，还要注意能源消费国，要站在战略的高度去考虑。从中国目前所面临的能源供应形势来看，外交政策应趋向更加务实。中国要在能源外交上处理好一些关系，既维护主权，又谋求合作，最大限度地保证中国的能源安全。

第六章
Chapter 6

两岸关系发展走向

一、台湾问题的由来与实质

台湾自古就和中国大陆同属中国领土。台湾问题或称两岸问题,是指从1949年中华人民共和国成立与以蒋介石为首的国民党集团从中国大陆败退台湾,至今所衍生的一系列主权或领土问题。台湾在第二次世界大战之后,不仅在法律上而且在事实上已归还中国。之所以又出现台湾问题,与中国国民党发动的反人民的内战有关,当时以蒋介石为首的国民党集团依仗美国的支持,置全国人民渴望和平与建设独立、民主、富强的新中国的强烈愿望于不顾,蒋介石把个人私利公然放在全国人民利益上面,撕毁国共两党签订的《双十协定》,发动了全国规模的反人民内战,中国人民在中国共产党领导下被迫进行了三年多的人民解放战争,中国人民终于推翻了南京的"中华民国"政府。1949年10月1日成立了中华人民共和国,中华人民共和国政府成为中国的唯一合法政府。国民党集团的一部分军政人员撤离大陆去台湾,在当时美国政府的支持下,造成了台湾海峡两岸隔绝的状态。

第二次世界大战后,在当时东西方两大阵营对峙的态势下,美国政府基于它的所谓全球战略及维护本国利益的考虑,曾经不遗余力地支持国民党集团打内战,阻挠中国人民革命的事业。然而,美国政府最终并未达到它自己所希望达到的目的。1950年朝鲜战争爆发,两天后美国政府宣布第七舰队封锁台湾海峡,朝鲜战争爆发不过是给美国实行武力干预政策,提供了很好的借口和重要机遇。需要指出的是,杜鲁门政府在军事介入之前,公开提出了"台湾地位未定论"。杜鲁门在他的有关封锁台湾海峡的声明中声称:"台湾未来地位的决定必须等待太平洋安全的恢复,对日和约的签订或经由联合国考虑。"

中华人民共和国诞生以后,当时的美国政府本来可以摆脱中国内战,但是它没有这样做,而是对新中国采取了孤立、遏制的政策,并且在朝鲜战争爆发后武装干涉纯属中国内政的海峡两岸关系。美国政府干预中国内政的错误政策,造成了台湾海峡地区长期的紧张对峙局势,台湾问题自此亦成为中美两国间的重大争端。

为了缓和台湾海峡地区的紧张局势,探寻解决中美两国之间争端的途径,中国政府自20

世纪50年代中期起,即开始与美国对话。至20世纪60年代末70年代初,随着国际局势的发展变化和新中国的壮大,美国开始调整其对华政策,两国关系逐步出现解冻的形势。1971年10月,第26届联合国大会通过2758号决议,恢复中华人民共和国在联合国的一切合法权利,并驱逐台湾当局的"代表"。1972年2月,美国总统尼克松访问中国,中美双方在上海发表了联合公报。公报称:"美国方面声明:美国认识到,在台湾海峡两边的所有中国人都认为只有一个中国,台湾是中国的一部分。美国政府对这一立场不提出异议。"

1978年12月,美国政府接受了中国政府提出的建交三原则,即:美国与中国台湾当局"断交"、废除《共同防御条约》以及从台湾撤军。中美两国于1979年1月1日正式建立外交关系。中美建交联合公报声明,"美利坚合众国承认中华人民共和国政府是中国的唯一合法政府。在此范围内,美国人民将同台湾人民保持文化、商务和其他非官方联系";"美利坚合众国政府承认中国的立场,即只有一个中国,台湾是中国的一部分"。自此,中美关系实现正常化。

但遗憾的是,中美建交不过3个月,美国国会竟通过了所谓《与台湾关系法》,并经美国总统签署生效。这个《与台湾关系法》,以美国国内立法的形式,作出了许多违反中美建交公报和国际法原则的规定,严重损害中国人民的权益,美国政府根据这个关系法,继续向台湾出售武器和干涉中国内战,阻挠台湾与大陆的统一。

为解决美国售台武器问题,中美两国政府通过谈判,于1982年8月17日达成协议,发表了有关中美关系的第三个联合公报,简称"八·一七公报"。美国政府在公报中声明:"它不寻求执行一项长期向台湾出售武器的政策,它向台湾地区出售的武器在性能和数量上将不超过中美建交后近几年供应的水平,它准备逐步减少对台湾的武器出售,并经过一段时间导致最后的解决。"然而,多年来美国政府不但没有认真执行公报的规定,而且不断发生违反公报的行为。如1992年9月,美国政府向台湾出售150架F-16型高性能战斗机;2010年1月30日,美国政府宣布向台湾地区出售"黑鹰"直升机、"爱国者-3"反导系统、扫雷艇等总额近64亿美元的武器装备等,美国政府的这些行动,给中美关系的发展和台湾问题的解决增加了新的障碍和阻力。

总之,台湾问题直到现在还未得到解决,跟美国的干扰密不可分。自20世纪70年代以来,美国朝野许多有识之士和友好人士,曾经为促使中美之间在台湾问题上的分歧的解决做了大量有益的工作,中国政府相信,美国人民与中国人民是友好的,中美两国关系的正常发展,是符合两国人民的长远利益和共同愿望的,中美两国都应珍视来之不易的指导两国关系发展的三个联合公报。只要双方都能恪守三个公报的原则,相互尊重,以大局为重,历史遗留下来的台湾问题就不难得到解决,中美关系就一定能不断获得改善和发展。

二、中国政府解决台湾问题的基本政策

(一)中国政府解决台湾问题的基本原则

一个中国是中国政府解决台湾问题的基本原则。一个中国原则是在中国人民捍卫中国主权和领土完整的正义斗争中形成的,具有不可动摇的事实和法理基础。

第六章 两岸关系发展走向

1949年10月1日,中华人民共和国中央人民政府的成立,取代了中华民国政府成为全中国唯一合法政府,中华民国从此结束了它的历史地位,这是在同一国际法主体没有发生变化的情况下新政权代替旧政权,中国的主权和固有疆域并未因此改变。

一个中国原则的基本含义是世界上只有一个中国,大陆和台湾同属一个中国,中国的主权和领土完整不容分割。一个中国原则是发展两岸关系和实现和平统一的基础。它攸关国家主权和领土完整,攸关国家的强盛和民族的振兴,与包括台湾同胞在内的全国人民利益息息相关。一个中国原则充分体现了祖国大陆早日解决台湾问题、实现祖国统一的善意、诚意和巨大的包容性。

(二)新时期中国政府解决台湾问题的基本方针与立场

实现祖国统一是中华民族的根本利益所在,是全中国人民人心所向,是台湾同胞的共同愿望。新中国成立以来,我国政府一直在寻求解决祖国统一的途径,为实现祖国统一作出了不懈的努力。党的十一届三中全会以来,党和国家把"实现祖国统一"作为一个主要战略方针,进一步明确了在解决台湾问题上的基本立场和方针政策。

1. 中国政府在解决台湾问题上的基本方针

中国政府在解决台湾问题上的基本方针是"和平统一,一国两制"。具体包括以下几个方面的内容:

一是争取和平统一。新中国成立以来,中国政府早在21世纪50年代就提出了争取用和平的方式解决台湾问题,但由于当时国际条件尚不成熟,一直没能实现。十一届三中全会以后,党和国家实现了战略重点转移,提出了和平统一祖国的战略方针,但是不作不使用武力的承诺。

二是"一国两制",即"一个国家,两种制度"。祖国统一后,大陆保持大陆的社会主义制度,台湾可以保持原有的资本主义制度。但中国是一个统一的国家,主体必须是社会主义。"一国两制"在大陆主体是社会主义条件下运行,社会主义制度是国家的主体,资本主义制度为国家的非主体。

三是台湾是中国神圣领土不可分割的一部分。坚决反对任何形式的"两个中国""一中一台"或"一国两府",坚决反对任何旨在制造台湾独立的企图行动。

四是祖国统一后,按照"一国两制"构想,台湾可能实行比对香港、澳门更宽松的政策,即允许台湾保留自己的军队、司法独立,台湾的党、政、军等系统都由台湾自己来管理等。

鉴于两岸的现实状况,中国政府主张在实现统一前,双方按照相互尊重、互补互利的原则,积极推进两岸经济合作和各项交往,进行直接的通邮、通商、通航(三通)和双向交流,为和平统一创造条件。

和平统一是中国政府对待台湾问题的既定方针,为了全中华民族的利益,维护国家的主权和领土完整,如果出现台湾独立或外国势力插手台湾问题,中国政府绝不会坐视不管。2005年《反分裂国家法》的出台,使中国政府对台工作方针政策进一步法律化,表达了中华民族决不允许任何人以任何名义、任何方式把台湾从中国分割出去的坚强意志,必将对遏制"台独"分裂活动,促进两岸关系的稳定与发展,维护台海地区乃至亚太地区的和平稳定起到积极的作用。

"和平统一、一国两制"构想充分体现了维护国家领土和主权完整的原则性;充分尊重了台湾的历史和现实;考虑了国际范围的实际情况(台湾始终是中美关系的主要障碍,如果采取"一国两制"的办法,不仅解决了中国的统一问题,美国利益也不会受到损害,也有利于亚太地区的和平与稳定);是对和平共处五项原则的创造性运用和发展("一国两制"就是和平共处)。

2. 新时期中国政府处理台湾问题的基本立场

新中国成立以后,中国共产党和中国政府根据台湾局势和两岸关系的基本趋势,逐步制定并明确了未来一个时期发展两岸关系、推进祖国和平统一进程的指导思想和总体要求。

党的十七大报告指出:解决台湾问题、实现祖国完全统一,是全体中华儿女的共同心愿。我们将遵循"和平统一、一国两制"的方针和现阶段发展两岸关系、推进祖国和平统一进程的八项主张,坚持一个中国的原则决不动摇,争取和平统一的努力决不放弃,贯彻寄希望于台湾人民的方针政策决不改变,反对"台独"分裂活动决不妥协,牢牢把握两岸关系和平发展的主题,真诚为两岸同胞谋福祉、为台海地区谋和平,维护国家主权和领土完整,维护中华民族的根本利益。

坚持一个中国原则,是两岸关系和平发展的政治基础。尽管两岸尚未统一,但大陆和台湾同属一个中国的事实从未改变。中国是两岸同胞的共同家园,两岸同胞理应携手维护好、建设好我们共同的家园。台湾任何政党,只要承认两岸同属一个中国,我们都愿意同他们交流对话、协商谈判,什么问题都可以谈。我们郑重呼吁,在一个中国原则的基础上,协商正式结束两岸敌对状态,达成和平协议,构建两岸和平发展框架,开创两岸关系和平发展新局面。

13亿大陆同胞和2 300万台湾同胞是血脉相连的命运共同体。凡是对台湾同胞有利的事情,凡是对维护台湾和平有利的事情,凡是对促进祖国和平统一有利的事情,我们都会尽最大努力做好。我们理解、信赖、关心台湾同胞,将继续实施和充实惠及广大台湾同胞的政策措施,依法保护台湾同胞的正当权益,支持海峡两岸和其他台商投资相对集中地区的经济发展。两岸同胞要加强交往,促进经济文化交流、拓展领域、提高层次,使彼此感情更融洽、合作更深化,为实现中华民族伟大复兴而共同努力。

胡锦涛总书记在纪念《告台湾同胞书》发表30周年的座谈会上,发表了重要讲话,就推动两岸关系和平发展提出六点意见:一是恪守一个中国,增进政治互信;二是推进经济合作,促进共同发展;三是弘扬中华文化,加强精神纽带;四是加强人员往来,扩大各界交流;五是维护国家主权,协商涉外事务;六是结束敌对状态,达成和平协议。胡锦涛总书记发表的六点重要意见,是进一步推动两岸关系向前发展的重要基础。

三、两岸关系发展取得突出成就

自1979年《告台湾同胞书》发表,直至2008年年末,两岸同胞经过30多年的艰苦努力,走过了极不平凡的历程,终于迎来了两岸关系和平发展的新时期。

(一)两岸经贸金融合作发展势头强劲

2010年6月,大陆海峡两岸关系协会(海协会)会长陈云林与台湾海峡交流基金会(海基会)会长江丙坤分别在《海峡两岸经济合作框架协议》(ECFA)和《两岸知识产权保护协议》上签字。从此,海峡两岸经济合作开启新篇章。

在海峡两岸贸易上,据商务部台港澳司统计,2010年1~12月大陆与台湾贸易额为1 453.7亿美元,同比上升36.9%。其中,大陆对台湾出口为296.8亿美元,同比上升44.8%;大陆自台湾进口为1 156.9亿美元,同比上升35.0%。到2011年上半年大陆与台湾贸易额为790.9亿美元,同比上升14%。其中,大陆对台湾出口额为175.2美元,同比上升28.4%;大陆自台湾进口额达615.7亿美元,同比上升10.5%。2012年1~3月,大陆与台湾贸易额为351.2亿美元,3月环比上升明显。

在海峡两岸投资项目上,2010年1~12月大陆共批准台商投资项目3 072个,同比上升20.2%,实际使用台资金额24.8亿美元,同比上升31.7%。截至2012年3月底,大陆累计批准台资项目86 282个,实际利用台资549.5亿美元。按实际使用外资统计,台资在大陆累计吸收境外投资中占4.6%。

在金融方面,自2009年《海峡两岸金融合作协议》(MOU)和2010年《海峡两岸经济合作框架协议》(ECFA)签署以来,两岸金融合作取得了令人瞩目的成果。2012年5月,大陆已批准10家台资银行设立大陆分行,其中7家已开业,1家获准开办台资企业人民币业务;4家大陆银行获准在台设立代表处,其中2家获准设立分行。在大陆开展金融业务,为发展日趋饱和竞争激烈的岛内银行带来了巨大的商机。

(二)两岸人员往来势头强劲,台民众对两岸和平信心提升

依台湾相关部门统计,2010年1月至11月,大陆赴台游客150.9万人次,较前一年同期增长71.5%。自2011年1月1日起,台湾当局将每日赴台大陆游客提高到4 000人。与此相适应,台湾赴大陆的游客也大幅增加。2012年大陆赴台游客达258.6万人次,此外,台湾居民出境人数为1 024万人次,其中以前往大陆313万人次占30.7%为最多。

随着两岸人员往来交流的不断扩大和交往层次的不断提升,台民众对两岸和平信心提升,对大陆的心理认同增加。2012年5月10日,台湾政治大学"未来事件交易所"5月10日公布的最新一期"两岸和平指标事件期货"数据显示,目前,"两岸和平温度计"为61.5分,较上一期的53.8分增长7.7分,显示两岸和平温度升温。"两岸主权冲突指数"为48.7分,较上一期的63.7分大幅减少15分。"两岸军事冲突指数"为30.1分,较上一期的38.8分减少

8.7 分。"两岸和平保障指数"为 49.0 分,较上一期的 37.5 分大幅增长 11.5 分,显示台湾民众对两岸和平保障信心提升。

在两岸社会认同方面,"台湾社会对大陆指数认同指数"为 48.7 分,与上一期的 37.0 分相比大幅增加 11.7 分,显示随着两岸交流加深,台湾社会已较能认同大陆社会。"大陆政府对台湾人民善意指数"也从 33.9 分大幅增长到 52.1 分,上升 18.2 分,显示民众明显感受到大陆政府对台湾人民善意的提升。当前两岸和平指数升温,冲突指数下降,显示两岸关系维持平稳,台众对两岸和平信心提升,对大陆认同增加。

(三)两岸交流合作组织形式呈多样化发展趋势

海峡两岸交往内容的不断增多,交流范围的不断扩展,交往层次的不断提高,促进了两岸合作交流形式向多样化发展。

1. 海峡两岸关系协会

海峡两岸关系协会简称海协会,1991 年 12 月 16 日在北京成立。根据章程其为社会团体法人,以促进海峡两岸交往,发展两岸关系,实现祖国和平统一为宗旨,致力于加强同赞成其宗旨的社会团体和各界人士的联系与合作,协助有关方面促进海峡两岸各项交往和交流,协助有关方面处理海峡两岸同胞交往中的问题,维护两岸同胞的正常权益。

2. 海峡论坛

海峡论坛搭建了两岸交流的重要平台。首届海峡论坛于 2009 年 5 月 15 日至 22 日在福建省厦门、福州、泉州、莆田四地隆重举行。论坛的民间性、草根性、多元性通过形式多样、内容丰富的论坛活动体现出来,令人耳目一新。参加论坛的台湾人士来自台湾 25 个县市、20 多个界别,论坛的活动涵盖了宗教、文化、经贸、社会、医药卫生、少数民族事业等方方面面,其规模之宏大、内容之丰富、代表性之广泛,都是前所未有的。

正如中共中央政治局常委、全国政协主席贾庆林在海峡论坛大会上所说:"两岸交流归根到底是人与人之间的相互交流,两岸关系和平发展归根到底要靠两岸同胞共同推动。"前来参加首届海峡论坛的台湾普通民众中,不少人是平生第一次踏上大陆的土地,通过这次论坛,他们可以看到两岸之间的差异并没有想象中那么大,两岸同胞的真挚情谊绝对比想象中更深厚。

目前,海峡论坛已举办四届。两岸民众齐聚海峡论坛给予我们一个启示:两岸关系的转变,根基在民间,动力在人民。两岸关系的走向要顺应两岸人民的共同意愿,两岸关系的前途也掌握在两岸人民的手中。两岸民间交流走向深入、扩大、持久、广泛,将是两岸间一切希望的源泉,也将是实现中华民族伟大复兴的必由之路。可以说首届海峡论坛开启了两岸民间大交流的新阶段。

3. 海峡两岸旅游交流协会

海峡两岸旅游交流协会是促进民间交往的重要组织。2010 年 5 月,经过两岸双方充分协商,祖国大陆海峡两岸旅游交流协会台北办事处和台湾海峡两岸观光旅游协会北京办事处正式成立。海峡两岸旅游交流协会,简称"海旅会",总部设在北京。海旅会和台旅会是两岸 60

年来首次互设"具官方性质的机构"。双方办事处的设立将有利于推动两岸旅游的交流与合作,也有利于促进两岸旅游业的共同繁荣和发展。台旅会与海旅会所设办事处的功能与任务不尽相同。台旅会"驻京办"以推广台湾境内观光旅游资源为主要工作,而海旅会台北办事处则是为到台观光的大陆游客提供急难救助并协助处理旅游纠纷。

应指出的是,两岸民间合作交流组织平台是多样的,如两岸"城市艺术节"、两岸"民间艺术节"、两岸"汉字艺术节"、两岸农业合作实验区,科技园、创业园等多样化平台,都是海峡两岸建立和促进交流合作的重要形式。

(四)两岸文化交流日益深化

中华文化是维系两岸同胞民族感情的重要纽带,弘扬中华文化是两岸的共同责任,双方应该以此为基础,在教育、学术、科技、体育、艺术、青少年等各领域,推进交流整合的深度和广度。新形势下,开展两岸文化教育交流,既有巨大需求和潜力,也显得更为重要。在此背景下,协商两岸文化教育交流协议,进一步开展文化教育交流,增强民族意识,凝聚共同意志,共同传承和弘扬中华文化,增强中华文化认同、中华民族认同,以形成共谋中华民族伟大复兴的强大精神力量。

近年来,两岸文化交流日益深化,取得了丰硕成果。交流项目内容遍及教育、出版、宗教、民俗、新闻传播、民间艺术、地方特色等各个文化领域。

2010年6月和10月,"两岸城市艺术节"和"两岸民间艺术节"分别在上海、厦门举行,共同推动了两岸文化交流的繁荣与发展。

2011年,浙江博物馆和台北"故宫博物院"分别收藏的元朝画家黄公望的"富春山居图"在台湾展出,两段画正式合璧。这一年,两岸语文学术交流活跃。6月,台湾地区的一些台湾民众为招揽大陆游客,扩大商机,一些商家开始使用简化字的招牌、标识、产品说明书、餐馆菜单等,有的将台湾菜名改为大陆熟悉的名称。有些机构的网站开始启用简化字版。9月,"2011两岸汉字艺术节"在台北故宫博物院开幕,期间展出了台北故宫博物院收藏的书法作品,举办了"书写汉字——大陆当代艺术展"和"两岸篆刻名家展",开展了名家访谈、艺术讲堂等活动。11月,以"国语运动百年"为主题的"第六届海峡两岸现代汉语问题学术研讨会"在澳门召开,与会者围绕国语运动、方言、汉语词汇、汉语语音、语文教育、语言政策等进行了多角度的深入探讨。12月,完成《两岸常用词典》(《中华语文词典》简编本)的编纂等。

2012年5月,台湾最早到大陆演出的音乐团体——汉唐乐府,携大型音乐舞《殷商王后》登场北京国家大剧院。6月下旬,上海越剧院将群英名角担纲主演的越剧《红楼梦》《碧玉簪》《三盖衣》《归宁》《送凤》等奉献给宝岛戏迷。

(五)两岸政治互信不断增强

两岸形成的"全方位、多轨道、制度化"的协商合作机制,对两岸增进理解、建立互信、共同规划两岸关系和平发展前景起到了重要作用。两岸交往全面化发展,建立了一系列沟通平台。"两会"协商平台成为两岸对话协商的重要渠道,国共经贸论坛等党际交流平台是增进两党互信的推动器,海峡论坛等民间交流平台成为两岸民众开展交流合作的新方式,博鳌论坛、世博论坛、亚运会、APEC 峰会等国际合作平台,为两岸高层表达善意与诚意、讨论合作事宜提供重要舞台,两岸智库、学界频繁开展学术交流等智库沟通平台为两岸高层决策提供服务。

(六)两岸军事互信有所触及

随着两岸制度性协商的推动及两岸退役将领交流互访逐步升温,双方就推动两岸军事问题的接触交流、建立军事安全互信机制问题进行探索。2011 年 3 月 31 日,中国国务院新闻办公室发表的《2010 年中国的国防》白皮书,首次明确提出两岸可以适时就军事问题进行接触交流,探讨建立军事安全互信机制问题。台湾"行政院长"吴敦义也曾表示"两岸的军事互信谈判可以循序渐进地进行"。两岸的有关机构、团体、人士为此进行了积极沟通,并取得了积极的成果,台湾前"国防部总政战部主任"许历农率领的 23 位台湾退役将领参访团、台湾新同盟会退役领导参访团等,均来到大陆展开交流。

四、十八大报告是两岸关系和平发展的指南

2012 年 11 月,举世瞩目的中共十八大胜利召开,胡锦涛总书记所作的十八大报告涉台内容引发广泛关注。报告所提出的今后一个时期对台工作的指导思想和总体要求,以及对两岸关系重大问题的基本主张,具有承上启下、继往开来的重大意义,是两岸关系进入和平发展新时期指导全党开展对台工作的纲领性文件,也将是新一届中央领导集体推进两岸关系和平发展的行动指南和"路线图"。

(一)报告立足于在民族复兴的伟大进程中推进两岸统一

十八大报告涉台内容站位高,立意深,从两岸同胞同属中华民族,同心实现中华民族伟大复兴的战略高度去思考和处理两岸关系,开辟两岸关系的发展前途。报告强调,"和平统一最符合包括台湾同胞在内的中华民族的根本利益;两岸同胞是血脉相连的命运共同体;要团结台湾同胞维护好、建设好中华民族的共同家园;全体中华儿女携手努力,就一定能在同心实现中华民族伟大复兴进程中完成祖国统一大业"。这些表述蕴藏着深刻的内涵:

其一,表明中央对台大政方针始终是站在全民族发展的高度去思考、解决两岸关系中的重大问题。民族利益和民族复兴至上,充分展现了中央在解决台湾问题、实现国家统一问题上的使命感和博大胸襟。

其二,体现了中央对现阶段国家总体发展战略和两岸关系总体形势的深刻认识和准确把握。十八大报告延续十七大报告强调"两岸统一是中华民族走向伟大复兴的历史必然"的主线,显示中央始终将台湾问题同中国的现代化进程紧密相连,将两岸关系和平发展同国家的和平发展战略紧密联结,坚持把发展经济、增强国力,增强中华民族的凝聚力、向心力和整体实力作为实现和平统一的重要因素,二者相辅相成,对台工作始终服务服从于国家总体发展

战略。中国共产党对于所承担的实现国家统一的重大历史使命,具备坚定的决心、充分的信心和应有的耐心。

其三,呼吁台湾方面也应从民族振兴的高度,放弃党派个人的私利,通过推动两岸关系和平发展参与到中华民族的伟大复兴进程中。因此,报告多次使用"共同"一词表述,强调"两岸同属中华民族",是"命运共同体","共同推进两岸关系,共同享有发展成果","维护好建设好中华民族共同家园","同心实现中华民族伟大复兴"。

(二)报告全面贯彻两岸关系和平发展思想,提出一系列新主张

十八大报告涉台部分一个显著特色是它鲜明的时代性。在两岸关系已经实现历史性转折、进入两岸关系和平发展新时期的大背景下,十八大报告将党的十七大以来已被实践证明卓有成效的对台方针政策的最新实践成就和理论创新写入报告,特别是两岸关系和平发展重要思想及其一系列政策主张,具有深远的意义。与党的十七大报告涉台内容相比,这些新思想、新论断、新表述包括:

一是,正式将"全面贯彻两岸关系和平发展重要思想"写入党的文件,将之与"和平统一、一国两制方针"和"发展两岸关系,推进祖国和平统一进程的八项主张"并列。作出实现和平统一首先要确保两岸关系和平发展的科学论断,清晰地阐明了国家统一与两岸关系和平发展之间的内在联系,并且在2008年以来的两岸关系实践中得到了成功的检验,推动了两岸关系实现历史性的转折。两岸关系和平发展重要思想是科学发展观在台湾问题上的具体运用;未来,它不仅仍将是大陆对台工作遵循的指导思想,对两岸关系的长远健康发展也将具有重要的指导意义。报告提出的"巩固和深化两岸关系和平发展的政治、经济、文化、社会基础,为和平统一创造更充分的条件",实际上已经指明了未来五年大陆对台工作的大方向和主要任务。

二是,恪守反对"台独"、坚持"九二共识"的共同立场,增进维护一个中国框架的共同认知,在此基础上求同存异。此次首度将坚持"九二共识"以及维护"一个中国框架"写入党代会的政治报告中,凸显了这两大议题的重要性。预计,"九二共识"在未来推进两岸关系求同存异的互动中将会继续发挥不可替代的积极作用。两岸共同维护一个中国框架的主张,也是大陆因应两岸关系和平发展新形势和两岸尚未统一的实际情况所提出的非常有包容性和创意的主张,体现出大陆对台工作的新思维;相信两岸在不断积累政治互信的基础上,一定能够逐步在维护"一中框架"这一原则问题上形成更为清晰的共同认知和一致立场。

三是,对台湾任何政党,只要不主张"台独"、认同一个中国,都愿意同他们交往对话合作。这一表述实际上划出了同民进党正式打交道的底线,再次向民进党温情喊话。民进党长期顽固坚守"台独"造成民共之间始终无法展开正常的党际交流,作为一个代表岛内40%左右民意的最大在野党,自我关闭与大陆交往的大门是非常不正常的,不仅不利于两岸关系健康发展,也不利于增进台湾民众利益和其自身的政党利益。大陆一直希望民进党能够认清潮流和趋势,早日撤除自己为民共对话设置的障碍,摒弃"台独",以突破自身的束缚,为民共党际交流合作创造条件。十八大报告再次表明,只要民进党不主张"台独"、认同一个中国,大陆方面

愿意随时与民进党展开党对党的交往对话合作。

四是，厚植共同利益，融洽同胞感情，促进平等协商，加强制度建设。十八大报告涉台部分进一步突出了两岸经济合作中强化共同利益纽带，以及两岸交流交往中加强民族感情纽带的重要性；并特别提出促进两岸平等协商和加强两岸关系制度建设的内容，实际上是呼吁双方要稳步推进包括两岸经济、文教、人员往来等各个领域的机制化、法制化进程，努力营造一个有利于两岸关系和平发展的环境条件和机制，以创造不可逆转的制度框架，让任何人、任何势力改变它都要付出极大的代价。预计，制度建设将是未来两岸关系发展的一项重要内容，包括两岸互设办事处等将会很快纳入双方的共同议程中。两岸通过一系列的制度安排，对双方的行为进行约束，对未来的发展方向和目标进行规划，从而保障两岸关系和平发展的成果，确保两岸关系朝着和平稳定与可持续的方向发展。

五是，希望双方共同努力，探讨国家尚未统一特殊情况下的两岸政治关系，作出合情合理安排；商谈建立两岸军事安全互信机制，稳定台海局势；协商达成两岸和平协议。这些主张不仅延续了胡锦涛总书记2008年"1231重要讲话"的思想，更为重要的是将之正式写入十八大报告中，作为今后大陆对台工作的一项重要任务摆上议事日程，这些"希望两岸共同努力"的项目是两岸关系进入新的历史阶段、迈入"深水区"无法回避的重大历史任务。报告明确向台湾方面提出这一呼吁，表明两岸关系发展将逐步"由经入政"，进入"经贸为主、政治为辅、政经促进"的新阶段。当前，两岸关系和平发展已由开创期进入巩固深化的新阶段，两岸经贸、社会、文教关系的深入发展必须要与两岸政治关系的发展协调同步，台湾方面"只易不难、只经不政"的单纯思维难以为继，"鸵鸟政策"也不足以应对未来的各种挑战。要确保两岸关系发展在正确的轨道上行稳致远，必须要就政治议题进行对话商谈，以建构长久的两岸和平发展框架。两岸政治对话商谈无法回避搁置，台不必惧谈，越早商谈，对台湾越有利。当然，即使是两岸政治对话商谈，也应本着"先易后难、循序渐进"的思路，在两岸的共同协商下逐步稳妥地推进，在正确的时候做正确的事。

总地来看，党的十八大报告涉台部分根据两岸关系和平发展的新形势、新机遇和新挑战，有针对性地全面阐述了中央对当前及今后一个时期两岸关系重大问题的基本主张，报告将那些既有理论意义又有实践价值的新思想、新论断、新提法写入党的重要文件中，既是对过去对台方针政策的继承和延续，又是对十七大以来中央对台方针政策新思想新做法的系统概括、总结与发展，从而为未来五年的中央对台工作指明了方向和实践路径。

外交篇

第七章
Chapter 7

中国和亚洲关系

一、中国在东亚

（一）中日关系

中日两国是一衣带水的近邻，两国人民有着2 000多年友好交往的历史。经过两国几代人坚持不懈的努力，中日关系取得了全面深入的发展，中日友好深入人心。历史告诉我们，中日两国和睦相处，互利合作，不仅可以为两国人民带来实实在在的利益，而且可以为亚洲及世界的和平、稳定和发展作出重要贡献。

同为在亚洲和世界上具有重要影响的国家，中日两国之间的关系是最重要的双边关系之一。当前，两国关系在经济、文化、人员往来等领域取得长足发展的基础上，迎来了构建"战略互惠关系"这一新的发展机遇。在中国综合国力大幅提升、美国"重返亚洲"的国际大背景下，作为亚洲重要的国家，中日两国关系越发引人注目。中日关系的稳定与发展，不仅符合两国根本利益，同时对世界和平也有着重要的现实意义。

1. 中日关系回顾

1972年9月25日至30日，日本首相田中角荣访问中国。9月29日在北京签署《中日联合声明》，实现了两国邦交正常化。翌年1月，两国互设大使馆，中国在大阪、福冈、札幌、长崎，日本在上海、广州、沈阳和香港分别开设总领事馆。日本在大连设有驻沈阳总领馆办事处，在重庆设有驻华使馆领事部办事处。1978年8月12日，两国缔结《中日和平友好条约》，以法律形式确认了《中日联合声明》的各项原则，为中日关系的全面发展奠定了政治基础。同年10月，时任国务院副总理、全国政协主席邓小平访日，双方互换《中日和平友好条约》批准书。1998年11月，江泽民主席对日本进行国事访问，这是中国国家元首首次正式访日，双方共同发表了《中日联合宣言》，为两国在新世纪发展友好合作关系确立了行动指南。

2006年10月，日本首相安倍晋三对中国进行正式访问。两国发表联合新闻公报，双方同意,努力构筑基于共同战略利益的互惠关系。2007年4月,温家宝总理对日本进行正式访问,双方发表了《中日联合新闻公报》,就构筑"基于共同战略利益的互惠关系"(以下简称战略互惠关系)达成了共识。2008年5月,胡锦涛主席对日本进行国事访问,双方发表了《中日关于全面推进战略互惠关系的联合声明》。这份文件在继承已有3个政治文件原则的基础上,根据中日关系的新发展,确定了两国关系长远发展的指导原则,规划了两国关系的未来发展,成为中日之间第4份重要的政治文件。

2010年6月27日,国家主席胡锦涛在G20多伦多峰会上会见了日本首相菅直人,双方交换了意见。

胡锦涛指出,中日互为近邻,都是亚洲和世界上的重要国家,在地区和国际事务中拥有广泛的共同利益。发展长期稳定、睦邻友好的中日关系符合两国和两国人民的根本利益,也是国际社会的普遍期待。当前,中日关系总体保持良好发展势头。两国领导人密切接触,各领域务实合作扎实推进,在国际和地区事务中保持密切沟通。

胡锦涛就进一步发展中日关系提出五点建议。一是加强高层沟通,增进战略互信。两国领导人保持密切接触,深入开展两国政府、政党、议会以及防务部门的对话交流。二是深化经贸合作,实现互利双赢。充分发挥经济高层对话等机制作用,推动经贸合作稳定增长,加强能源环境、循环经济、高技术等领域合作,推动两国经贸合作转型升级。三是加强国际地区事务中的协调合作,扩大共同利益。共同致力于维护东北亚和平稳定,携手推动东亚区域合作和东亚共同体建设,就国际金融危机、气候变化等全球性挑战进行对话、协调、合作。四是扩大人文交流,巩固中日关系民意基础。持之以恒开展两国青少年、媒体、文化、民间团体交流,不断增进两国人民尤其是年轻一代的相互了解和友好感情。五是妥善处理有关敏感问题。中日作为交往密切的近邻,两国关系中难免出现问题和分歧,双方要从大处着眼,慎重妥善处理,防止影响两国关系稳定发展大局。

菅直人表示,日本新内阁十分重视发展日中关系,认为这不仅对两国十分重要,而且对亚洲和平与发展具有重要意义。日本政府将根据日中4个政治文件原则和精神推进日中关系。日方愿意同中方一道努力,进一步丰富两国关系战略内涵,推进高层往来以及政党、议会、各部门交流,加强各领域对话合作,发展两国互利双赢的经贸关系,加强人文交流特别是青年往来,共同推动东亚区域合作,妥善处理两国关系发展中出现的问题。

2011年12月25日到26日,日本新首相野田佳彦上任以来首次访华,当时距2012年还有短短数天,中日关系将正式进入不惑之年。《论语·为政》中说:"四十而不惑。"不惑是指遇到事情能明辨不疑。孔子又说:"智者不惑。"未来中日关系发展要达到"不惑",需要中日双方增进互信与沟通,并为之贡献更多智慧。

自1972年中日邦交正常化以来,中日关系迅速发展,贸易总额从最初的年约11亿美元扩大到约3 000亿美元;人员往来也从当时的年约1万人次增加到约540万人次,两国经贸往来、人员往来日益密切,经济依存度不断深化。然而,中日关系并非一直没有变化,尤其是最近几年,中国崛起势头强劲,并在2010年在经济总量上超过日本,终结了日本长达42年的世界第二大经济体的地位,中日关系出现微妙变化。而中日两国同为地区性有影响力的大国,且为邻国,两国关系极为重要。两国利益相互交织、错综复杂,对抗肯定不符合中日两国的根本利益。

20世纪80年代,中国领导人邓小平和时任日本首相中曾根康弘就达成共识:中日友好是超越两国关系中任何问题的头等大事。两国前辈领导人极富远见,中日之间存在领土争端,时有利益碰撞,怀有一种"大局观"很重要。最近几年来,中日关系呈现出"易碎性",一个突发事件就能让两国关系陷入冰点,凸显出两国互信有待夯实,危机应对机制应更加完善,但这些问题都是可以依靠两国人民及其领导人的智慧有效解决的。

庆幸的是,两国都在努力改善双边关系。日本大地震后,中国国家主席胡锦涛前往日本驻华大使馆吊唁遇难者,温家宝总理访日期间走访地震灾区慰问鼓励灾民,中国大力支援了日本救灾,并表示愿意参与日本的灾后重建。日本则表示,将购入相当于100亿美元规模的以人民币计价的中国国债。有分析指出,日本首次购入以人民币计价的中国国债,将具有标志性的意义。对日本来说,这是其外储投资多元化的战略性举措之一;对中国来说,这是人民币首次成为发达经济体储备货币,是人民币国际化的重要进展。

中日两国发展双边关系,是两国利益使然,关乎两国人民的福祉,也是地区和平稳定的需要。不惑之年的中日关系应该更加成熟、温和,且富有智者风范,犹如一个人,历经几番波折之后,更能够抵得住风风雨雨。2011年底野田佳彦的访华,为中日的政治战略互信打下了基础,深化了多个领域的务实合作精神,增进了人文领域的交流。这都表明中日领导人一直致力于发展中日两国的和平友好关系。

2. 中日关系存在的主要问题

引起中日两国政治关系发展起伏震荡的原因,主要是多届日本政府违背三个政治文件,在历史问题、台湾问题、钓鱼岛问题和东海大陆架划界问题上,采取错误的立场和行为,严重损害了中国人民的感情和中国的国家利益,因此这些问题也就成了中日关系发展的严重障碍。

(1)历史问题

历史问题是中日关系中敏感的政治问题。如何认识和对待日本军国主义侵略中国的历史,早在1972年中日邦交正常化谈判时就是焦点,在中日联合声明和中日和平友好条约中有明确表述,是事关中日关系政治基础的重大原则。

日方首次承认对中国的侵略并表示深刻反省和道歉,并与中方共同确认正确认识和对待历史是发展中日关系的重要基础。另一方面,日本极少数右翼势力否定、美化侵略历史的活动仍时有发生,主要表现在:右翼势力通过炮制历史教科书宣传反动史观、日本领导人参拜靖国神社等。

日本只有正确认识历史,吸取历史教训,才能建立中日两国互相信赖的关系,中日两国人民,乃至于整个亚洲的人民才有一个美好的未来。

(2)钓鱼岛问题

钓鱼诸岛位于中国台湾省基隆市东北约92海里的东海海域,是台湾省的附属岛屿,主要由钓鱼岛、黄尾屿、赤尾屿、南小岛和北小岛及一些礁石组成。钓鱼诸岛自古以来就是中国的领土,它和台湾一样是中国领土不可分割的一部分。中国对钓鱼诸岛及其附近海域拥有无可争辩的主权。我国的这一立场有充分的历史和法律依据。

当然,中日关系中还有其他领域不同层次的一系列问题。如经贸摩擦问题,《日美防卫合作指针》防卫范围问题,两国民众信任度下降问题等。其中有原则问题也有具体问题,有实际问题也有存在"误会"的问题。我们要具体问题具体对待,是哪个领域哪个层次的问题就在哪个领域哪个层次上解决,不宜把什么问题都放大。加强理解与沟通,加强相互信任,问题并不难妥善解决。

3. 中日关系展望

就在中日邦交正常化四十周年之际,2011年底日本首相野田佳彦实现了对中国的正式访问。这是野田佳彦自2011年8月就任首相后首次访华,也是民主党上台后,日本首相首次访问中国,寓意非同寻常。

无论对中国,还是对日本,野田首相在岁末访华,都是双方外交的一场"重头戏"。两天的访问行程并不算长,但对中日关系的未来发展至关重要。双方领导人在会谈中就双边及朝鲜半岛问题广泛交换了意见,达成了两国"要做好邻居,不要做对手"的共识。野田佳彦首相表示出愿与中国领导人间构筑私人依赖关系的期待。日本方面还首次购买相当于100亿美元的人民币国债,成为首个把人民币作为外汇储备的国家。中方认为,日本首相此次访华将使中日战略互惠关系得到深化,日本舆论也认为,野田首相"满载而归",成果丰硕。若双方能够在明年持续保持野田访华的热度,切实加强政治互信和高层交往,促进两国国民交流,提升两国经济互惠关系,朝正确的方向不断迈进。

中日均是大国,一举一动都会对亚太地区乃至全球产生重大影响。中日交恶,两国人民首当其冲成为受害者,东北亚地区安全也会大受影响。中日友好符合两国人民根本利益,也有利于地区稳定,应该是战略选择,不应是权宜之计。两国应该抓住邦交正常化四十周年的有利契机,维护和扩大野田佳彦访华来之不易的成果,切实推动双边关系步入持久健康的发展轨道。

4. 十八大后中日关系发展的新趋势

在中日关系因钓鱼岛问题而出现紧张的当下,日本媒体对中共十八大的解读相当用心。它们试图从胡锦涛的十八大报告中找到"中国软化立场"的蛛丝马迹。然而,当听到报告中说"坚决维护海洋权益,建设海洋强国"后,日本媒体表示出了失落。十八大报告首次明确提出建设海洋强国的主张,彰显出中国正加紧实现军事现代化的意图,意味着中国新一届领导人也将沿袭维护海洋权益的路线,未来中国有可能依托其军事实力,在钓鱼岛及南海领土主权争议问题上态度更为强硬。针对与日本在钓鱼岛问题上的对立,与菲律宾等国在南海主权问题上的摩擦,以及美国"重返亚洲"的新战略,中国新一届领导人将继承富国强兵路线,同时增强经济和军事力量。

（二）中朝关系

1. 朝核问题的产生和发展

朝核问题始于20世纪50年代末,朝鲜为应对美国在韩国布置核武器的威胁而开始核研究,经过60年代至80年代的发展,朝鲜初步建立起部分核设施。然而,朝鲜的系列核研究引起了国际社会尤其是美国的关注,1985年朝鲜迫于国际社会的压力,加入了《不扩散核武器条约》,但却没有与国际原子能机构在规定时间内签署保障协定,这成为此后美朝争端的导火索。20世纪90年代冷战结束,防核扩散成为美国对外政策的优先目标之一。美国因此以卫星照片为由,认定朝鲜违反了国际原子能机构的规定,正在秘密研制核武器,并要求对朝的核设施进行检查。朝鲜予以断然拒绝,并于1993年宣布退出《不扩散核武器条约》,第一次朝核危机由此爆发。1994年6月美国总统卡特访朝,推动朝美于当年10月达成关于朝核问题的《框架协议》。2001年2月,小布什上台以后对朝鲜实行强硬的遏制政策,直接导致朝鲜公开承认自己拥有核武器研发计划,朝鲜核问题升级为第二次"核危机"。随后,中国政府于2003年发起的六方会谈将各方拉回到谈判桌上,但朝美双方分歧仍然严重。朝鲜渐渐对六方会谈和布什政府失去信心,2005年朝鲜公开宣称拥有核武器,2006年和2009年分别进行了两次核试验和数次导弹试射。后来又有"天安舰事件"和"延坪岛炮击事件"的发生。

为使朝核问题和平解决,中国政府积极斡旋,于2003年4月促成有中、美、朝参加的三方会谈。8月,又促成有中、美、朝、韩、日、俄参加的六方会谈,确立了和平解决朝核问题的原则。截至目前,六方会谈已进行到第六轮。六方会谈虽对缓和朝鲜半岛局势起了一定作用,但却使得问题一拖再拖,难以抉择。但2009年4月朝鲜宣布永远退出六方会谈,朝鲜的行为已使会谈取得的成果付诸东流。2009年4月14日,朝鲜发表声明,宣布退出朝核问题六方会谈,并将按原状恢复已去功能化的核设施。2010年3月15日朝鲜又伸出橄榄枝,表示愿意无条件参加六方会谈。到目前为止,任何一个国家都不知道在什么时候,以什么方式重新开启六方会谈。2011年9月21日,于北京举行第二轮南朝鲜无核化会谈,朝鲜要求无条件返回六方会谈。2012年2月23日,美国朝鲜政策特别代表戴维斯和朝鲜外务省第一副相金桂冠率领的代表团在北京恢复举行会谈。由于此次会谈是朝鲜新领导人金正恩继任后朝美的首次高级别对话,外界将此次对话视为传递金正恩对外策略和朝核问题态度的最佳时机。2013年1月24日,朝鲜国防委员会在声明中全面驳斥了联合国安理会第2087号决议,称六方会谈和"9·19"共同声明不复存在,以后不会再有讨论朝鲜半岛无核化对话。2013年5月24日,朝鲜特使崔龙海对中国国家主席习近平表示,朝方将采取措施,重新加入陷于停滞的核裁军会谈。但是人们对会谈的关注热度不断下降,即使重开六方会谈,朝鲜现已拥有核武器,其议题是不是也会完全被颠覆? 与此同时,韩朝之间存在双方关系改善的最大障碍——天安舰事件和延坪岛炮击事件。

基于朝鲜半岛特殊的地缘战略地位,朝鲜在与周边大国发展复杂的国际关系的过程中产生了朝核问题。同样,朝核问题的步步升级也是朝鲜国家战略调整对周边大国的影响和大国政策对朝鲜局势变化的影响二者角力的结果。

2. 中国与朝鲜

中朝两国自古以来就有着友好合作关系,且中国在半岛有着巨大的政治、军事、经济等多方面的利益。首先在政治方面,半岛处于东亚中心,是中美俄日大国利益的交汇点,朝鲜与中国东北地区紧密相连,有1300多公里的共同边界,中国东北约有200万朝鲜族与半岛有着密切的民族血缘关系,只有保持双方友好合作,才能保持边疆的稳定;其次在军事上,由于朝鲜独特的地理位置,自近代以来便成为大国角逐之场所,其军事战略地位十分重要,直接关系到中国的安全,通过半岛向北可直接进入中国东北,向西可以直接威胁中国华北、华东等地区,所以从某种意义上讲,朝鲜半岛在军事上直接制约着中国东北和华东地区的安全;最后在经济方面,中国一直是朝鲜最大的经济伙伴,朝鲜对中国的贸易占其对外贸易额的1/3左右。

鉴于中国在朝鲜半岛政治、军事、经济方面的重要利益,中国对半岛的基本政策为:维护半岛的和平与稳定,中国支持半岛实现自主和平统一,支持有关各方为缓和半岛局势,改善相互关系所提出的合理主张及为此所作的建设性努力。为和平解决朝核问题,中国一贯的也是基本的态度为:中国主张朝鲜半岛无核化,但同时认为,朝鲜的安全问题应得到保障。中国愿与包括韩国在内的国际社会一道努力,推动朝核问题的和平解决,中国对朝核问题的政策可以概括为三点:一是朝鲜半岛无核化地位必须坚持;二是要用和平的手段解决朝核争端;三是国际社会共同努力尽快全面且均衡落实会谈内容,为最终解决朝核问题而努力。

3. 美国与朝鲜

朝鲜半岛的未来前景如何,将在一定程度上决定美国东北亚战略的成败。美国在述及亚太地区的不稳定因素时,每每将朝鲜半岛视为其首当其冲的前沿阵地。作为其亚太战略的重要一环看,美国在朝鲜半岛有着明确的目标追求。一方面,美国希望朝鲜半岛保持一种和平稳定的态势,避免该地区局势的恶化对美国在亚太的战略利益产生冲击;另一方面,美国视朝鲜半岛为其在东北亚立足的关键"支点",试图通过扩大对半岛事务的影响力,谋求建立一个以美国为核心的半岛安全与合作机制,从而有效遏制中、俄、日等地区力量,确保美国在东北亚的战略主导权和控制权,进而逐步建立由它领导的亚太秩序。可见,美国的朝鲜半岛政策是美国维护其在东北亚的利益所必需,而且是其亚太战略的重要一环,从某种意义上说,它也构成了美国全球战略中一个至关重要的组成部分。而朝核问题从这个意义上说为美国推行其全球战略特别是亚太战略和东北亚政策提供了契机。

4. 中国政府在朝核问题解决机制上的理性抉择

(1)开启中美朝三方会谈,寻找解决朝核问题的突破口。当前,朝鲜出于对国际机制的严重不信任,一直在谋求与美国直接对话。中方应首先说服朝鲜放弃这个想法。这是因为:首先,对外政策上颇具挑战性的朝鲜在美国海外威胁评估中被列为最大威胁之一。其次,有着脆弱经济和复杂社会基础的第三世界国家应该清楚,邀请像美国这样的超级大国进入,对其国内无论政治、经济、社会都是存在风险的。再次,美朝之间在毫无互信可言的情况下进行直接会谈,可能会因意识形态与利益要求的强烈冲突造成问题的恶化。两国需要交流的平台,又需要留有外交回旋的余地。鉴于战略风险和政治的不透明,目前最理性的途径是由中国担任中间方组织中美朝三方会谈。中国在朝核问题上一直是扮演着积极推动朝鲜无核化、和平解决朝核问题的角色,在朝鲜外交方面有一定的影响力,从某种程度上来说,中国一直在道义上支持朝鲜一方;朝核问题的另外一方主要是美国,美国则支持韩国,韩国唯美国言听计从。在这种情况下我们可以看到:朝鲜在一定条件下是可以听取中国意见的,而韩国紧随美国,这是三方会谈能够实现的主要原因。与此同时,中美朝三方会谈在历史上曾经有过,并非全新议题。中美朝三方会谈最大的好处是可以在小范围内充分听取朝鲜的各方面要求,在此基础上,中美两国作为朝核问题背后的两个大国进行紧密磋商,然后将各方的意见带回到韩、俄、日。现在中美朝三方坐下来谈判的可能性远大于重启六方会谈。

(2)组织朝韩日无核化协议谈判,推进东北亚无核区建设。朝核问题的根本性解决需要彻底终止朝鲜发展核力量的意愿。各国如果不去谋求获得核武器,就必须有其他可供选择的安全来源。要么是与用核武器装备的盟友结成有约束力的同盟,要么是有可靠的国际保证。更为可取的结果是签订地区性禁止核武器协议。东北亚地区当前具备签订无核区协议的条件,日本政府将无核三原则即不制造、不拥有、不运进核武器列为基本政策。韩国也于2009年宣布正式全面加入防扩散安全倡议。如果能够通过技术性解决途径使朝鲜的无核化确定下来,就可以考虑签署地区性条约,进而推进建立东北亚无核区的步伐。然而,此处面临的最大威胁是,当前美对日韩的核保护伞问题与无核区协议的签订有很大冲突,这就考验着中国政府灵活的外交技巧。中国已经率先宣布无条件放弃对所有签订无核区协议国家使用核武器的权利,完全有资格在朝韩日无核区建设过程中发挥主导性作用,并在多边场合对美国施加压力,促进该协议早日成型。

(3)加强与俄罗斯的合作。俄罗斯在主张朝鲜半岛无核化的同时,也希望朝核问题能得到和平解决,为之也付出了不少努力。因此,中国政府在协调美朝,朝韩日关系的同时,应加强与俄方合作。中、俄都是世界大国,通过中俄的国际影响力极力劝阻朝鲜采取过激行动,激励有关各方对朝鲜的合理安全要求给予足够的重视,避免危机升级,也是解决朝核问题必不可少的方面。

(4)调整对朝政策,倡导朝鲜尽早融入国际体系。中国对朝鲜具有很大的影响力,可以在朝核问题上有很大作为。这种利用自身威望进行影响又不直接干涉朝鲜内政外交的政策在战略方向上是正确的、值得称赞的,但仍需探寻有效的技巧。只有实现朝鲜长久的繁荣与稳定,才能从根本上保证东北亚的和平与安全,这就需要中国积极调整对朝政策。如将对朝的援助政策部分转变为投资政策,促进朝鲜改变经济结构、提高开放水平。也可以将经济援助直接投入民生层面,确保其用于改善人民生活水平。封闭贫穷的朝鲜并不符合中国的地缘政治利益,也是东北亚不稳定的一个根源,更是朝核问题产生的最根本因素。中国的现行政策避忌朝鲜的内部问题,可以在当前求稳,却忽视了长远的稳定。既不虚张声势,又不谨小慎微,才是对朝政策的正确原则。

(三) 中韩关系

1. 中韩关系回顾

韩国是中国的重要邻国,两国地缘相近、人缘相亲、文缘相通,友好交往源远流长。中韩关系快速发展,特别是2008年中韩建立战略合作伙伴关系后,双方政治互信和战略沟通不断加深加强,各领域合作不断迈上新台阶。

两国高层交往频繁,战略沟通不断加深。2010年4月,李明博总统出席上海世博会开幕式并与胡锦涛主席会谈。5月,温家宝总理访问韩国并出席第三次中日韩领导人会议。11月,胡锦涛主席出席二十国集团首尔峰会。两国领导人对中韩战略合作伙伴关系高度重视,坦诚相见,深入沟通,对推进两国关系至关重要。

两国经贸合作密切,互补互存日益深化。中韩贸易额2010年超过2070亿美元,提前两年实现两国领导人确定的贸易额2000亿美元的目标,并商定于2015年达到3000亿美元的目标。中国为韩国第一大贸易伙伴,中韩贸易额超过韩美、韩日总和。韩国成为中国第三大贸易伙伴国。中韩自贸区官产学联合研究已经结束,双方自贸区建设进入新阶段。金融危机中,中韩签署1800亿元人民币双边货币互换协议,为早日摆脱金融危机发挥了积极作用,成为携手合作、共克时艰的榜样。两国在金融、能源、高新技术、物流、通信、造船、钢铁、绿色低碳产业等领域的合作稳步推进,各种合作机制不断充实,为两国经贸合作的顺利开展奠定了坚实基础。

两国人文交流丰富,友好基础不断巩固。双方已经建立了130对友好省市关系,每周有800多个航班穿梭往来。以上海世博会和"中国访问年"为契机,2010年两国人员交流突破600万人次。中国在韩留学生接近8万人,韩国在华留学生也达到6.8万人,双方已互为最大留学生来源国。孔子学院在韩国已开设17所,韩国许多中学和大学都开设了中文课。韩国参加汉语水平考试的人数占全球考生人数一半以上。

国际事务协调密切,共同维护共同利益。中韩两国在许多重大国际和地区问题上立场相近、利益趋同,在国际舞台上保持良好的沟通与协调,有着广泛共识。2010年,中国全力支持韩国成功举办二十国集团首尔峰会。中日韩合作硕果不断,三国合作秘书处已正式启动。无论是在气候变化、联合国改革等全球性重大问题上,还是在亚太经合组织会议、东盟"10+3"等区域机制框架内,以及在维护地区局势、促进区域合作等重要领域,双方合作积极而富有成效。

中韩关系在政治、经贸、科技、人文、安全等各领域取得飞速发展。这不仅有力促进了两国经济社会发展,给两国人民带来实实在在的好处,而且促进了亚太地区的和平与发展,充展示了中韩友好合作的战略价值和意义。韩国民众普遍看好中国的发展,认为中国的发展也是韩国的机遇。中韩友好是人心所向,潜力巨大,前景广阔。

当前,国际政治经济格局正经历重大变革调整,地区形势复杂多变。中韩两国都是亚洲乃至全球具有重要影响的国家,目前都保持较快发展势头。因此,加强中韩合作,对中韩各自的发展和促进本地区繁荣都具有重要意义。中韩关系正站在新的历史起点上,面临前所未有的发展机遇。

在中韩双边关系不断提升的情况下,近年来两国的文化冲突却有增无减。出现这种状况的原因既有中韩双方在发展过程中所产生的相互认知的错位,也有着深刻的历史和现实原因。如何看待和解决这些问题,直接影响今后中韩两国文化交流的发展前景,也必将影响两国战略合作伙伴关系的长远发展。

2. 中韩之间存在的主要问题

(1) 历史文化问题

第一,韩国"公然掠夺我国历史文化遗产",挑起文化之争。主要表现在:2006年韩国拟将"中医"改为"韩医"申报世界遗产;2007年韩国申报"江陵端午祭"被联合国教科文组织正式确定为"人类传说及无形遗产著作";2009年又出现了经韩国学者"考证"神农氏和李时珍都是高丽人的说法。

第二,以"高句丽问题"为代表的历史领域的问题。韩国的学术界研究历史问题时,显示出强烈的民族主义色彩,在古代高句丽问题上体现得最明显。关于高句丽历史的归属问题,中韩双方存在着重大分歧。

(2) 文化贸易问题

中韩两国文化贸易极不平衡,中国处于严重逆差状态。在中国,形容"韩流"常用的一个词是"滚滚",说明"韩流"在中国发展的态势。近几年,韩剧的热播足以说明"韩流"的"滚滚"存在。中国各大电视台反复播放了数十部韩剧,报纸上也炒作韩国影视明星,互联网上有大量的韩剧介绍、韩剧视频、韩剧剧照图片,大街上随处可见韩国菜馆和韩式美容美发店,不少人手机铃声中响起了韩剧主题曲,等等。而与此相对的是,最近几年,只有少数中国影视作品挤进韩国市场,如《卧虎藏龙》《英雄》《十面埋伏》《无极》《还珠格格》等。韩国观众对中国的影视作品相对缺乏了解,也很少能通过现实题材的作品来了解中国人的现实生活。

3. 中韩关系展望

朝鲜半岛局势极为复杂,韩国国民对两国关系历史的认识偏颇和对中国迅猛发展崛起有些担忧,在对华关系上心情复杂。我国作为一个发展迅速的大国,历史研究工作有待拓展,还缺乏与大国形象相适应的文化外交战略。两国政府和人民为了面向未来,都应高瞻远瞩,充分发挥智慧,求大同存小异,妥善处理彼此的矛盾和分歧,不应该使学术问题政治化、产生过激的民族主义情绪。对于民族、疆域变迁史的研究,应该本着学术与政治分开,现实与历史分开的原则,正确对待和处理在研究历史问题过程中出现的分歧,不要影响了两国人民友好交往与合作的大好形势,更不要影响了两国关系发展的大局。

二、中国在东南亚和南亚

（一）东盟10+3

中国-东盟自贸区是世界上人口最多的自由贸易区,也是由发展中国家组成的最大的自由贸易区。

1. 中国-东盟自贸区简介

中国-东盟自由贸易区涵盖19亿人口,GDP接近6万亿美元,贸易额达4.5万亿美元,与欧盟自由贸易区、北美自由贸易区同为世界上规模最大的三个自由贸易区。

中国-东盟自由贸易区的建立应该追溯到1997年12月,当时,中国和东盟领导人在首次东盟-中国领导人非正式会议上确定了建立睦邻互信伙伴关系的方针。

为扩大双方的经贸交往,中国国务院总理朱镕基于1999年在马尼拉召开的第三次中国-东盟领导人会议上提出,中国愿加强与东盟自由贸易区的联系,这一提议得到东盟国家的积极回应。2000年11月,朱镕基总理在新加坡举行的第四次中国-东盟领导人会议上首次提出建立中国-东盟自由贸易区的构想,并建议在中国-东盟经济贸易合作联合委员会框架下成立中国-东盟经济合作专家组,就中国与东盟建立自由贸易关系的可行性进行研究。

2001年3月,中国-东盟经济合作专家组在中国-东盟经济贸易合作联合委员会框架下正式成立。专家组围绕中国加入世界贸易组织的影响及中国与东盟建立自由贸易关系两个议题进行了充分研究,认为中国-东盟建立自由贸易区对东盟和中国是双赢的决定,建议中国和东盟用10年时间建立自由贸易区。这一建议经过中国-东盟高官会和经济部长会的认可后,于2001年11月在文莱举行的第五次中国—东盟领导人会议上正式宣布。

2002年11月,第六次中国-东盟领导人会议在柬埔寨首都金边举行,朱镕基总理和东盟10国领导人签署了《中国与东盟全面经济合作框架协议》,决定到2010年建成中国-东盟自由贸易区。这标志着中国-东盟建立自由贸易区的进程正式启动。《中国与东盟全面经济合作框架协议》提出了中国与东盟加强和增进各缔约方之间的经济、贸易和投资合作;促进货物和服务贸易,逐步实现货物和服务贸易自由化,并创造透明、自由和便利的投资机制;为各缔约方之间更紧密的经济合作开辟新领域等全面经济合作的目标。

2004年11月,中国-东盟签署了《货物贸易协议》,规定自2005年7月起,除2004年已实施降税的早期收获产品和少量敏感产品外,双方将对其他约7000个税目的产品实施降税。2009年8月15日,《中国-东盟自由贸易区投资协议》签署,标志主要谈判结束。2010年1月1日,中国-东盟自由贸易区正式建立。

2. 中国-东盟自贸区的建立意义重大、前景乐观

(1)意义

建立中国-东盟自由贸易区,对中国与东盟都有着积极的意义。中国-东盟自由贸易区

的建立,一方面有利于巩固和加强中国与东盟之间的友好合作关系,有利于中国与发展中国家、周边国家的团结合作,也有利于东盟在国际事务上提高地位、发挥作用;另一方面,有利于进一步促进中国和东盟各自的经济发展,扩大双方贸易和投资规模,促进区域内各国之间的物流、资金流和信息流,促进区域市场的发展,创造更多的财富,提高本地区的整体竞争能力,为区域内各国人民谋求福利。与此同时,中国-东盟自贸区的建立,有利于推动东盟经济一体化,对世界经济增长也有积极作用。

(2)未来前景

展望中国-东盟自由贸易区的前景,可以看到双方合作的广泛空间。

首先,双方的贸易将有更大的增长,贸易结构进一步合理化。随着入世后中国的产业结构调整和经济增长加快,特别是我国的制造业将会有快速发展,将带动对能源和原材料需求的增加。由于劳动密集型产业在我国占很大比重,而这一产业多为对原材料和中间产品的加工,这将导致相关原材料和中间产品进口的增多。从成本结构来看,在食品、农矿产品、能源和电子产品等方面,东盟与我国相比具有更大的比较优势,因而从东盟进口石油、天然气、棕榈油、天然橡胶、热带木材等资源性初级产品以及电子电器等机电产品的零部件及半成品将会进一步增多。据分析,按照我国年均10%的进口增长测算,从东盟的进口在2005年达到355亿美元,比2000年的133亿美元增加近1.7倍,年均增加40多亿美元。如果按照20世纪90年代以来从东盟进口增长21%的速度计算,进口数量还将大大超过上述数字。由此可见,我国入世将为东盟产品的出口提供广阔的市场空间和有利的机遇。与此同时,我国对东盟的出口也将保持持续的增长势头。这种增长一方面来自我国具有比较优势的产品,另一方面来自对东盟具有潜在优势的产品。与东盟产品相比,我国纺织品、服装、鞋、食品、谷物、建筑材料等产品具有明显的比较优势,这些产品的进口占东盟从我国总进口的21%,今后几年我国将仍然保持这些产品的出口优势。此外,我国的机械电子设备、精密仪器、钟表手表、车辆、金属产品和化工产品具有潜在优势,1993~1999年东盟大量增加了上述产品的进口,增长速度大大高于东盟同类产品的总进口增长率,因此,在东盟市场上这些产品的份额将会继续增加。伴随着双边贸易的增长,贸易结构也将进一步优化,各国具有比较优势的产品相互出口增多,机电产品特别是高新技术产品的比重将会有明显增大。

其次,双方的相互直接投资逐步扩大。尽管目前东盟和中国都不是对方投资的主要市场,特别是中国对东盟的投资更少,但随着双方市场的进一步开放,投资壁垒的逐渐消除,相互投资将会增多。我国实施"走出去"战略,海外投资是重要的措施,投资的重点区域今后首先将是东南亚国家,特别是周边的越南、老挝、柬埔寨和缅甸等东盟新成员国。随着我国电信、金融、保险和服务业的开放,一些较发达的东盟成员国也将扩大对我国的投资。

最后,经济合作领域将日益拓宽。随着双方自由贸易区协定谈判的正式启动和实施,双方的经济合作将进入一个全面深化发展的新阶段,服务贸易的比重将进一步加大,投资合作方式将更加多元化。另外,金融和科技领域的合作将会全面展开,基础设施的合作步伐也将加快,同时将带动相关次区域经济合作的进展。农业、环境保护、能源、知识产权及企业之间,特别是中小企业等方面的合作也将启动,并推动相关领域的发展和合作。

东盟国家是中国友好近邻,中国已同所有东盟国家建立了外交关系。中国政府坚定地奉行"与邻为善、以邻为伴"的周边外交方针和"睦邻、安邻、富邻"的周边外交政策,愿与东盟建设更加强劲的战略伙伴关系。

(二)南海问题

最近,南海问题又成为国内外舆论的热门话题。越南在中国南海传统海疆线内大肆进行油气勘探开发活动,反而贼喊捉贼,诬蔑中国海监的正当维权执法行动是"非法的"、"侵犯了越南的主权、主权权利和管辖权"。越南还怂恿国内民众到中国驻越使领馆前举行反华游行示威,在南海举行军事演习并威胁中国说"越南海军要不惜一战"。紧接着,菲律宾也跟着起哄,攻击中国科考船在南沙的正常考察活动。菲总统和外长不顾中国政府的反复说明和澄清,公开造谣、诬蔑中国。越菲两国均竭力炒作南海形势不稳定,攻击中国在南海的岛屿主权和海洋权益是"非法的",攻击中国"破坏南海的和平与稳定",表示欢迎美国在南海"发挥作用",要在东盟地区论坛、东亚峰会等国际多边场合讨论南海问题。

1. 南海问题的起因

南海诸岛自古以来就是中国的领土,但是中国在南海问题上却迟迟难以得到解决,反而处于越来越被动的状态。面对目前复杂的局势,我们应该冷静思考,沉着应对,既要捍卫我们自己的国家利益,也要妥善处理与周边国家在南海问题上产生的争端。南海问题实质上是中国与某些东南亚国家在南海主权归属上的争议,其焦点是南沙群岛的主权归属。20世纪60年代末,随着有关南海科学考察工作的深入,特别是美国海洋地质学家埃默里认为南海拥有极为丰富的石油天然气资源,再加之南海是重要的国际航道,这种战略地位和油气资源优势,使得周边国家纷纷对南海提出主权要求。对南沙群岛所采取的一切侵略行动以及关于南沙群岛的主权的争议,无论具有怎样的战略意义,实际上最终目的就是攫取南沙海域控制权,独享这里丰富的石油资源。自20世纪70年代以来,南海周边的其他国家纷纷对中国南海诸岛进行抢占和争夺,而中国对这些岛屿享有主权的却只有9个,大陆8个,台湾1个。南海问题逐步形成了四国五方军事征占、六国七方要求主权并企图分享的复杂局面。随着周边各国在南海问题上的矛盾日益加深,域外大国也加紧对南海地区的渗透,使得南海问题更加扑朔迷离,局势也日益复杂。

第一,与中国在南海存在争议的某些东南亚国家接连在南海制造争端,使南海问题不断复杂化。近期,越南和菲律宾等国不断在南海弄出动静,使南海局势变得紧张。中国作为一个地区大国从地区的和平与稳定的角度出发,在南海问题上一再表现出了大国的胸襟和克制,但这些国家似乎没有要松手的迹象。南海问题日益复杂化的最主要原因就是其背后的经济利益。越南和菲律宾等国在南海上不仅占有岛屿,而且还开采资源,而这些资源给他们带来了丰厚的收入,如越南已从过去的石油进口国变成了出口国。所以越南、菲律宾和中国在南海的这个问题上发生摩擦,提出主权,背后实际上都是经济利益。近几年来,越南内部矛盾和摩擦颇多,它之所以在南海问题接连制造争端,一方面以此作为联络或投靠美国的一个筹码,另一方面就是转移国内的注意力,减少民众对政府的压力。菲律宾也把南海问题作为获得美国支持的筹码,再加上中国航母的建设,妄想趁中国海军远程打击能力欠缺的情况下主动挑起事端以掌握在南海问题上的主动,并实现其获得的非法利益及蚕食我领土的既定事实。种种原因的促使下,使得南海问题变得更加复杂化。

第二,域外大国加强对南海地区的渗透。上世纪 90 年代中期以来,随着美国全球战略重心转向亚太地区,美国介入南海事务,在政治上防范和制约中国,在军事上形成对中国的战略包围,在经济上攫取南海丰富的石油资源。近年来,美国积极拓展与亚太地区国家的军事合作,加强和恢复了同南海周边国家的传统均势合作关系,进一步增强其在该地区的影响力,以便重返南海。另外,南海一直被日本视为"海上生命线",日本一直在南海问题上寻找机会。2004 年 11 月,日本在其新《防卫计划大纲》草案中提到"南沙群岛等领土问题",首次提出了南海纷争的可能性。2011 年 8 月,日本政府发表了新的《防卫白皮书》,其中特别对中国海军在南海的活动表示了担忧和关注,并强调自卫队应对网络攻击的必要性。日本通过插手南海事务,企图实现其构筑以日本为核心的亚太体系,加速向政治大国迈进的步伐。此外,印度为谋其大国战略目标,也加快了"东进"的步伐,加强了与东盟国家的军事合作关系,一直把南海地区视为实现其军事、政治大国战略的重要组成部分。由于这些域外大国的渗透,也使得南海问题更加国际化、复杂化。面对南海问题的复杂局势,如果我们采取激进的解决方式,势必会影响我国的国家利益,也不利于维护南海的稳定。

2. 要避免激进解决南海问题

第一,激进解决南海问题会威胁到中国的经济利益。在南海问题上如果我们贸然行动,会威胁到中国自身的经济利益。我国的经济具有明显的外向型经济发展的特点,国民经济的对外依赖程度较高,如果在解决南海问题上我们采取激进的方式,势必会导致大量的企业倒闭和出现大量的失业人员,进而会引发难以承受的社会问题。权衡激进方式的成本和效益,得出的结论是中国受益很少,而付出的代价则很高。此外,南海对于中国具有重要的经济价值,马六甲—南中国海这条海上运输线现在已经是、将来更加是我国的石油生命线。而据国际能源署(IEA)的预测,到 2020 年,中国进口石油的 80% 以上将通过南海航线运输。可想而知,这条海上运输线对于我国的石油安全产生的重大影响。而如果采取激进的方式解决南海问题,也会给这条航线的运行造成影响。

第二,激进解决南海问题会影响中国的对外关系。南海问题是中国面临的若干重大地缘问题中,直接对峙的双方实力最悬殊的一个。因此,在美国看来,中国最有可能诉诸武力来解决这一问题。在美国对现有的国际秩序的主导下,一旦中国在南海问题的解决上使用武力,美国将会视为对其主导的国际秩序的挑战,在这种情况下,中国的行动势必会承受较大的风险。美国在南海问题上是强烈反对动武的,美国已经把南海问题视为牵制中国的一颗重要棋子,其价值可比台湾问题和人权问题。虽然中国的综合实力在不断增长,但近期内与美国的差距较大,尤其是军事实力,在此前提下,单纯的政治、外交、军事手段都不可能从根本上解决问题,如果中国贸然使用军事手段,很可能会让我们自己付出惨重的代价。

第三,激进解决南海问题会影响中国的周边稳定。东南亚的大国平衡战略中,存在不利于中国的因素。东盟国家与美日均有较为密切的经济关系,尤其是与日本。日本是东盟部分国家最大的投资国、援助国和经济伙伴。中国与东盟国家经济关系的互补性较少,在美日以强大的经济实力向东盟国家进行渗透时,中国不得不面对在自己的短板上与强手竞争的局面。领海问题在东盟对中国战略中占有十分重要的地位,如果在解决南海问题上我们贸然采取行动,就有可能使东盟在台湾问题、中日东海争端等问题上与美日达成某种默契,从而使亚太地区最终形成以"中国威胁论"为基础的安全框架,最终形成包围中国的海上链条。面对恶劣的地缘环境和复杂的国际局势,我们不能贸然采取激进的方式,在解决南海问题上,我们应该冷静思考,沉着应对,既要捍卫我们自己的国家利益,也要妥善处理与周边国家在南海问题上产生的争端。

3. 在南海问题上应采取的策略

第一,加强三沙市政权建设。2007年11月19日,国务院批准设立县级三沙市。2012年6月21日民政部发布公告,宣布国务院批准撤销海南省西沙群岛、南沙群岛、中沙群岛办事处,设立地级市三沙市,下辖西沙、中沙、南沙诸群岛及海域。设立地级三沙市是我国对海南省西沙群岛、中沙群岛、南沙群岛和岛礁及其海域行政管理体制的调整和完善。三沙市的沙域范围将逾200万平方千米,大约相当于全中国陆地面积(960万平方千米)的四分之一。三沙市的设立,标志着中国继浙江省舟山市之后,出现了第二个以群岛为行政区划设立的地级市,它也是中国目前地理纬度位置最南端的市。也意味着中国在对南海各大群岛、岛礁有关领海的控制,迈出了重要一步,标志着中国对南海及其附属岛屿、鸟礁及有关领海的控制,有了更为有利的法理依据。2012年7月22日三沙市选出第一届人大代表,共45人当选。2012年7月23日三沙市第一届人民代表大会在三沙市人民政府驻地西沙永兴岛举行。选举产生了三沙市人大常委会主任、三沙市市长、副市长、人民法院院长、人民检察院院长等职。符戆当选为三沙市第一届人大常委会主任,肖杰当选为三沙人民政府市长,张耕、张军、冯文海当选为三沙市人民政府副市长,罗毅刚当选为三沙市中级人民法院院长,陈亚春当选为三沙市人民检察院院长。目前三沙市虽然已经建立,但是其有效履行各项政府职能,开展各项工作,还需要我国进一步加强三沙市的政权建设。

第二,积极应对区外大国对南海争端的介入。美日等国在南海有巨大的利益存在,美日更是希望在它们的主导下维护南海的和平与稳定,而我国希望的和平与稳定则是建立在不受外来力量干涉基础上的和平与稳定。与此同时,美日担心东南亚某些国家局势的动荡会给中国南进的机会,我国则担心这些国家局势的不稳定将会给美日加强在南海的存在提供借口并给自身安全带来威胁。我们应该利用美日的这一担心积极促进东盟的大团结,因为东盟的团结与稳定会使之自主意识增强,将有利于把美日势力排除在南海之外,从而维护自身的安全。并且,东盟的团结与稳定还会使东盟成员国更多地考虑该地区的整体利益,会对部分争端国对领土争端采取的过激行为有所阻滞,从而为"搁置主权、共同开发"提供实现的可能性。

第三,加强海上执法力量。虽然目前我国在海上有多支执法力量,如公安部、交通部、海洋局、海关等多个部门,被称之为"九龙闹海",但是存在多头管理、执法分散、各管一端的情况,没事时"九龙闹海",有事时没人负责。在面对南海关系到我国主权的问题上,需要有一个被赋予权责的单位代表中国并承担责任,只有这样才能形成合力。我们可以借鉴一些发达国家的做法,如美国建立的是海军加海岸警卫队的方式,这样做的好处是,和平时期海上警卫队进行海上维权,而一旦发生战争海上警卫队则辅助海军作战。在现在的和平年代,要阻止领海的侵权行为,最好是以非军人的警察出面,这样就可避免因为动用海军而演变为军事冲突,而且可以应对因为渔业的开发发生的较低程度的冲突,把海军从近岸警卫任务中解放出来,从而实现海军的出海远航。

第四,进一步加快海洋立法,为南海争议岛礁确立法律地位。目前我国在南海的立法工作相对比较滞后,我们虽然有足够的历史依据和法理依据,但在国内立法方面却一直有所欠缺,这导致了我们不能有效遏制侵犯中国海洋权益的各类行为,对许多突发事件难以应对。如与中国在南海存在争议的菲律宾,它通过立法加紧对南海岛屿的争夺,更进一步反衬出中国通过立法来积极维护海洋权益的不足。中国是海洋大国,也是《联合国海洋法公约》的签字国,为了维护自身的利益,我们应该积极加强对南海立法工作,这样做一方面可以用来警告那些蚕食中国岛屿的国家不可轻举妄动,另一方面也可为国内相关部门和军队提供采取相关行动的依据。因此,加强和完善海岛保护,通过法律程序向国际社会充分表明立场已经刻不容缓。

第五,要建设一支强大的中国海军,同时应当做好各种军事斗争的准备。我们都知道,世界需要和平与发展,我们应该用和平的方式,尽量通过谈判来解决争端。但是,作为一个国家,主权是神圣不可侵犯的,当有的国家蛮横无理地侵犯我们国土的时候,我们也不能放弃使用武力,不然等待着的只有国土的渐渐沦丧。按照50年的期限,在2020年9月前,如果中国再不收复这些岛屿的话,将意味着主动放弃对它们的主权。近年来南海周边国家海军发展很快,都在积极增强着自己的实力。南海形势不容乐观,中国更需要加强海军现代化建设,提升军事训练,提高武器装备现代化。只有加快加强建设现代化的海上力量,海上力量发展到了一定程度,解决南海问题的基础才能更坚强。

第六,树立国际形象,加强同各国的合作。中国是一个世界性的大国,毫无疑问我们对东南亚国家有着巨大的影响力,我们应该树立良好的国际形象,加强同各国的合作,在自己国家蓬勃发展的基础上带动邻国的发展,建立一个和谐的周边环境。应加强同其他国家如美国、日本、欧盟等的经济联系,因为面对巨大的经济利益,任何一个国家都不会轻易对中国进行经济制裁,发展与中亚、俄罗斯、非洲的友好关系,保证石油进口渠道多元化。我国建立一个良好的国际环境,必将更有利于解决南海问题。

(三)中印关系

印度是中国毗邻的大国,同为"金砖四国"成员,中印关系的发展关系到南亚地区的繁荣与稳定,因此,中印关系也是双方重要的外交关系。

理解中印关系,可以从以下几个方面:

首先,中印作为两个总人口占世界总人口的近40%,亚洲总人口的2/3的国家,这一事实本身就意味着中印关系不仅具有双边意义,也必然具有全球意义。近年来,双方关系的领域也空前扩展,特别是双边贸易增长迅速,近几年年均增长30%以上,2009年达634亿美元。目前,中国是印度的第二大贸易伙伴,印度是中国的第九大贸易伙伴。而印度也已成为中国海外工程承包和投资的重要市场。两国经贸关系的发展给两国人民带来了实实在在的利益,也把两国关系推向了一个新的高度。展望未来,在中国西部大开发和大发展的背景下,中印之间的经济关系必将有更大的发展。作为当今世界两个最大的发展中国家和最主要的新兴大国,中印两国的同时崛起是世界历史上前所未有的,必将深刻影响21世纪的国际关系格局。

其次,中印关系不仅日益重要,而且日趋复杂。从双方关系的走势上看,一方面双方的共同利益在不断增加,多方面的合作也在增强,但另一方面,双方关系中竞争的一面也日益凸显,摩擦和冲突的范围越来越大,爆发点也越来越多。特别是2009年下半年以来,两国间龃龉不断,摩擦频发,涌动着一股不安的暗流,互不信任度已增长到了值得警惕的水平。目前,两国的合作与冲突都在发展,两者交织在一起,呈现出前所未有的复杂局面。此外,中印两个超大规模的新兴大国同时崛起本身就是国际关系史中史无前例的现象,而在此过程中,两国间历史遗留的边界问题,传统的地缘政治矛盾,以及新的战略和经济利益冲突等种种问题也都交织在一起,更使问题变得格外错综复杂。

第三,印度是一个不同于以往任何挑战者的挑战者,中印关系的挑战不同于以往任何其他双边关系的挑战,这是中国外交面临的全新课题。作为新的挑战者,印度与中国近代以来遇到的任何一个挑战者都不同。从人口规模来说,印度与中国大致属于一个数量级,这使中国丧失了人口数量上的绝对优势,而且从长远来看,甚至可能在历史上第一次面对一个人口数量多于自己的国家,这种影响不仅是实体上的,也是心理上的;从文明的角度说,印度文明与中国一样古老,并且都是不逊于西方文明的独立文明。所以,中印关系是既有机遇也是挑战。

在对外政策方面,印度是一个非常特殊的国家,对任何国家而言,与印度打交道都是十分棘手的。以美国为例,即使在双方互有需要,有众多的利益交汇点,甚至互为潜在盟友,双边关系发展比较顺利的情况下,印度也常常令美国人感到头痛。

尽管如此,中印关系依然朝着合作大于分歧的方向发展,双方将致力于建立友好的外交关系,为南亚的安全与稳定作出贡献。十八大后,尽管中印之间有一些诸如边境争端等突出问题,以及一股隐秘的竞争意识弥漫在彼此之间,但印度跟中国的关系总体来说还是比较稳定的。

三、中国在中亚

(一)上海合作组织

上海合作组织成立10年来始终保持积极向上的发展势头,各领域合作有声有色、硕果累累。在成员国共同努力下,上合已成为一个开展政治、安全、经济和人文等领域合作的综合性组织。成员国在涉及国家独立、主权、领土完整等重大核心利益问题上相互扶持,在安全、经贸和人文等领域合作中取长补短,互利共赢。在国际金融危机肆虐、成员国经济普遍遭受沉重打击的危难时刻,上合发挥集体优势、共克时艰,率先走出危机,彰显其强大生命力。

1.上海合作组织所取得的成绩

10年来,上合顺利实现从"上海五国"机制向上海合作组织的过渡,按时完成组织机制和法规建设,相继开设秘书处和地区反恐机构,建立国家元首、政府总理和有关部长等高级别会议机制,签署上合成立宣言、宪章、长期睦邻友好合作条约、观察员、新成员和对话伙伴条例以及组织程序规则等重要文件,从法律法规上确立了上合的国际法地位。上合正式接收蒙古国、印度、巴基斯坦、伊朗为观察员国,确立斯里兰卡和白俄罗斯的对话伙伴地位,拓展了国际合作空间,展示了对外开放、透明与合作的崭新国际形象。上合先后与联合国、欧盟、欧安组织、经合组织、世界海关组织、东盟、独联体、集安条约组织和欧亚经济共同体等国际和地区组织建立联系与交流机制,并获得联合国大会观察员地位,对外合作与交往不断扩大,国际声望和影响不断上升。

(1)战略互信和政治合作不断加强

六国元首在上合成立之日就郑重宣布,恪守"上海五国"元首1996年和1997年分别签署的《关于在边境地区加强军事领域互信的协定》、《关于在边境地区相互裁减军事力量的决定》以及历次"上海五国"元首峰会所签署的其他文件的基本原则。中国与俄罗斯、哈萨克斯坦、吉尔吉斯斯坦和塔吉克斯坦彻底解决了历史遗留的边界问题。成员国在国际事务和联合国改革及其他国际和地区重大问题上相互协调、密切配合。在台湾"入联公投"、西藏"3·14"和乌鲁木齐"7·5"暴力事件、南奥塞梯武装冲突和吉尔吉斯斯坦骚乱等问题上,上合及时发表声明,给予当事成员国有力声援,维护了成员国的核心利益。

(2)安全合作取得显著成效

根据形势和成员国需要,上合不再局限于区域裁军和边界问题的解决,逐渐将安全合作赋予更多内涵,在国际社会率先提出联合打击"三股势力"的主张。2001年6月,上合成立当天即签署了《打击恐怖主义、分裂主义和极端主义上海公约》。而后,上合又相继签署了《关于地区反恐怖机构的协定》、《上海合作组织地区反恐怖机构资料库协议》、《上海合作组织成员国合作打击恐怖主义、分裂主义和极端主义构想》、《上海合作组织成员国关于合作打击非法贩运麻醉药品、精神药物及其前体的协议》、《上海合作组织反恐怖主义公约》、《关于应对威胁本地区和平、安全与稳定事态的政治外交措施及机制条例》、《上海合作组织成员国政府间保障国际信息安全合作协定》和《上海合作组织成员国政府间合作打击犯罪协定》等文件,形成一套完整的安全合作法律体系,为成员国长期联合执法安全合作奠定了坚实的法律基础。上合还建立了安全会议秘书、总检察长、最高法院院长、国防和公安内务部长定期会晤机制,以及公安、司法等部门反恐应急磋商平台,并开辟了保障油气管道运输安全合作新领域。成员国在联合打击恐怖主义、引渡罪犯、交换情报等领域的合作取得积极成果,在边境管控、信息共享、民航安保等联合执法上的合作不断加强,协助遣返犯罪嫌疑人等工作更加快捷、高效,各类大型活动安保措施不断完善,多边执法安全合作机制更加顺畅,确保了上合历次元首和政府首脑峰会、北京奥运会、上海世博会、广州亚运会、莫斯科卫国战争胜利65周年庆典和阿斯塔纳—阿拉木图亚洲冬运会的成功举行,实现了上合首届元首理事会提出的加强和巩固中亚地区安全与稳定的目标。与此同时,上合连续举行7次大规模双边和多边反恐军演和多次执法反恐演习,"和平使命"系列联合反恐军演,以及"诺拉克"、"萨拉托夫"和"天山"等系列执法安全机关反恐演习已成为成员国间制度化和机制化的反恐合作内容,有效检验和提高了上合联合打击恐怖主义的能力,震慑了"三股势力"的嚣张气焰,确保了本地区和成员国的社会安全与稳定。与此同时,成员国认真执行上合国防部间的年度合作计划,军事互信空前提升,合作机制不断完善,防务安全合作取得重大进展,相继签署《上海合作组织成员国关于举行联合军事演习的协定》和《上海合作组织成员国国防部合作协定》等文件,为成员国防务合作奠定了法律基础和政策依据。由中方倡议2011年4月召开的上合军队总参谋长会议标志着上合防务合作进入新的发展阶段。

(3) 经贸合作法规和机制建设日臻完善

2001年9月,上合成立伊始即签署《上海合作组织成员国政府间关于区域经济合作的基本目标和方向以及启动贸易和投资便利化进程的备忘录》。而后成员国又相继签署《上海合作组织成员国多边经贸合作纲要》、《关于〈上海合作组织成员国多边经贸合作纲要〉落实措施计划》和《上海合作组织成员国政府关于海关合作与互助协定》等一系列经济合作文件,明确了上合各阶段的主要经济合作内容和近、中、远期发展目标,确定了贸易投资、科技、金融、能源、交通、农业、电信、环保、卫生、人文等11个领域的127个合作项目,将能源、通信、交通、农业及家电、轻工、纺织等领域作为优先合作方向,以利逐步实现区域内货物、资本、服务、技术的自由流动,最终建立上合自由贸易区。上合还建立了财长和央行行长、对外经贸部长等高官会议和20余个经贸合作协调组织机构及海关合作小组磋商机制。上合实业家委员会为成员国企业在经贸、金融信贷、科技、能源、运输、农业及其他经济领域直接交流搭建了平台和快捷、便利的合作渠道。中俄首个综合性保税区"绥芬河保税区"和中哈霍尔果斯口岸国际边贸合作中心相继建成并运营,标志着上合区域投资便利化进程取得阶段性成果。

第七章 中国和亚洲关系

（4）成员国间贸易在各自外贸中所占比重逐年提高

2006年，乌兹别克斯坦同其他成员国的贸易已占其对外贸易总额的42.1%，塔吉克斯坦达到36.6%。中国同其他成员国的贸易更是连年增加，2010年比2000年提高8倍，达到839.7亿美元。其中，中俄贸易额提高近5倍，达到554.5亿美元，中国跃升为俄罗斯第一大贸易伙伴。中国同中亚成员国的贸易额提高14.81倍，达到285.2亿美元。其中，中国与哈萨克斯坦、乌兹别克斯坦、吉尔吉斯斯坦和塔吉克斯坦的贸易额分别达到204.1亿美元、24.8165亿美元、41.9971亿美元和14.3262亿美元，分别比2000年中国与四国的15.57亿美元、5147万美元、1.7761亿美元和1410万美元贸易额增长13.1倍、42.22倍、23.65倍和101.6倍，中国首次上升为哈萨克斯坦第一大贸易伙伴和第一大出口国，乌、吉、塔三国的第二大贸易伙伴。

（5）能源、金融及科技领域合作水平显著提升

10年来，成员国间从最初的单一资源性产品和一般性技术贸易往来，逐步扩展到交通、电信等非资源领域和高新技术、专利转让等高端技术的交流与合作，区域货物、资本、技术和服务等自由流通方面取得明显成效，相互间依存度不断加深，经济联系更趋紧密。上合首届科技部长会议成功举行，科技创新合作不断深入。区域内道路交通设施建设稳步推进，中吉乌铁路、公路等大项目取得积极进展，能源合作成果丰硕。哈中石油管道、土库曼斯坦连接乌兹别克斯坦和哈萨克斯坦到中国的天然气管道以及俄中石油管道相继贯通运营。俄中天然气管道有望2015年至2018年建成投产，两国大型电力、核电及煤炭合作也在稳步推进，由西至东的上合区域大能源合作网络已展露雏形。上合框架内的金融合作更趋紧密，相继成立"上海合作组织银行联合体"和由中、俄、哈、塔、吉、白俄罗斯组成的"欧亚反洗钱与反恐融资小组"，为成员国多边合作搭建了融资平台。中方在上合框架内向成员国提供9亿美元优惠出口买方信贷，在国际金融危机对成员国造成严重冲击之时，积极支持设立上合发展基金动议，并为上合双边和多边经济合作提供100亿美元信贷支持。俄罗斯也向哈、吉、塔等国提供数十亿美元优惠贷款和投资，包括俄对外经贸银行向哈方提供30亿美元贷款改造埃基巴斯图兹2号水电站项目。中俄互设金融机构，正式将人民币和卢布在对方挂牌交易并在双边贸易中采用本币结算，中哈、中乌双方银行签署大额货币互换、贷款和投资协议，积极开展金融互动。上合成员国团结协作，共同努力，率先走出经济危机阴霾，实现上合GDP总额7.6万亿美元和对外贸易3.6万亿美元的成绩，为地区和世界经济复苏作出积极贡献。

（6）农业、救灾减灾、人文等领域合作不断跟进

上合首届农业部长会议成功举行，成员国积极落实农业合作协定，深入探讨全球气候变暖、生态环境保护、救灾减灾、信息、电信产业以及合理利用自然资源、保障地区粮食安全等方面的合作。人文合作不断向全方位、宽领域、多层次方向发展，教育、文化、卫生、体育、旅游等领域的双边和多边合作相继启动。哈萨克斯坦、乌兹克斯坦和吉尔吉斯斯坦等国相继发行上合题材邮票和纪念币。由普京首倡成立上合组织大学的设想顺利实施，总计62所"上海合作组织大学"已在中国、俄罗斯、哈萨克斯坦、吉尔吉斯斯坦和塔吉克斯坦落成。上合框架内的大型"文化艺术节"、文艺演出及展览接连举办,非物质文化遗产和民族传统文化保护方面的合作相继展开。

2. 上海合作组织框架下中国与中亚国家经济交流面临的问题

(1) 中国是主要投资方,多边区域经济合作不够深入

总体来说,现在和今后一段时期都是中国对中亚地区的经济投入期,而不是产出期。虽然从宏观和长远角度看,上海合作组织(以下简称"上合")可对中国在中亚的经济利益发挥重要作用,上合推动的贸易便利化措施,还有实现商品、技术、资金、服务的自由流动,以及中国提出的最终形成自由贸易区的设想,都将体现对中国的巨大经济利益。但从上合成立以来的经济成就取得来看,它对中国的经济利益是间接的,是不突出的,中国与中亚国家合作主要是通过双边关系推动,并且这种状况在近期的将来不太容易改变。

(2) 受中亚次级、跨地区区域组织的竞争压力,经济项目落实困难

上海合作组织的经济合作设想规模过于庞大,项目过于繁多,导致在项目的确定上比较随意,在项目的落实上比较困难。上合提出的127个项目显然超出了其可支配的资源和能力,难以全部落实。而与此同时,中亚地区的次区域组织和跨区域组织,如欧亚经济共同体、独联体等,对中亚地区的经济支持力量不亚于上合,并且其运作成果显著,分享了中亚国家对上合的关注度。

(3) 中国在中亚地区的利益受其他成员国顾虑影响

由于成员国之间的情况都不相同,除广泛的共同利益外,每个国家都有自己的特殊需要和利益。在经济合作利益的分配上,各国都希望得到更多的资源,这与上合的资源不足形成一定矛盾。中国是能源进口国,其中一个主要的目标就是从中亚得到能源,并希望建成从中亚到中国的新管道;而处于亚洲中心的中亚国家出于自身安全考虑需要平衡与各个大国之间的关系,关切焦点与中国不相同,认为在上合中得利的是中俄两国,因此,它们也不会完全满足中国的能源利益需求。另外,中亚地区历来是俄罗斯的战略后方,中国在中亚地区的利益随时牵动着俄罗斯的神经,因此中方在中亚地区的利益实现也由于受到俄方的影响存在较多阻碍因素。

(4) 上合在应对传统和非传统安全"盲区"中的应急反应仍然有限

上合在吉尔吉斯斯坦政权两次"非正常更迭"引发的社会骚乱中,除给予吉道义上的"声援"外,基本上处于"束手无策"的尴尬境地,既无权干涉吉内政,也无力及时制止由政局失控引发的民族冲突。"街头革命"已成为吉反对派推翻"失民意"政权的惯用快捷斗争手段,不排除该国再次发生此类政局突变,上合在职能和法理上依旧会出现缺乏遏制事态发展的有效手段的情况。此外,虽然上合联合反恐军演从气势上震慑了"三股势力"的气焰,但成建制的多国大兵团联合军演对个体自杀性爆炸袭击和小规模恐怖活动不能实施有效打击。如何加强成员国间反恐侦破力度、信息共享,将恐怖预警机制前移,有力防范和打击局部恐怖活动,

第七章 中国和亚洲关系

依然是上合反恐安全合作亟待解决的问题。

(5) 俄罗斯与中亚国家间的历史恩怨和矛盾对上合多边合作的影响短期内难以消除

上合成员国除中国外,都是前苏联加盟共和国。历史纠葛使俄罗斯主导的由前苏联国家参加的独联体、欧亚经济共同体和集安条约组织等一直矛盾重重、难成合力。俄罗斯及中亚成员国的彼此分歧和纠葛也带进了上合内部,影响了上合全方位的多边合作。哈萨克斯坦和乌兹别克斯坦一直在竞争中亚"最具影响力"的国家地位,吉尔吉斯斯坦则始终认为其历史远远长于中亚其他各国。中亚水资源争夺愈演愈烈,吉尔吉斯斯坦和塔吉克斯坦为发展本国经济执意在上游修建大型水电站,乌兹别克斯坦则不断以上游截水过量为由,减少对两国天然气的供应和提高供气价格向其施压。2010年4月,哈萨克斯坦担心吉国动乱引发难民流关闭两国边境口岸后,吉临时政府随即截断了流向哈境农田用水的河流,迫使哈方不得不有限开放边界口岸。基于中亚成员国在跨界水资源问题上的分歧和矛盾,上合跨界水资源的多边合作尚未正式启动,中俄在与塔吉有关水电站建设方面的合作上也格外谨慎。

(6) 中俄"双引擎"动力不匹配,影响上合快速发展

中俄是推动上合发展的火车头,两国对上合的不同定位和不同期冀,导致双方对上合发展方向的心态各异。上合是中国在国际和地区舞台唯一可施加影响的组织,也是维系本国可持续发展、拓展战略空间不可或缺的重要依托。中方希望能借上合的快速发展增强其政治影响力和经济发展活力。而上合并不是俄罗斯唯一可施加影响的组织,俄罗斯在本地区还有其他可主导的组织。俄方与其他成员国创建上合的初衷只是对这些组织的补充,目的是借有"中国新成分"的这个合作平台重聚中亚伙伴人气,盘活"自家"的集安组织和欧亚经济共同体等组织,并按照"亚洲北约"模式着重发展上合的政治和安全合作,进而恢复其对中亚原有的影响力。俄罗斯无意使上合过快发展,尤其是不太愿意快速推进能源领域的合作,导致俄中能源合作起步最早,但成果却来得最迟。俄方对中亚国家趁其对铺设通往中国油气管线犹豫不决之机,率先开通对华油气管道心中不悦,更不愿意看到中国与其他成员国在能源方面深入合作、分流其主导的欧亚经济共同体的有限资源。在这样的心理影响下,尽管2010年中俄贸易额回升至554.5亿美元,但也只占中国对外贸易额总额的1.87%,俄罗斯对外贸易额总额的11.82%,仅相当于中欧贸易的1/9和俄欧贸易的1/4,俄罗斯退居为中国第十一大贸易伙伴。中国实际完成对俄投资也只占外国对俄累计投资的4%,与中俄高水平的政治关系形成巨大反差。两国在筹建上合开发银行问题上的想法也不一致,中方主张建立专门的独立账户,俄方则坚持以原有的俄哈占主要份额的欧亚开发银行为基础、吸收中国和乌兹别克斯坦加入的方式建立,导致计划迟迟未能落实。

3. 上海合作组织的发展前景

上海合作组织发展前景广阔,上海合作组织在推动区域经济合作方面潜力巨大。成员国之间具有较强的经济互补性:有资源丰富的油气生产和出口国,也有颇具潜力的油气消费和进口国;有世界领先的科学技术和人才,也有庞大的技术产品转化和消费市场。上合组织拥

有 15 亿人口,劳动力资源充沛。上海合作组织集中了中国、俄罗斯两个成员国和观察员国印度,他们三个国家同属快速发展的新兴经济体,还同为金砖国家。中、俄、印三国经济的发展和崛起,必将有力地带动上合组织区域经济合作的进一步发展。今天上合组织国家的 GDP 在世界份额中占据 15%,如果区域经济合作发展顺利的话,到 2020 年则有可能达到 30%。关于未来经济合作,在上合组织十年纪念峰会上,成员国元首强调,今后一个时期,上海合作组织的"中心任务仍是落实克服全球金融经济危机影响、保障国民经济平衡发展的联合计划",相互支持各国金融体系的进一步改革,加大金融领域的合作力度,为深化上合组织框架内的经济合作提供金融支持。与此同时,还要进一步推动落实《〈上海合作组织成员国多边经贸合作纲要〉落实措施计划》等已经通过的文件、协定,进一步推动交通、通信、农业等领域的大型联合合作项目。

上合组织正在步入第二个十年发展的新阶段,但未来的发展道路并不平坦。"我们要清醒地看到,今天的国际和地区形势较十年前更加复杂多变,上海合作组织巩固地区安全、促进共同发展的任务更加艰巨"。中亚地区的"三股势力"再度活跃,非法贩运毒品和武器、有组织跨国犯罪呈现攀升之势,阿富汗未来安全形势的扑朔迷离,更给地区安全增添了新的复杂因素。中亚国家学者普遍认为,"上合组织国家的安全在很大程度上取决于阿富汗局势"。在这种背景下,在上海合作组织阿斯塔纳峰会期间,成员国元首们再次把继续深化安全领域的合作作为上海合作组织的第一优先任务,强调要继续携手打击各种形式的恐怖主义、分裂主义、极端主义和各种犯罪,加强国际反毒合作,并通过了《2011—2016 上海合作组织成员国禁毒战略》及其《落实行动计划》。上合组织国家始终主张尽早解决阿富汗问题。认为要从根本上解决阿富汗问题,就必须注重经济手段,仅仅依靠军事手段无法解决阿富汗内部冲突。为维护中亚地区的安全与稳定,共同应对新威胁、新挑战,成员国需要继续做出不懈的努力。

第八章
Chapter 8

中美关系

一、中美关系的发展历史及现状

中美关系是中国最重要的双边关系之一。中美建交30年来,在两国几代领导人和各界有识之士的共同努力下,中美关系取得了历史性发展,双方在广泛领域的交流合作卓有成效,两国人民的了解和友谊与日俱增,中美关系的战略意义和全球影响更加突出。事实证明,中美建立和发展正常的国家关系,符合两国人民的根本利益,顺应了时代潮流,不仅给两国人民带来巨大福祉,也为亚洲和世界的和平、稳定与发展作出了重要贡献。

中美关系自1972年正常化以来,大致经历了三个阶段,每个阶段的发展基本都是以共同的利益为主线的。奥巴马于2009年1月20日上台,中美关系进入了一个全新的发展阶段,利益与分歧共同决定了中美关系的未来走向。

(一)中美建交以来中美关系经历的阶段

1. 平稳顺畅期(1972~1989年)

这一阶段是从1972年尼克松访华到冷战的结束。中美建交以后,为共同应对来自苏联的威胁,中美在各个方面的合作逐渐深入。尽管有小的波折,但平稳顺畅是这一时期的显著特点。政治上,签署了《中美联合公报》,中美关系实现了正常化;经贸合作上,两国贸易额从1978年的不到10亿美元增加到1989年的122亿美元,平均每年都能增加15%左右;军事上,两国军方高层往来频繁,军事技术合作加强。

2. 波折调整期(1990~2000年)

这一阶段是从冷战的结束到2001年"9·11"事件的爆发。期间,东欧剧变、苏联解体、冷战结束,美国成为世界上唯一的超级大国,美国不需要再连中反苏,为防止中国崛起,中美关系进入了一个波折调整的时期。十年里,美国以人权问题为名对华进行了全面制裁,通过"银河号事件"向中国无理挑衅;在台湾问题上,不仅允许李登辉访美还爆发了台海危机;并且轰炸我国驻南联盟大使馆、制造南海撞机事件等。

3. 全面合作期(2001~)

这一阶段是从2001年开始的。"9·11"事件过后,美国开始调整对华政策、重新定位对华关系,中美关系进入了全面合作的新时期。在政治层面,高层往来频繁,两国政治互信大为加强;在经济合作方面,两国贸易额从2001年的804亿美元跃升到2008年的3337亿美元,经贸合作不断深化;在国际合作上不断深入,无论是在反恐、朝核等传统安全领域,还是在金融、能源、气候等非安全领域上都进行了有效的沟通与协调,开展了双赢的双边关系。

(二)中美关系的现状分析

顺应经济全球化发展的潮流,自从中国加入世贸组织融入世界经济之后,中美两国的关系越来越紧密。随着中国综合国力的提高,两国相互谅解、友好合作是主流。正如国务院总理温家宝于2008年9月23日在纽约强调的那样:"中美两国从未像今天这样拥有广泛的共同利益。""从维护世界和平与稳定,到应对日益增多的全球性挑战和推动贸易与投资自由化,中美合作的领域和意义已远远超出双边范畴,正在全球产生越来越重要的影响。"

中美高层接触比以往任何时期都要频繁。中美之间各种对话和磋商机制已超过60个,特别是中美战略经济对话和战略对话机制,为增进双方战略互信发挥着重要作用。

双方在能源资源、气候变化、产品质量和食品安全等一系列新领域开展了对话与合作。2008年两国签署的《中美能源环境十年合作框架文件》就是一个突出例子。

继美国的金融危机之后,中国和美国作为两个大国要共同面对欧债危机,他们的最新共同战略利益则出现在金融方面,同时,作为潜在的巨大共同战略利益出现在环保和气候变化问题方面。

2012年又是美国总统选举年,不管谁出任美国总统,中国都希望与美国保持和发展建设性合作关系。同时,我们坚信,无论谁入主白宫,中美关系都要向前发展,历史的潮流不会逆转。

中美不仅仅是竞争对手,而是合作伙伴,也可以成为朋友,即中美并非注定是对手,双方有许多共同利益,希望看到两国的关系朝着对双边,进而对亚太地区和全世界都有利的方向发展。

经历过2010年的多次冲突之后,中美关系今年年初开始出现了明显缓和的迹象。胡锦涛主席的访美被两国政府和媒体一致定义为成功之旅;中美两军的对话在逐步恢复,解放军总参谋长陈炳德与美国参联会主席马伦实现了互访;中美战略与经济对话也基本达到了预期目的,美国副总统拜登的访华也很成功。但是,在这种大体上的友好气氛之下,损害两国关系的暗流也无时不在涌动,奥巴马接见达赖、美国决定对台售武、美国国内对人民币汇率的新一轮施压、APIC亚太经合组织会议上美国极力推进没有中国参加的TPP跨太平洋战略经济伙伴协定,以及在东亚峰会上美国对中国南海问题的进一步干涉,都增加了中美两国关系的不稳定因素,也加深了人们对中美关系今后走势的忧虑。

1. 影响中美关系的新热点

除了始于2011年的美国对南海问题的干涉继续升温以外,接见达赖、对台售武均属于预料中的事情,中美双方的处理也算有分寸,而 2011 年下半年美国极力推出的 TPP 协定问题,以及美国加强在亚太的军事投入,都属于更新的一些尝试,可能对未来的中美关系构成潜在影响。

首先看美国建立 TPP 的问题。中国在亚洲影响力的提升依靠的是与邻国的经贸合作,而美国在经贸领域已经无法为亚洲国家提供主要的公共产品,不得不看着亚太国家在经济问题上转向中国。奥巴马政府非常清楚,东亚国家经济上依靠中国的局面只要不打破,他们就不得不继续顾及与中国的经贸关系,从而在对美合作时采取相对保守的态度,美国就仍然无法提高全面影响力。所以当务之急是重建自己主导的经济合作框架,争取拉拢尽可能多的国家加入,以便重新塑造亚太的经贸格局,提升自身的战略地位。美国在 2010 年的 APEC(亚太经济合作组织,简称 APEC)会议上,极力推出自己主导的跨太平洋战略经济伙伴关系协定(TPP,跨太平洋战略经济伙伴协定),目前已有澳大利亚、智利、秘鲁、新加坡、马来西亚、新西兰、越南和文莱加入,日本、墨西哥、加拿大等国也表示愿意加入谈判,使之有望成为世界上最大的自由贸易区。而美国明确拒绝邀请亚洲最大的经济体中国参与其中,辩称加入 TPP 需要满足一些基本条件,而中国目前尚未达标,中国如果有兴趣可以提出申请。美国的目的很明显,就是要架空中国已经参与或正在谈判加入的各种贸易合作机制,包括中日韩三国自贸区、中国东盟自由贸易区、甚至 APIC 本身,迫使中国顺从于美国的条件,以便使整个亚洲的经贸合作逐步都被纳入到美国主导的轨道上。

其次是美国强化与亚太国家军事合作的问题。2011 年的东亚地区很不平静,围绕着中国周边海域的领土争夺愈演愈烈,地区摩擦最终可能成为引发对峙的导火索,美国也由此看到了借机插手的机会。五角大楼要求在继续与本地区的传统盟友日本、韩国、澳大利亚保持密切联系的基础上,扩大美国与菲律宾、泰国、越南、马来西亚、巴基斯坦、印度尼西亚和新加坡的军事安全合作交流。美国国防部长帕内塔表示,尽管国防预算吃紧,但美国太平洋司令部的 30 万人不会变,太平洋仍是美国优先考虑的地区。奥巴马在访问澳大利亚期间,还与澳签署了派遣美军进驻达尔文港的协议,他同时强调,美国的国防预算下调不会以牺牲亚太地区为代价。这些调兵遣将之举的强度与广度明显超出以往,日本《外交家》杂志认为,五角大楼一直在设法布置警戒线封锁西太平洋,这些都是其努力的一部分。

2. 美国为何要将战略重点放在亚太地区

概括来说,美国近期的举动中最为引人注目的,就是其高调重返亚太。冷战结束后的头两个十年里,美国分别把精力放在了北约东扩与打击恐怖主义方面。在第三个十年开始之际,奥巴马政府意识到,曾长期受到美国忽视的亚太地区如今在国际舞台上的影响已举足轻重,为了实现自身利益的最大化,美国必须对其在亚太地区的利益给予更多的关心,倾注更多的精力。

首先,经济充满活力的亚洲是美国解决国内危机的主要外部希望。21 世纪最初十年美国的经济增长是大萧条以来最慢的,真实的失业率达到 15% 左右,超过 17% 的人生活在贫困线以下,以往第三世界国家才有的特性如贫穷、犯罪、文盲和健康不良在美国也屡见不鲜,而华尔街的示威者们更是喊出了"聪明人救救美国"的呼声。在自身解困踽踽难行的背景下，政治精英们不得不放眼国外寻求外援。而经济高速发展的东亚地区则是最合适的候选对象，不仅依靠物美价廉的商品为平抑美国通胀作出了重要贡献，同时也是吸纳美国出口的巨大新兴市场。为了开拓市场增进就业，美国必须加大对亚洲的投入。

其次，美国当前面临的潜在挑战也主要来自东亚。美国以前在全球面临的地区性挑战多在逐步弱化，唯有在东亚例外。虽然中东地区的动荡仍此起彼伏，但从战略性和影响力上来看仍逊色于东亚，尤其是随着经济总体规模已列全球第二的中国的持续发展，美国对其前景和动机愈发怀疑，有一些人还将中国视为未来主要的潜在威胁。此外，这一地区还存在一系列棘手难题，如朝鲜核问题、南中国海争端、中日东海争端、缅甸问题、台海问题以及海上安全、贩毒走私、气候变化等，其涉及面已超出双边甚至多边范畴，而且均对美利益构成直接或者潜在影响，美国自然无法等闲视之。

再次，美国在东亚影响力的下降使其警醒。在过去10年间，东亚地区的战略格局与国家关系开始逐步远离传统模式。中国的持续高速发展、日本的政府危机和经济停滞、东盟的整合与扩大、朝鲜核问题的相互交织，使得美国在东亚的盟友关系变得更为模糊松散。日本的离美倾向逐步显现，韩美协调也问题多多，东南亚国家对美国的期待已缩减到安全这一单一领域；而在经贸方面，亚洲国家对中国的依赖已无可替代，经济上靠中国、安全上靠美国的所谓"双领导格局"的逐步显现严重侵蚀了美国在亚洲的传统领导地位，使得习惯于呼风唤雨的头号帝国怅惘若失，因而急于重温旧梦，进一步巩固在亚洲的头把交椅地位。

最后，美国在伊拉克和阿富汗军事行动的规模已大为缩小，正好可以腾出手来将多余精力投入到更有长远意义的亚太地区，虽然国防预算缩减阻碍了美国在亚太大展身手，但目前亚太国家需要的主要是安全承诺这一公共产品，美国主要依靠自身的软实力，即领导人的立场表态，以及低强度的军事投入即可发挥安抚亚太国家的作用，花费的成本有限，所以也无需顾虑太多。

中国作为当今世界最大的发展中国家，需要的是一个和平稳定的良好国际环境。因此，文化大革命一结束，以邓小平为核心的第二代中央领导集团高瞻远瞩，迅速作出了以经济建设为中心的战略决策。改革开放二十多年来，中国经济持续稳定发展，引起了国外一些不怀好意者的流言飞语，他们散发中国的发展对世界的和平与稳定构成了威胁。

中国要真正崛起，要实现中华民族的伟大复兴，第一，要走和平发展的道路，因此也就不可能对他人进行威胁；第二，中国必须具备捍卫国家领土主权、坚决制止分裂和外部干涉的国际实力与战略筹划。只有这样，通过积极努力，多方面准备，中国才能进一步发展。

二、中美之间经贸问题分析

中美之间的矛盾是中美关系中不可调和的结构性矛盾，也是中美关系向深层发展后所必然要遇到的非结构性矛盾。具体来说，包括三方面的矛盾。

第八章 中美关系

（一）中美经贸关系回顾

1979年1月1日，中美两国正式建立外交关系，由此揭开了两国关系的新篇章，也对国际形势和世界格局产生了重大而深远的影响。1979年7月7日，中美两国政府在北京签署为期3年的中美贸易关系协定，规定双方互享最惠国待遇，当年中美贸易额为24.5亿美元。1999年11月15日，中美在北京签署关于中国加入世贸组织的双边协定，从而为中国入世扫清了最大障碍。当年，中美贸易额达到614.8亿美元。2001年12月27日，美国总统布什签署命令，正式宣布给予中国永久正常贸易关系地位。2005年，中美贸易额首次突破2000亿美元，达2116.3亿美元。2010年中美贸易额达到3853.4亿美元，这一年中国也已成为仅次于美国的全球第二大经济体。美国作为发达国家，中国作为发展中国家，两国的国际地位都会影响国际贸易的发展。美中两国作为全球第一、第二两大经济体，在资源条件、经济结构以及消费水平等要素禀赋方面具有很强的互补性，能够保持良好稳定的经贸关系不仅符合双方的根本利益而且也有利于世界的平稳发展。作为两个经济体，两国间的贸易发展迅速，双边经贸合作发展不断扩大。近年来，中美贸易相互依存度不断提高，双边贸易额已从1979年的24.5亿美元发展到2010年的3853.4亿美元，增长了154倍。然而随着近年来中美经贸关系的迅速发展，美国与中国间的贸易逆差也在不断扩大。据中方统计，美国对华贸易逆差始于1993年，为63亿美元；到2003年为586亿美元。而据美方统计，其对华逆差始于1983年，为3亿美元；2003年为1240亿美元，在2000年时，中国就取代日本成为美最大的逆差国。据美国商务部公布的数据，美国2010年对华贸易逆差高达2730.7亿美元。美国国内将其巨额贸易逆差归咎于人民币汇率制度，认为中国政府操纵人民币汇率，要求中国政府采取措施调整汇率制度，促使人民币升值，从而引发了持续多年的中美汇率战。

（二）中美汇率战

2003年，时任美国财政部长斯诺和美联储主席格林斯潘在内的一些政府高级官员，多次讲话要求人民币升值并与美元汇率脱钩，希望通过两种货币的一升一降来大力推动美国的出口和减少从中国的进口，以带动经济迅速复苏，减少贸易赤字和防止发生通货紧缩。中国人民银行2005年7月21日发布公告称，为建立和完善我国社会主义市场经济体制，充分发挥市场在资源配置中的基础性作用，建立健全以市场供求为基础的、有管理的浮动汇率制度，人民币汇率不再盯住单一美元，形成更富弹性的人民币汇率机制。2006年7月10日亨利·保尔森接任美国财政部长，保尔森担任财政部长仅仅一年多时间，已多次访华，他的每次来访都与人民币汇率改革问题密切相连；保尔森多次在正式场合明确提出，人民币的升值再快一点的话会更有利于中国以及全世界的经济发展。然而中国外汇交易中心的数据显示，截至2009年2月12日人民币兑美元中间价为人民币6.8327元。按照汇改时8.11的汇率计算，汇改以来人民币累计升值幅度已达到15.73%。2010年以来，美国国会和一些政府高官不断就人民币汇率问题大做文章，企图利用人民币汇率问题向中国施压，缓解自身因为经济问题而承受的巨大压力。最有代表性的例子就是3月中旬,130名议员联名致信美国财长盖特纳和商务部长骆家辉,要求将中国界定为所谓的"汇率操纵国"。参议院发动议案要求提升对货币汇率操纵国的处罚。一些参议员认为人民币被低估了40%,中国出口因而享受不公平的竞争优势。美国财政部2011年2月4日向国会提交的最新《国际经济和汇率政策报告》中称,美国的主要贸易伙伴国都没有操纵汇率,以获得不公平贸易优势。中国不符合汇率操纵国的有关定义。从根本上说,人民币汇率问题源于迅速增长的美中贸易逆差。目前中美贸易的主要问题在于双边贸易关系的高度不平衡。诚然,由于中国对美贸易处于顺差,使人民币面临大幅度升值或者连续升值的压力,这使得解决好中美贸易的不平衡问题成为必要。但是,是否只要人民币升值就能圆满地解决这一问题呢?

(三)人民币升值对美国经济并非有利无弊

(1)美国从中国获得大量贸易利益

2001年到2009年美国对华货物的出口总额增长262.8%,年均增长达到15.4%。而同期美国的货物出口总额的增长是45.5%,年均增长4.3%。美国对华出口的增长率是同期美国总体出口增长率的5.8倍。美国对华出口年均增幅远远高于美国对其他主要出口市场的年均增幅,美国对华出口额占美国对外出口的比重从2001年2.7%增长到2009年的6.7%。另外,中国已经成为美国许多产品的重要海外市场,中国是美国大豆、棉花最大的单一的海外市场,是美国汽车、飞机的重要出口市场。英国的经济学家所做的统计显示,如果没有中国消费品,美国的物价指数将每年上升2个百分点。美国的《经济学家》杂志曾经指出,标有"中国制造"的美国苹果公司的ipod播放器在发达国家市场的零售额是299美元,其中160美元为美国设计营销和零售企业获得,中国组装厂仅赚取每台4美元加工费,美国在华投资企业也通过中国国内市场销售和对美国市场的出口获得利益。这种获益的差异不仅仅体现在这一种产品上,中国货物出口当中40%~50%都是由外商投资企业来完成的。除了货物贸易,在服务贸易方面,美国企业也获得了丰厚的收益。在会计业,2008年美国的四大国际会计师事务所在华收入合计超过100亿人民币,占中国全行业收入的34%。在银行业,到2009年底,美国在华设立法人银行3家,下设分行15家。6家美国银行在华设立了8家分行,2009年实现的营业收入达到28亿多人民币,净利润达到8.65亿人民币。在保险业,2009年底美国保险在华设立的保险公司有12家,2009年原保险保费的收入达到200多亿人民币。

(2)人民币升值无法根本解决美国的贸易逆差

近年来,美中贸易逆差不断增大,美国认为中国从美国赚取了巨额利润,夺走了其就业机会,一方面对中国出口美国的产品采取了单边的强硬措施,制造贸易摩擦;另一方面对人民币汇率接连施压,这严重损害了两国贸易的正常进行和发展。事实上,美国对华贸易的逆差并非对美国完全有害,中美商品贸易结构呈互补状态,中国出口到美国的主要是传统制造业商品,如纺织品、普通家电、服装、鞋类、玩具、五金等;这些产业在美国已经是夕阳产业。因此,美国从中国进口,合乎美国消费者的利益,正是他们的消费需求实现了中国商品的价廉物美,也实现了美国中产阶级消费者享受高质量生活的梦想。如果这些商品不从中国进口,那么美国消费只能从其他国家花更多的钱来进口;或者在人民币升值的条件下,花更多的钱来进口。例如,在2006年12月的美国圣诞节市场上,由于人民币升值而使来自中国的纺织品和服装价格上涨了5%左右,玩具价格上涨了10%左右。虽然人民币升值符合美国国内部分制造业厂商的利益,但这也加重了美国进口商和消费者的负担。此外,我国出口产品结构中以加工贸易为主,中国出口美国的产品中50%左右也是在中国的美资公司所为。这些美资公司掌握着核心技术,手握品牌优势与销售渠道两大高利润部分,获得丰厚的利润;而我国既没有研发也不涉及营销,我们仅仅只是为单纯的加工贸易得到微乎其微的加工费;可见,美国的得益远比中国的得益要多。事实上,美中贸易逆差很大程度上是美国限制高科技产品向中国出口的贸易规定造成的。从1949年到1994年,美国发起组织了"巴统协议",之后又利用新的条约对中国等19个国家实行贸易限制,随后又于2007年单独针对中国增加更多限制。这些都加剧了中美之间的贸易不平衡,使美国对华贸易逆差居高不下。正如大家所见,中美经济具有很强的互补性,美国的优势在于高科技和资本密集型产品,中国的优势则是劳动密集型产品。这种互补性说明,美国放松出口管制将有助于中美贸易向更加平衡的方向发展。我国政府多次督促美国放开对华出口限制,商务部部长陈德铭说他曾经数次提出中国需要购买的东西,但却被美国议会的法案给挡住了。"所以我们不能想象,一方面有很多制裁中国的法案,另一方面又要跟中国谈贸易平衡。我希望在这方面这个大国有更多灵活性的表现,使我们的贸易能够更加平衡。"所以,汇率能否成为撬动贸易顺差的杠杆,这个问题是值得美国深思的。我们看到虽然简单地从国际收支统计数据上看,美国的确存在数据上大量的贸易逆差,但事实上美国从中国获得了大量实际的利益,此外,美国虽然有经常账户的逆差,但美国的资本账户却是大量的盈余。简单、一味地要求人民币升值,对美国、对中国都是不利的。

(四)中国的金融外交之道

随着中国取代日本成为世界第二大经济体,中国面临着从经济大国向经济强国、从金融弱国向金融强国的双重转型。贸易并非国与国之间唯一的经济联系方式,虽然"对国际贸易施加影响"长期以来是并且将继续是一个重要的政治目标及政治工具,但是我们可以看到,在贸易领域施加影响,影响力仅仅局限在某些企业或某个行业,一般不会对某国的经济产生全局性影响。以中美贸易摩擦为例,根据WTO的数据,2008年世界上34%的反倾销案是针对中国发起的,但涉及的只是部分行业及企业。然而金融领域的人民币升值问题,影响的却是中国的整个对外贸易。金融问题对大国而言,从来都是一个战略问题。金融外交之道,指运用金融手段达到金融本身的目的(维护我国金融利益)以及非金融的目的(维护我国整体国家利益)。我国是全球第一大出口国,因之连续14年成为反倾销目标国而遭他国贸易调查甚至制裁。我国又是最大的外汇储备国,截至2010年底我国的外汇储备达2.85万亿美元,却很少看到公开层面上我国用之或威胁用之发挥影响力。其实,金融财团对各国政治都有巨大的影响力,能够迅速传导到政府决策。出口对政府决策的影响则慢得多,它需要法国的农民把农用车开到香榭丽舍大街上,或者美国的纺织工人集体抗议,再由行业协会、议会讨论,上升为政府政策。"美国的军事力量可以保卫美国人,这让美国人在世界各地备受羡慕,同样重要的还有美国的软实力",所以金融也应该成为我国重要的软实力之一。

三、中美关系展望

纵观中美关系走过的近40年的历程,不难看出,尽管跌宕起伏,但两国总能克服各种困难和障碍,始终保持积极向前的发展趋势。这归因于中美两国所拥有的广泛的共同利益基础,可以预见,两国的利益基础还将继续存在,合作还会继续深化。

1. 战略安全领域

中美两国在战略安全领域内的合作是十分广泛的,从广义上包括全球、双边以及亚太三个层面。鉴于当前的全球战略环境、两国综合实力的差别以及中国的外交政策,中美现阶段在战略领域的合作都主要集中在亚太地区。美国当前亚太战略的核心是保持和加强其在这一地区的领导地位。第一,美国认为台海问题、朝鲜半岛问题、南海争端都是亚太地区的不稳定因素,要解决这些问题,中国的作用至关重要;第二,在防止南亚局势恶化和防止印巴对峙升级上,美国也需要中国;最后,对抑制日本的迅速崛起,中美也有潜在和战略安全合作利益。

2. 经贸合作领域

金融危机发生以来,美国深受影响,国内生产总值下降,进出口贸易锐减,失业率增加。为尽快恢复经济,美国极力拉拢当今世界经济的"新贵"——中国,强调双方经贸合作,同时极力把中国经济和美国捆绑,防止中国借经济危机做大。当前中国已经成为美国的第一大债权国。假如中国政府出于政治或者经济原因停止购买美国债券,一方面必然造成美国经济复苏的资本不足;另一方面,会造成美元贬值,冲击到美元的世界主要储备货币的地位。鉴于以上两点,美国不得不在经贸领域对中国采取更加合作的姿态,在更多全球经贸问题上同中国协商合作。

3. 全球问题领域

作为当今世界两个大国,"应对共同挑战"在塑造中美关系中发挥的作用越来越大。全球问题的根本解决符合中美两国的共同利益,许多重大的全球问题,如气候变化、能源环保、反恐等,即使是美国这样的超级大国,也无力单独解决。国内发展出现许多问题,在布什政府时期,美国政府对气候、能源等这些全球性的议题长期忽视,美国的国际形象受损。奥巴马政府期待重拾民主党得心应手的气候能源话题,重新占据话语权。所以,这一方便看来,美国对中国的期待也必然增大,中美在全球问题领域的合作定会加深。当然,中美两国虽然在以上诸多领域有共同的利益,但是小的分歧和摩擦也还会存在。

Chapter 9

中国与欧盟关系

欧洲联盟(英文:European Union),简称欧盟(EU),总部设在比利时首都布鲁塞尔,是由欧洲共同体(European Community,又称欧洲共同市场)发展而来的,主要经历了三个阶段:荷卢比三国经济联盟、欧洲共同体、欧盟。欧盟,其实是一个集政治实体和经济实体于一身、在世界上具有重要影响的区域一体化组织。1991年12月,欧洲共同体马斯特里赫特首脑会议通过《欧洲联盟条约》(通称《马斯特里赫特条约》,简称《马约》)。1993年11月1日,《马约》正式生效,欧盟正式诞生。

国际社会面临严峻挑战,需要全球共同应对。气候变化、金融危机、能源资源安全、粮食安全、环境以及公共卫生安全等全球性问题日益显现,恐怖主义、大规模杀伤性武器扩散、跨国有组织犯罪、重大传染性疾病等非传统安全威胁已成为全球共同关切,国际形势中的不稳定不确定因素给世界和平与发展带来挑战。国际社会密切合作、协调应对全球性挑战的使命更加迫切。在当前国际形势复杂多变的背景下,中欧关系日益超越双边范畴,具有国际意义。中欧作为全面战略伙伴,在国际问题上拥有诸多共识,积极应对全球性挑战,推动实现世界的和平、可持续发展和繁荣。实现上述目标,离不开中欧双方的密切合作和共同努力。

一、中欧近年关系回顾

1975年5月6号,中国与欧洲经济共同体(即欧盟前身)正式建立关系,到现在已经经过了30多年。中欧关系从总体上来说不断地往前发展,尤其是1998年以通过《与中国建立全面伙伴关系》政策文件为起点和领导人会晤机制建立为标志的快速发展期。中欧关系发展到今天是由一系列的条约与具体行动构成的:

1978年,中国和欧共体签署了第一个贸易协定,相互给予最惠国待遇,同时成立了欧中经济贸易混合委员会。

1985年,在该贸易协定的基础上又签订了《欧中贸易和经济合作协定》,双方同意在工业、农业、科技、能源、交通运输、环保、发展援助等领域开展合作。

1988年,欧洲委员会在北京设立代表团。

1995年,欧洲委员会发表《中欧关系长期政策》战略性文件。

1998年,欧盟通过的《与中国建立全面伙伴关系》政策文件决定把对华关系提升到与欧美、欧俄、欧日关系同等重要的水平,支持中国加入世贸组织等等。

2001年,《欧盟对华战略》提出70多条加强对华合作的具体措施建议。

2003年,欧盟发布的《走向成熟的伙伴关系——欧中关系的共同利益与挑战》决定同中国发展全面战略伙伴关系。

2003年10月,中国发表《中国对欧盟政策文件》,推动双边关系进一步发展。

2004年,欧盟成为中国第一大贸易伙伴和累计最大的技术产品供应方。

2005年,欧盟继续保持中国第一大贸易伙伴,中欧双边贸易总额突破2 000亿美元,达到2 173.1亿美元,增长22.6%;中国则成为欧盟第二大贸易伙伴。

自2005年以来,欧盟始终保持中国第一大贸易伙伴。2011年,中欧双边贸易总值5 672.1亿美元,同比增长18.3%。

此外,中欧在科技、教育、财政金融及社会保障等各领域内的合作也富有成果。双方还加强了在新型疾病防控、能源、气候变化等全球性问题上的交流与合作。

二、中欧关系最新进展

2013年5月24日,中国国务院总理李克强在伯尔尼同瑞士联邦主席毛雷尔举行会谈,双方签署了结束中瑞自贸协定谈判的谅解备忘录,并宣布建立金融对话机制,自贸协定的签署具有重要示范意义。它是中国与欧洲大陆国家签署的首个自贸协定,是中国稳步推进双边自贸区建设取得的一项突破,也是发达国家和发展中国家之间自贸区谈判的成功范例。中瑞两国资源禀赋各具优势,产业和贸易结构互补,自贸区建成后将推动双边贸易和双向投资的大幅增长。自贸区的建立显示出中国大市场对瑞士的吸引力及其对于对华出口大幅增长的期望。中方则在通向欧盟大市场的门户占据了地利,对促进中欧适时启动自贸区可行性研究具有一定示范作用。在当前国际贸易体制面临深刻变化、美欧分别加大自贸区谈判力度的背景下,积极推进自贸区谈判步伐无疑有利于应对和化解其他主要贸易大国自贸区谈判构成的压力,促进国内企业向海外投资。

2013年5月26日,中国国务院总理李克强对德国进行了访问,进一步发展和巩固了中德关系。德国是李克强总理此次亚欧之行访问的唯一欧盟国家。德国在欧债危机中发挥了中流砥柱作用,在欧盟内部影响力上升,成为捍卫欧元稳定的核心力量。中德经贸关系经受住危机考验,成为促进世界经济稳定健康发展的积极因素。双方贸易额去年达到1 611亿美元,对于防止欧元区经济陷入衰退,乃至拉动世界经济增长都发挥了积极作用。双方在携手应对欧债危机方面也保持了密切沟通和合作。中德关系在中欧关系中的重要性进一步凸显。此次访问中,李克强总理和默克尔总理还就中德之间在工业化、信息化、新型城镇化和农业现代化等领域的合作达成一致意见,从而推动中德关系进入发展的"加速期"。

2013年6月4日至7日,全国政协主席俞正声对丹麦进行正式友好访问,在哥本哈根分别会见丹麦王储腓特烈、首相托宁－施密特,与议长吕克托夫特举行会谈。双方表达了对双边关系的高度重视,愿共同努力,通过文化交流、清洁技术、可再生能源等领域的务实合作,推动两国全面战略伙伴关系深入发展。

三、中欧关系存在的主要问题及原因

自中欧建立关系以来,从大的趋势来看是好的,但是也要注意到此间所遇到的波澜。如贸易不平衡及贸易摩擦问题,所谓"西藏、台湾和新疆"问题,知识产权的保护,能源消耗与全球变暖问题,人权问题等等。究其原因,阻碍中欧关系顺畅发展的原因主要有三:

一是欧盟不是单一的国家,而是主权国家联合体。从某种意义上说,各成员国都拥有一定的"否决权",任何重大事务,成员国需要协商一致。即使是在《里斯本条约》生效后扩大"有效多数"表决机制,其协商仍旧是一个复杂的过程。为了维护自身利益,欧盟实际上同包括中国在内的其他国家打交道时往往推行"集团政治",这增加了同它打交道的难度。

二是中欧之间由于社会制度、意识形态、价值观念以及历史背景不同,也存在着不少矛盾和分歧。一些欧洲国家往往用自己的价值观来观察、衡量中国,在人权、宗教、法治、民族等问题上指手画脚,说三道四,干涉中国的内部事务,对中欧关系形成干扰。从普通大众到政治精英,要么缺乏对中国核心利益的了解,要么出于各种需要做出有损中国利益的事情。如德国总理默克尔不顾中方反对,执意会见达赖,从而导致中德关系一度紧张。与此同时,随着中国综合国力的增强和国际影响力的拓展,一些欧洲人对中国的发展始终保持固有的疑虑和戒心。

三是欧洲国家同美国是传统盟国,尽管双方在一系列问题上意见不尽一致,但欧盟在做出决断时又不能不考虑美国的因素。尤其是随着亲美的新成员大量增加,导致美国在欧盟内部的影响力增大,这在对华关系上也有所反映。例如,欧盟本已同意解除对华武器禁运,但主要由于美国介入,致使欧方的立场一再倒退。

四、中欧关系的未来展望

尽管随着中国综合国力的提升,中欧之间的矛盾和摩擦有所增加,但双方的利益吻合点或者说共同利益还是主要的,这是中欧关系持续向前发展的基础和动力。今后中欧关系仍将是总体看好,这是因为:

一是中欧没有直接地缘战略冲突和历史遗留问题,也没有根本利害冲突,双方关系的发展不存在重大政治障碍。欧洲各国在同中国建交后在涉及中国的领土、主权问题上,包括台湾问题,基本上遵守了一个中国原则。双方都重视多边体系和全球治理规则,都赞同强化联合国系统、加强联合国在解决地区和世界性冲突中的作用,并协调措施,应对武器控制、气候变化、国际恐怖主义等全球性问题。

二是双方处理国际问题的理念和主张基本相同或者相似。中欧双方都反对美国的单边主义政策,都主张发挥联合国为主的多边国际机构在世界事务中的主导作用;都反对美国的"文明冲突论"做法,主张各种文明相互包容、借鉴、合作等等。这使得中欧双方在处理国际热点问题上进行着有效的合作。特别是在当前的形势下,中国和欧盟必须在应对全球性挑战方面加强合作,以双边关系发展大局为重,保持沟通,妥善处理有关问题,使中欧关系尽量保持在健康、稳定发展的轨道上来,作出有利于双方,有利于世界的贡献。

三是双方经济互补性强、合作潜力大。中国拥有巨大的市场潜力和人力资源,对欧洲经济的发展具有很大吸引力,而欧洲的资金、技术、高科技产品则是中国急需的。

四是全球性金融危机,特别是欧洲主权债务问题爆发以来,在国际形势、欧洲局势和中国自身都在深刻变化之时,中欧关系的基本内涵和在我国外交工作中的重要地位进一步上升。中国发展对欧关系已经形成了"三大支柱"(政治、经贸和人文)和"两个层面"(欧盟机构和成员国)并举的新平台。这必将为中欧构建相互依存更为突出、利益融合更趋紧密、关系互动更加深入的中欧利益共同体提供更为广阔的舞台。中欧共同利益继续增加,合作领域不断扩展,中欧关系的战略性进一步凸显。

总而言之,中欧是合作伙伴,不是竞争对手;中欧关系已站在一个新的起点上,拥有新的平台和发展框架。正如国家副主席习近平当地时间2012年4月19日在都柏林所表示的,中国作为欧洲的全面战略伙伴,重视欧元地位、看好欧元前景、支持欧元和欧元区经济稳定。对于中欧之间存在的分歧,中方主张相互尊重、平等交流,以友好、务实的方式处理。中方相信,欧盟有能力、有智慧、有办法通过推进相关改革和调整走出眼前困境,迎来新的发展。

Chapter 10

中俄关系

当今世界正处在复杂而深刻的变动之中,旧的国际关系格局已经消失,而新的国际政治、经济格局尚未形成。在这种变动过程中,中俄这两个世界大国的相互关系是世人关心的问题之一。

中国和俄罗斯互为最大邻国,又同为联合国安理会常任理事国,在国际事务中发挥着举足轻重的作用。在经济全球化和区域经济一体化的新形势下,中俄两国面临着经济转轨和加速国家经济发展的相同任务。建立和发展中俄友好关系,无论对中国、俄罗斯,还是对世界,都是至关重要的。这是中俄两国应对经济全球化的挑战、建立多极世界的共同利益所在。

一、中俄关系的发展历史及现状

1. 中俄关系的历史回顾

中国与俄罗斯建交历史悠久,可以追溯到前苏联。1949年10月2日,中国与苏联建交。苏联解体后,1991年12月27日,中俄两国在莫斯科签署《会谈纪要》,解决了两国关系的继承问题。1998年11月,中俄两国在莫斯科发表了《关于世纪之交的中俄关系的联合声明》。2001年7月,江泽民主席对俄罗斯进行国事访问,双方签署了《中俄睦邻友好合作条约》。2005年6月底至7月初,国家主席胡锦涛对俄罗斯进行国事访问,两国签署了《中俄关于21世纪国际秩序的联合声明》。

2009年,在金融危机大潮面前,中俄两国共克时艰,力争把中俄战略协作伙伴关系推上新的高度,"共同发展"成为中俄两国走向持续繁荣的必由之路。2010年5月8日,国家主席胡锦涛应邀出席俄罗斯纪念卫国战争胜利65周年庆典,分别会见了俄罗斯总统梅德韦杰夫和俄罗斯总理普京。

双方均认为,在双方共同努力下,中俄关系进入新的发展阶段,两国在国际事务中的配合更加紧密。中方愿意同俄方一道努力,抓住机遇,应对挑战,全方位深化各领域合作,推动中俄战略协作伙伴关系向更高水平发展。双方应该积极提高经贸合作质量和水平,不断优化贸易结构,规范贸易秩序,推动经济技术合作和大项目合作;积极深化能源合作,以落实《中国东北地区与俄罗斯远东及东西伯利亚地区合作规划纲要》为契机,推动两国毗邻地区合作迈上新台阶;加强人文交流合作,大力推广汉语和俄语教学;推动两国青少年交往常态化机制化,认真落实1 000名俄罗斯中小学生赴华参加夏令营活动;充分发挥中俄友好、和平与发展委员会作用。

胡锦涛就加强中俄战略协作提出四点建议。一是加强二十国集团机制化问题上的协调和配合,提高两国在国际事务中的话语权,维护两国和发展中国家正当权益;二是保持密切沟通,共同维护地区和平稳定;三是加强反恐领域合作,共同打击"三股势力";四是加强气候变化、能源安全等重大国际问题上的协调和配合。

2. 中俄关系的现状分析

中俄两国建立战略协作伙伴关系十多年来,双方关系蓬勃发展,达到前所未有的高水平。双方按照《中俄睦邻友好合作条约》的原则和精神,以互办"国家年"活动为契机,全面推进政治、经贸、科技、人文等领域的务实合作,取得了丰硕成果。

第一,双方建立了完备的各级别会晤磋商机制,保持了高水平的政治互信。中俄两国成为当今国际政治中最为稳定、最具生命力的一组大国关系。两国政治互信极大加强,建立起元首、议长、总理定期会晤等多层次、宽领域的磋商和对话机制,在涉及国家主权和领土完整等重大核心问题上相互给予坚定支持。

第二,制定并签署了200多个法律文件,为两国关系发展奠定了牢固的法律基础。两国建立了战略协作伙伴关系,并通过条约将这种关系以法律形式确定下来。《中俄睦邻友好合作条约》的签署,确定了指导新世纪中俄关系的法律原则,使中俄关系进入一个新的历史阶段。

第三,彻底解决了历史遗留的边界问题,为两国关系的发展创造了有利条件。中俄之间4 300公里长的边界问题已彻底得到解决。在长达几个世纪的岁月里,这一边界争议曾经导致无数的危机和冲突。俄罗斯独立后,中俄双方本着求同存异的精神,按照"结束过去,开辟未来"的原则,在短短12年里解决了这一错综复杂的历史遗留问题。

第四,两国经贸合作不断扩大,双边贸易额连续8年保持较高增长。1999年以来,中俄双边贸易额连续8年保持快速增长,两国相互投资日趋活跃,经济技术合作蓬勃发展,边境贸易持续增长。2006年,中俄贸易额创历史新高,达到334亿美元,同比增长14.7%。两国边境贸易额达到70亿美元,占双边贸易总额的20%以上。

第五,双方成功举办了"国家年"活动,使各领域务实合作达到前所未有的高水平。中俄两国成功举办了2006中国"俄罗斯年"和2007俄罗斯"中国年"。互办"国家年"作为增进两国人民世代友好,全面提升中俄战略协作伙伴关系水平的重要举措,成为中俄关系史上的创举。

历时两年的"国家年"框架内举办了500多项活动,内容丰富,形式多样,两国民众广泛参与。仅在中国"俄罗斯年"期间,俄罗斯7个联邦区的领导、65个州长来华访问,数万俄罗斯人来华举办活动。中方直接参加"俄罗斯年"活动的人数约 50 万。

"国家年"丰富多彩的交流活动增进了两国人民的相互了解和友谊,加深了两国政治互信,促进了双方在政治、经济、科技、人文等各领域的务实合作。两国地方合作蓬勃发展,目前已有 70 多对友好省州和城市。"中国热"和"俄罗斯热"在两国大地持续高涨,两国人民相互了解和好感明显增强。

第六,两国在国际和地区事务中也进行了卓有成效的协调与合作。中俄在推动建立国际新秩序和促进国际关系民主化方面有着相同和相似的立场和主张,并保持密切的磋商。两国领导人多次就重大国际问题发表联合声明,引起国际社会高度关注。

双方在朝核、伊核、伊拉克、科索沃、中东等一系列重大国际和地区问题上紧密配合,高效协作。在打击恐怖主义、毒品走私及应对气候变化等新威胁、新挑战方面保持积极互动和卓有成效的合作。中俄战略协作有力地维护了两国的重大利益,也为维护国际和平与稳定,推动国际形势健康发展发挥了重要而独特的作用。

二、中俄的战略伙伴关系及中俄之间存在的问题分析

(一)中俄在亚太地区的战略安全合作及前景

中国是亚太国家,无论其领土,还是政治、经济和文化传统均属于东亚,可以称为"东亚地理中心"。东北亚的朝鲜半岛和日本,东南亚的东盟 10 国,南亚的印度、巴基斯坦、孟加拉、尼泊尔和不丹,中亚的阿富汗、塔吉克斯坦、吉尔吉斯斯坦、哈萨克斯坦和北部的蒙古国都属亚洲国家和中国近邻,唯独俄罗斯虽然也是中国的近邻,却是地理上横跨欧亚,政治、经济和文化中心在欧洲地区,靠近中国的仅是其亚洲部分。但中俄作为亚太地区的两个大国,与该地区的安全、稳定和繁荣有着千丝万缕的联系并负有重要的责任。特别是中俄均与朝鲜半岛和日本为邻,因此双方对东北亚地区的安全和稳定不仅特别关注,更有直接和不可推卸的责任。近 20 年来,中俄致力于建立、巩固和发展战略协作伙伴关系,取得巨大成就,两国在国际舞台上的合作成绩斐然。在亚太地区,双方不仅与中亚国家共同建立了上海合作组织,与印度和巴西共同启动了"金砖四国"(现因南非参加改为"金砖国家")合作机制,更积极参与包括APEC、东盟和朝鲜半岛六方会谈在内的各机制活动,并在其中开展卓有成效的合作。中俄摒弃以"结盟"和"对抗"为主要特征的冷战思维,在上海合作组织首倡"互信、互利、平等、协商、尊重多样文明,谋求共同发展"的"上海精神",并将其广泛运用于包括亚太地区在内的各类国际关系实践中,为新时期国际关系的理论构建和实践创新树立了新的范式,注入了新的活力。现在亚太地区仍缺乏能有效管理区域内各国间政治、经济和安全问题的成熟机制,如何建立以及建立一些什么样的机制更符合本地区特点和需要,尚在积极探讨和摸索中,中俄应在其中发挥与其国家身份、利益、责任、理念和相互关系相称的重要作用。中俄在亚太地区有着广阔的合作领域和前景,其中包括政治、经济、文化、安全等各领域,但从目前该地区形势看,维护亚太特别是东北亚和东亚安全成为最紧迫的任务,中俄在这一领域的合作至关重要。

就中俄在亚太地区的安全合作而言,可分为以下三个优先层面:

1. 维护东北亚地区安全既是当务之急,更事关本地区长远稳定和发展

对东北亚构成安全威胁的因素主要有:一是朝鲜半岛双方自1953年签署停战协定至今的长期军事对立。由于朝鲜与美国未能在签署停战协定后进一步签订和平协定,理论上双方仍处于"准战时状态",因此它们之间随时可能再次爆发新战争。目前朝美对签署和平协定均各自提出"让对方难以接受"的条件,目前看双方何时和能否签署和平协定完全难以预料。二是朝鲜半岛核问题引发的安全危机。正是由于朝美未签订和平协定,美也一直未从韩国撤离,驻韩美军还携有核武器,这对朝鲜构成巨大的安全威胁,朝鲜为保自身安全,长期奉行"先军战略",研制核武器,以应对美国的核讹诈。半岛核问题引起作为邻国的中、俄、日的担心,2003年在中国的积极促进下,由朝、韩、美、日、中、俄参加的半岛核问题"六方会谈"在北京举行,在此后的六轮会谈中取得不小进展。但美朝在落实会谈成果的过程中不断出现分歧,2009年5月25日朝鲜进行地下核试验后,联合国通过对朝制裁决议,朝鲜宣布退出"六方会谈",使该机制工作中断,迄今尚未恢复。三是美国极力打造"美日韩同盟"妄图对"中俄朝"形成新的战略遏制。美受"冷战"思维影响和支配,念念不忘在世界各地搞"阵营对抗",以遏制中俄等任何可能对美国国际"领导地位"构成挑战的国家。在此逻辑下,美对日韩软硬兼施,甚至不惜故意制造事端或挑起争端,极力将日韩打造成对美俯首帖耳的"小伙计",对其战略心领神会并能任意支使的"战争工具",以防范"中俄朝"对美在东北亚的"安全主导权"形成挑战。这种故意制造"阵营对立"的做法,会对本地区的安全和各方建立互信与合作带来长期威胁。面对东北亚地区存在的上述四种安全威胁,中俄加强战略磋商,共同寻找"破解之道"。譬如继续共同推动各方尽早恢复"六方会谈",并通过该机制化解半岛核危机,促进半岛南北和解,同时就解决"领土之争"、建立地区内"六方"间的互信与合作,以及将"六方会谈"机制化等制定新的解决方案。

2. 与东亚相关国家共同建立维护地区安全的合作体系,保障地区发展的和平环境

包括东北亚和东南亚在内的东亚地区是目前世界上经济发展和一体化进程最快的区域,但这一地区现在也是安全不确定性最大的地区之一。东北亚地区矛盾错综复杂,不时被推到危险边缘;东南亚地区虽然有东盟及东盟与东亚和澳大利亚、新西兰和印度等国参加的安全论坛,但却没有类似北约那样更加紧密和相互承担安全义务的机制。2005年启动的东亚峰会是一个开放、包容、透明和具有前瞻性的论坛,成员从最初的东盟加中、日、韩(10+3),逐渐扩展到2010年的18国,即东盟加中、日、韩、印度、澳大利亚、新西兰、美国和俄罗斯(10+8)。中俄都支持东盟在东亚峰会及东亚合作进程中发挥主导作用,目前东盟正与有关各方讨论东亚峰会的未来发展问题,有些国家提出应将该论坛建设成为具有一定行动能力的地区组织,尤其在安全领域东亚峰会可逐渐过渡成为能够有效保障地区安全的国际组织;而另外一些国家则强调应长期保留论坛性质,不宜匆匆将其转变为具有联合行动能力的地区组织。在2011年举行的东亚峰会上,中俄作为在东亚有重大利益的国家和东亚峰会重要成员,在其中发挥重要而积极的作用。双方在会前就峰会性质、工作机制等协调立场;在会中与东盟和其他峰会成员一起,就保障东亚安全和发展等达成共识,作出建设性决议和安排。

3. 充分发挥上海合作组织作用,为成员国所在地区特别是中亚安全与发展作出贡献

2010年是上海合作组织成立10周年,回顾该组织及其前身"上海五国"的成长历程,我们完全可以自豪地说,它对保障地区和平、稳定与发展作出了重大贡献。在上海合作组织的共同行动下,现在中亚局势总体保持稳定,各国经济维持较高增速,基础设施得到改善。未来中俄将继续加强在上合组织中的密切合作,通过该组织反恐机制和联合军演等活动,有效震慑各类极端势力的挑衅,维护地区和平与安宁。在经济领域,中俄将推动各成员国积极落实《上海合作组织成员国政府间关于区域经济合作的基本目标和方向及启动贸易和投资便利化进程的备忘录》和《上海合作组织成员国多边经贸合作纲要》,在完全平等、市场关系、相互尊重、互利、非歧视和开放性、循序渐进、通过相互协商建设性解决出现的问题,以及兼顾各国利益的原则基础上发展和扩大合作。此外,上海合作组织还将与俄罗斯所主导的独联体集体安全条约、欧亚经济共同体等加强战略协作,共同促进中亚地区的安全、稳定与经济发展。

亚太地区在未来5~10年仍是充满机遇和挑战的时期,在安全领域各种不确定因素较多,各方希望加快建立有效安全机制的愿望也非常强烈,提出不少建设性建议;在经济领域于APEC框架内和东盟与各伙伴国间形成的贸易自由化、经济一体化进程正在如火如荼地展开。俄罗斯适时调整外交战略和政策,将更多注意力投向亚太地区,这不仅有利于俄与亚太地区在经济和安全等各领域的一体化,更有利于带动俄远东地区的全面发展,是"一举多得"的重要选择。中俄作为好邻居、好伙伴、好朋友,将共同致力于亚太地区安全、稳定和发展,两国携手并进,力争与包括美国在内的本地区各国共同合作,以新思维、新观念、新方法去解决面临的各类问题,共同争取为各方所能接受的互利共赢结果。

(二)中俄关系存在的问题

(1)中俄两国都是国际舞台上的大国,经济上正在崛起,相互之间难以形成"权威魅力",以吸引对方加入到自己作为核心的共同体之中。俄是传统的政治军事大国,国土面积居世界第一,还是联合国安理会常任理事国之一。俄自然资源丰富,经济发展潜力巨大,且具有较强的生产能力和较高的科技水平,虽然在苏联解体初期经济实力急剧衰落,但其发展后劲不容低估。俄拥有与美国不相上下的战略核武器,是有能力和美国抗衡的军事大国。俄横跨欧亚大陆,在地缘战略上处于重要位置,在独联体范围内居主导地位,对世界其他地区也有不同程度的传统影响。近年来的种种迹象表明,俄正以军事力量为主要支柱重振大国雄风,以独联体为主要依托成为国际上的一个"力量中心",将来很可能成为多极世界中的一极。中国是最大的发展中国家并实行社会主义制度,也是联合国安理会常任理事国和核大国之一。中国是世界上人口最多的国家,也是历史最悠久、近20年来经济增速最快的国家之一。中国经济的高速增长不仅极大地提升了中国的综合国力,也增强了中国的国际影响力。正如邓小平所说,"世界格局将来是三极也好,四极也好,五极也好,所谓多极,中国算一极。中国不要自己贬低自己,怎么样也算一极"。中俄两国国内社会经历着相似的转型,在总体实力、经济政治发展水平等方面日益接近。因此,两国很难对对方产生示范效应进而吸引对方加入到以自己为核心的共同体之中。

(2)中俄两国是大国,都有自己宏伟的抱负,双方都容易自觉或不自觉地将对方视为自己潜在的竞争者,在合作中以自身的利益为重。俄对外关系的重心是独联体国家而不是中国,俄罗斯总统梅德韦杰夫2008年3月3日宣布,他将继续推行普京总统制订的独立外交政策方针,优先发展与近邻即独联体国家的关系。近年来,俄根据其在中亚地区的地缘优势、传统的密切联系以及与中亚国家之间成熟的合作机制等,不断推进不同层次的一体化进程,以图建成由其主导的"经济圈"、"势力范围"。经过努力,俄与中亚国家已经建立起全面而且比较稳定的军事安全合作关系。特别是2006年8月乌兹别克斯坦加入独联体集体安全条约组织后,上合组织中的俄、哈、吉、塔、乌均成为集体安全组织成员。由于历史传统等方面的原因,俄明显将独联体集体安全组织看得重于上合组织,当然不希望上合组织在中亚安全方面发挥超过集体条约组织的作用。上合组织与独联体集体安全组织的角色和功能在该地区的冲突由此可见一斑,这对中俄关系是一个考验。冷战后,中国地缘战略的目标是为现代化建设营造良好的安全环境。中国全方位地发展对外关系,不仅加强与俄的友好关系,还积极发展与中亚国家的关系,在俄传统势力范围中促进与各国的合作。中俄之间长期的相互防范必然对两国战略协作伙伴关系造成消极影响,并制约着两国关系发展的深度和广度。

(3)俄对外战略的实用主义倾向,使中俄关系充满变数。几个世纪以来,作为一个大国和军事强国,俄一直是平衡欧洲大陆力量对比的重要因素。这为俄伸长"触角"、扩展势力范围提供了条件和机会。苏联解体后,俄遭受重创,但其大国意识和强国欲望并未泯灭,只是限于当时的困境而暂时收敛,将主要精力集中于提高综合国力和保持强大的军力。所以,俄独立后出于国内政治、经济改革等方面的考虑,其对外政策坚持避免冲突,与所有国家探寻共同利益和采取互利的解决办法。事实上,在恢复经济和实现现代化问题上,俄离不开西方发达国家的资金和市场。据俄通社-塔斯社报道,截至2008年4月1日俄政府外债减少为441亿美元。俄外债压力的缓解很大程度上还得依靠西方的支持。俄罗斯在经济上严重依赖西方,俄经济的持续发展和国内社会的稳定,需要西方的巨额援助。在过去的几年里,由美国主导的国际货币基金组织和世界银行已经为俄提供了超过200亿美元的援助,俄的经济发展已经形成了对以美国为首的西方国家援助的严重依赖。相对而言,中国在这方面对于俄的吸引力要小得多,加上俄对外政策"希望与所有伙伴国家发展伙伴、同盟和战略关系,包括美国在内"。

(4)中俄两国国民间互信不够,特别是俄国内右翼势力对华的不友好态度将对中俄关系的发展造成重大负面影响。虽然中俄官方建立了战略协作伙伴关系,并签定了一系列法律文件,甚至破天荒地从法律上彻底解决了长期悬而未决的边界问题,但这也丝毫未降低俄一些人对于中国崛起的担忧。近300年来,俄在经济、军事、科学和教育等方面一直走在中国的前面。但是,中国在改革开放以后进入快速发展的新时期,使得俄国内某些人感到不舒服和不安全,加深了俄对中国的担心和疑惧。中俄两国的人口数量差距过大,即使中国没有扩张的念头,俄也不放心,仍然有人把中国看成是俄的新威胁。虽然俄国内人口死亡率仍然高于人口出生率,人口预期寿命在欧洲也处于最低水平,人口老龄化、劳动力不足的问题仍十分突出,但俄对中国等亚洲国家的移民持防范态度,而且其针对中国等亚洲国家的民族主义情绪和极端排外事件都在上升。中俄战略协作伙伴关系目前正在进入一个新的发展阶段,虽然中俄两国的转轨进程都仍未完成,但未来两国的战略指向都是努力从一个地区大国变为世界超级大国。两个暂时还不够强大的国家虽然联合在一起、暂时互视对方为伙伴,但是好强和互不妥协的心态将制约两国关系的发展。未来较长时期内,中俄两国关系的发展前景仍存在众多变数。

三、中俄关系展望

"自古不谋万世者,不足谋一时;不谋全局者,不足谋一域。"中俄战略伙伴关系的确立,无疑是一种制约美国"一超独霸"的多极抗争,有利于推动世界加速朝着多极化的方向发展,有利于世界的和平与发展。但需要指出的是美国因素的双重影响。一方面,中俄两国为了共同抵制美国的压力,需要进行战略协作。另一方面,中俄两国不仅不会放弃同美国的关系,而且均以对美关系为重点,在经济建设和国际交流方面不得不对以美国为首的西方有所倚重。因此,中俄接近并非意味着要与美国决裂,而是重新实现均衡。通过以上的分析可以看出,如果将中俄关系看成是一对矛盾,俄罗斯是矛盾的主要方面,中国是矛盾的次要方面,而欧美是矛盾的外因。中俄之间"政热经冷"实际是大国博弈战略选择的结果。首先,从俄罗斯的角度讲,如果中俄"政治热经济也热",经济热必然巩固政治联盟,势必使俄罗斯对中国依赖加强,同时会遭到欧美的强力打压,地缘政治局势恶化,不利于俄罗斯大国崛起;反之,同中国搞政治同欧盟搞经济,既可避免了美国的打压,又可能达到对欧盟以经济手段促政治变化的目的(尽管俄罗斯的经济相对于欧盟来讲是弱势)。其次,从中国角度来看,中国大国崛起面临着诸多困难,国际政治上自不待言,经济上缺乏能源,就业压力严重,内忧外患。俄罗斯既是能源市场也是商品市场,如果打通两个市场,会对中国经济发展带来巨大正面影响。多年来,呼吁中俄经贸关系"政治热经济也要热"的正是中国,俄罗斯对于发展同中国的经济关系虽然也有需求,但并不如中国热切。"政热经冷"有其外在因素(比如中俄在经济方面更依赖欧美),但更重要的是俄罗斯战略选择的结果。归根结底,中俄关系能否获得新的更大的发展,取决于两国国家利益的契合度,而这种契合度又取决于综合国力、国际环境、经济利益和国内政治价值取向四大因素的变化。国家利益是一切国际战略的出发点和归宿,中俄在政治上都迫切需要对方的支持,以抗衡美国的围堵,但同时都把发展同美欧的双边经济关系看成是各自大国崛起的第一要务,这就注定中俄之间的"政热经冷"有其必然性,俄罗斯的大国沙文主义也注定俄罗斯对中国既合作又排挤。这种现象能否改变,何时改变,如何改变,向哪个方向改变,改变的程度如何,要看影响中俄双边贸易的各种因素的此消彼长,要看矛盾的相互转化。

目前俄罗斯主要经贸对象和外资的主要来源都在欧洲,发展经济是当前的核心利益,回归西方是既定目标(不排除未来振兴后再挑战西方的可能),在俄弱欧美强的态势下,除非国际环境发生重大突变,俄罗斯安全利益受到重大威胁,中俄之间的这种发展空间,不会突破美中俄欧原有的均势,仅仅是在一定质下的增量变化,是一种微调。矛盾的主要方面在俄罗斯,解决"政热经冷"并不容易。

第十一章
Chapter 11

中非关系

"相知无远近,万里尚为邻。"中国与非洲虽然相距遥远,但中非人民的友好交往源远流长,彼此没有任何历史芥蒂。几十年来,中非人民同命运,共患难,共同缔造培育了中非间休戚与共的深厚情谊。双方在反对帝国主义、殖民主义、霸权主义和种族主义的斗争中经受了岁月的考验,得到不断巩固和发展。进入新时期,中非关系更加密切,在政治上、经济、文化等方面取长补短、团结互助,取得了重要的成果。

冷战后,世界形势出现了重大变化,在新的国际背景下,中国政府依然把发展同包括非洲在内的发展中国家的友好合作关系,作为中国独立自主的和平外交政策的基本立足点。中国是最大的发展中国家,非洲是发展中国家最集中的大陆,在国际事务中中国和非洲有着广泛的共同利益。面对新的国际形势,中非建立更加密切的友好合作关系,对双方都具有重大的战略意义,顺应世界和平与发展的历史潮流。

一、新时期中非关系发展的背景

进入21世纪,中非关系的发展也进入了新时期。特别是经济全球化带来的巨大影响。经济全球化所冲击的已不仅局限于经济领域,而且还涉及国家主权、传统文化、思想观念等等方面。同时,非洲贫困国家的人口、健康、难民、环境等问题依然存在,不合理的国际经贸规则严重损害了广大发展中国家的利益。

另外,随着改革开放的实施与深化,中国要保持经济持续、健康、快速发展,必须充分利用国际国内"两个市场""两种资源"。作为一个负责任的大国,中国有责任、有义务援助,也有必要保持同非洲国家间的传统友谊,加强交往,实现共同进步。

正是在这样一个新的时代背景与条件下,中非关系开始获得了一种新的基础与动力,一种新的时代特征和内容,中非关系已开始更多地由理想主义的政治主导型关系,转向政治、经济、文化全方位合作且更为务实更为理性的关系,一种"政治上平等互信、经济上互利共赢、文化上交流互鉴"的新型战略伙伴关系。

二、新时期中非关系发展的进程

进入新世纪,中国政府一直致力于中非良性关系的发展与完善。

2004年2月,国家主席胡锦涛出访埃及、加蓬和阿尔及利亚非洲三国,在加蓬国民议会上发表了题为《巩固中非传统友谊,深化中非全面合作》的演讲,提出深化中非关系的三点倡议:坚持传统友谊,推动中非关系新发展;坚持互助互利,促进中非共同繁荣;坚持密切合作,维护发展中国家的权益。

2006年1月11日至19日,外交部长李肇星访问利比里亚、尼日利亚、利比亚、马里、塞内加尔和佛得角等非洲六国。外交部发言人孔泉在1月10日的例行记者会上表示,中国外交部长每年第一次出访必是非洲,这个传统已持续了十几年。李肇星外长此次访问的目的是促进与有关非洲国家的双边关系以及中非传统友好合作关系。访问期间,李肇星外长与六国外长举行会谈,并签署经济技术合作协定等文件。在中非这对"全天候朋友"的贸易往来突飞猛进的背景下,推进能源合作成为李肇星访问非洲的亮点。

2006年4月,胡锦涛主席再次出访非洲,先后前往摩洛哥、尼日利亚和肯尼亚三国,在尼日利亚国民议会上作了题为《为发展中非新型战略伙伴关系而共同努力》的演讲,对新形势下的中非关系和中国对非政策作了高度概括,将中非关系称为"好朋友、好伙伴、好兄弟",并对中非关系的发展提出五点建议:①政治上增强互相信任;②经济上扩大互利共赢;③文化上注重互相借鉴;④安全上加强互相合作;⑤国际上密切互相配合。

2006年6月17日至24日,温家宝总理对埃及、加纳、刚果(布)、安哥拉、南非、坦桑尼亚和乌干达七国进行了正式访问。温总理此访纵横跨越非洲大陆,行程35 000公里,是近年我领导人访非国家最多的一次,其中有几个国家是中国总理首次到访。访问8天内共举行80余场活动,除了与各国领导人会谈外,还多次发表演讲,进行实地考察,得到非洲及国际媒体高度关注。访问达到了"加深友谊、增进互信、拓展合作、共同发展"的目的,将对新时期中非关系的发展产生深远影响。

2006年12月31日至2007年1月8日,外交部长李肇星应贝宁共和国、赤道几内亚共和国、几内亚比绍共和国、乍得共和国、中非共和国、厄立特里亚和博茨瓦纳共和国的邀请,对上述七国进行正式访问。李肇星表示:在中非合作论坛北京峰会上,中方出台了包括扩大对非援助、免关税、免债等一系列措施,这对中国与非洲国家间在论坛框架下的合作带来新的机遇,他表示此行的一个重要使命是推动落实中非合作论坛北京峰会上中国支持非洲发展的精神,并落实对非援助。

2007年初,胡锦涛主席出访非洲八国,这是他担任国家主席以来第三次踏上非洲的土地,也是2007年中国外交的重要开局之举。胡锦涛主席在比勒陀利亚同南非总统姆贝基举行会谈时,就发展中南战略伙伴关系提出五点意见:①保持高层对话,增进政治互信;②深化经贸合作,促进互利双赢;③拓宽合作范围,丰富合作内涵;④扩大人文交流,增强友好基础;⑤加强多边合作,维护共同利益,积极推动国际社会更多关注非洲。胡主席在访问中与非洲国家领导人共同规划中非关系未来发展,他提议,中非加强相互交流借鉴,促进共同发展,共同维护发展中国家的利益,推动建设持久和平、共同繁荣的和谐世界。这些都充分说明,平等、互利和共赢是中非关系的基础和原动力,总结了中国对非政策的指导方针,为中非新型战略伙伴关系勾画了美好的未来。

2012年1月27日至29日,全国政协主席贾庆林出席了非洲联盟第十八届首脑会议开幕式并对埃塞俄比亚进行正式友好访问。此间研究中非关系的专家认为,贾庆林主席此访成果丰硕,进一步巩固和发展了中非传统友谊,促进了双边经贸合作,为中非关系的发展规划了未来、增添了新内涵。

冷战后中国对非洲外交政策的调整,无论从政治或经济方面,都体现出中国政府对这种新形势的准确把握,事实证明非洲大陆在中国全方位外交中处于重要地位,中非友好是21世纪中国对外关系的重要内容。2006年初,中国政府发布了《中国对非洲政策文件》,文件指出中国坚定不移地继承和发扬中非友好的传统,从中国人民和非洲人民的根本利益出发,与非洲国家建立和发展"政治上平等互信、经济上合作共赢、文化上交流互鉴"的新型战略伙伴关系。系统阐述了新时期中国对非洲政策的总体原则和目标,全面规划了中非在政治、经济、文化、教育、社会等各领域的合作,为今后一段时期中非关系的发展指明了方向。

2013年3月24~28日,中国新任国家主席习近平访问了非洲3个国家坦桑尼亚、南非和刚果共和国,并在德班金砖国家领导人会晤期间与埃及、埃塞俄比亚等多个非洲国家和非盟的领导人进行了广泛交流和沟通。习主席此次访非,历史意义重大,对中非关系和中非经贸合作的发展将产生深远影响。

三、新时期中非关系发展的现状

在中非双方的共同努力下,中非关系无论在深度上还是广度上都有了极大发展,在多元化的合作领域取得了丰硕成果:

(一)政治关系日益巩固

1. 高层互访日趋频繁,政治互信不断加深

国家领导人之间特别是国家元首或政府首脑的互访和接触,是最高形式的外交活动,体现了国家之间对彼此外交关系的重视。这在双边关系史甚至国际关系史上都有重要意义,两国或国际间的一些重大问题,往往通过这种方式得到了解决或达成了共识,人民之间的友谊也由此得到了加强和巩固。

历届中国领导人都十分重视发展同非洲各国的友谊,邓小平同志作为党和国家第二代中央领导集体的核心,高度关注非洲发展,多次亲切接见来华访问的非洲领导人。江泽民主席曾四次踏访非洲大陆,先后应邀访问了12个非洲国家。中国新一届领导致力于中非建立新型战略伙伴关系,身体力行,多次出访非洲各国。胡锦涛主席在1999年、2001年、2004年、

2006年、2007年多次出访非洲各国;温家宝总理也在2003年和2006年两次访问非洲,这一时期,中国人大常委会委员长、全国政协主席、国家副主席、副总理、国务委员、外交部长等中国高层领导人亦频频访非,出访的非洲国家达40多个,足迹几乎遍及非洲大陆。

在中国领导人多次访问非洲的同时,几乎与中国建交的所有非洲40多个国家的总统或总理也都访问过中国,有的甚至数次到访中国,成为中国的老朋友,如埃及总统穆巴拉克、津巴布韦总统穆加贝、赤道几内亚总统奥比昂、乌干达总统穆塞韦尼、纳米比亚前总统努乔马等,他们都为不断密切和加强中非友好关系作出了卓越贡献。2005年,仅撒哈拉以南非洲国家就有26位外长以上领导访华,其中有9位总统、1位副总统和4位总理。2006年第三届中非合作论坛会议召开时,与中国保持外交关系的48个非洲国家都派出了高级代表团与会,其中有42个国家是国家元首或政府总理,足见非洲国家对与中国友谊的重视。

2. 国际事务中密切合作,相互支持

自中非建交起,中国就在政治上、道义上、物质上对非洲国家提供了力所能及的最大支持。中国政府表示高度赞扬和支持非洲国家为捍卫国家独立和主权,维护国内团结、发展经济所进行的努力,坚持在和平共处五项原则的基础上,发展同非洲各国的友好关系,呼吁国际社会尊重非洲国家根据自己本国情况独立自主地选择适合本国国情的政治、经济制度和社会发展道路,反对别国将自己的意识形态、社会模式强加于非洲国家的做法,反对在国际事务中恃强凌弱、搞双重标准。

在联合国、世贸组织和其他国际场合,中国仗义执言,坚定地站在非洲国家一边,支持他们要求维护经济利益、缩小南北差距、加强南北对话、平等参与国际事务等一系列合理主张,呼吁发达国家在减债、援助、贸易、技术转让等方面给予切实帮助,使全球化朝均衡、普惠、共赢的方向发展,为非洲实现千年发展目标创造条件。中国利用安理会常任理事国的身份,积极推动国际社会关注非洲的和平与稳定问题,支持联合国、地区组织和非洲国家调解非洲冲突的努力,并开始大规模参与联合国在非洲的维和行动。在联合国改革问题上,中国支持优先增加发展中国家特别是非洲国家在安理会的代表性,坚决支持国际关系民主化。

与此同时,非洲各国也在国际事务中鼎力支持中国。非洲大多数国家一贯支持中国的统一大业,截至2008年初,在53个非洲国家中,有49个国家与中国有外交关系,并均表示理解和支持中国《反分裂国家法》。

中非在重大国际问题上有着广泛的共同立场和良好的合作传统,中非在国际事务中磋商与合作的进一步加强,符合双方的共同利益。中非在推进多边主义、国际关系民主化以及联合国改革中加强协调和配合,为建设一个和平、和谐的世界而共同努力。

(二)经济关系不断加强

1. 以"互利共赢"为宗旨,中非贸易高速增长

冷战结束以来,国际形势发生了重大改变,世界经济也出现了新变化。各国经济活动越来越走向开放和国际化,相互依赖程度大大加强,经济全球化已成为当今世界的基本趋势与

发展潮流,不同发展水平的国家正被卷进一个统一的全球经济体系之中。经济全球化总体来说对发达国家有利,发展中国家由于经济、技术、信息等相对落后,难以靠个体的力量在经济全球化的浪潮下实现可持续发展。客观形势要求发展中国家必须依靠联合的力量获取于己有利的发展空间。

中非双方正是顺应这一时代要求,以"优势互补、合作共赢"为宗旨,经济贸易规模不断扩大,取得了巨大成就。以1950年中非贸易额1 200万美元为起点,中非贸易额从1 000万美元到1亿美元,用了10年时间;从1亿美元到10亿美元,用了20年时间;从10亿美元到100亿美元,又用了20年时间;而从100亿美元发展到500亿美元,仅用了短短6年时间。2000年中非贸易额首破100亿美元大关;2005年中非贸易额为397.4亿美元,同比增长35%,其中,中国出口额为186.8亿美元,中国进口额为210.6亿美元;2006年达到555亿美元,其中中国对非出口267亿美元,同比增长43%,从非洲进口288亿美元,同比增长37%。中非贸易连续6年高速增长,年均增幅高达30%。中国已成仅次于美、法两国的非洲第三大贸易伙伴,且有后来居上之势。

中非贸易高速增长,从根本上说,是双方互利共赢贸易理念的必然结果。从中国方面看,随着我国对外开放和市场多元化战略实施,国家将非洲确定为重点开拓的新兴市场之一,制定长期发展战略,采取各种有效措施扩大中非贸易。近几年中国与非洲国家经贸代表团互访频繁,在访问期间举行定期或不定期的经贸会谈,商谈发展双边经贸关系,同时越来越多的国内企业组团访非,与企业直接洽谈,通过举办展览会、进行现货现售、设立分厂等多种形式,使越来越多的中国产品进入非洲。

2. 中非资源互补,共同开发前景广阔

在世界经济一体化发展进程中,资源配置国际化是一个趋势,各国资源均有优劣,任何一个国家都不可能全靠自己的资源发展经济,供不应求的资源必须去国外寻求,供大于求的资源也必须到国际上寻找市场,唯有如此才能扬长避短,变资源优势为经济优势。中非在资源方面的互补性,主要表现在中国资源的不足可借助开发非洲丰富的资源市场而得到补充,而非洲则可通过中国的投资,获得相应的资金和技术。

非洲矿产资源丰富、质量优良,开发条件良好,但由于大多数国家工业不发达,目前仍处于工业化前期,对能源和原材料消耗较少,开发利用程度较低,如何采取最佳途径充分开发和利用这些能源,是保证非洲各国经济持续和稳定发展的关键因素之一。中国资源总量大,品种全,但人均占有量少,只及世界人均值的20%~25%,并且中国某些重要矿产资源绝对短缺、质量较差。2010年,按现有矿产资源开发利用经济技术水平,在对国家经济发展起重要作用的45种矿产资源中,中国可满足需求的有22种,不能满足需求的有23种,其中石油、天然气、铁、锰、铜、镍、铀、铝土矿、铅、锑、金、硫等,均需长期进口补缺;到2020年,可满足需求的矿种只有5种,不能满足需求的高达40种,像铬、钴、铂、钾盐、金刚石等均主要依靠进口解决。这些矿产资源在非洲大多都有很高的储量,有些甚至居各洲之首,长远来看,非洲应成为中国经济发展必需的原料基地。另外,非洲地广人稀,农业、林业、牧业和渔业资源也非常丰富,双方合作潜力巨大。

非洲石油与中国能源战略息息相关。石油作为一种稀缺的常规能源和不可再生的战略资源,在国家安全和国际政治中具有特殊的战略地位,对国家的经济增长发挥着不可替代的作用。中国当前正处在经济高速发展时期,能源问题越来越成为中国腾飞的瓶颈,近年来国内石油供应的缺口越来越大,中国已经成为世界第二大石油消费国。中国石油安全问题的解决离不开国际石油市场,中国已经并将继续处在世界油气资源领域激烈竞争的风口浪尖。非洲拥有丰富的油气资源,越来越成为各国关注的焦点,也必将作为重要区域被纳入中国实施的石油安全多元化战略。

非洲石油储量巨大,仅次于中东和南美洲,被称为"第二个海湾地区"。非洲有近 20 个产油国,已探明的石油储量由 1984 年的 580 亿桶增至 2004 年的 1 120 亿桶。目前非洲大陆原油日产量达 800 多万桶,约占世界原油日产量 11%,是全球石油产量增长最快的地区。非洲石油不仅储量丰富,而且种类多,品质优。这里的油田大都分布在海岸附近和近海海域,一般离岸仅十几至几十公里,运输距离短。非洲石油的另一个优点是开采成本低廉,西非地区大陆及近海石油埋藏较浅,钻井成功率高,使得石油开采成本大大降低。西非地区钻井成功率高达 35%,远远超过 10% 的世界平均水平。正是由于非洲石油具有以上种种优点,并且非洲石油多处于待开发阶段,勘探开发潜力巨大,近年世界各国纷纷加紧了在非洲的石油争夺。

为确保我国在 21 世纪的能源安全和经济的可持续发展,我们必须从战略上重视非洲的石油资源,建立一条稳定的石油供给渠道,以共赢为原则与非洲展开能源合作。早在 20 世纪 90 年代初,面对石油资源日益紧张的供需矛盾,我国政府就提出了"要充分利用国内外两种资源、两个市场发展石油工业"的战略思路,并采取了许多具体行动进行了有益探索。随着世界经济形势的发展以及中非领导人的努力,中非石油合作的内容开始多元化,从单一的石油贸易形式扩展到石油勘探开发领域。1995 年中国石油天然气总公司使用中国政府援外优惠贴息贷款打入苏丹石油市场。2004 年 2 月 3 日,中国石化集团公司宣布与法国公司签署协议,中国将首次从加蓬购买石油,5 日该公司与埃及、阿尔及利亚签署了石油合作协议。5 月 20 日,中国石化集团又与非洲最大的产油国尼日利亚签署协议,将在尼日利亚投资 5 亿美元进行海上石油勘探开发。截至 2005 年底,我国在非洲有较大型的油气合作项目共 27 个,涉及苏丹、阿尔及利亚、安哥拉、尼日利亚、利比亚、突尼斯、乍得等 14 个国家。2003 年中国从非洲进口原油 2218 万吨,占同期中国原油进口总量的 24%,2005 年中国从非洲进口石油 3 830 万吨,占中国进口石油总量的 30%,安哥拉已取代沙特成为中国最大的原油进口国,从 2004 年开始,中国已经成为仅次于美国的第二大非洲石油进口国。

中国外交部长李肇星在中非合作论坛北京峰会后的记者会上表示,中国与非洲国家在石油领域的合作,是建立在平等互利基础上公开透明的合作,中国石油集团 10 年来在非洲的石油投资,一直秉承"互利双赢、共同发展"的合作理念,通过石油投资促进非洲资源国经济发展。为了加快石油与天然气的开采,非洲各国近年普遍大力改善投资环境,对外国石油公司采取种种优惠政策,吸引外商投资。当前,中国石油工业已经制定了"走出去"的发展战略,因此应抓住机遇、积极拓展和巩固非洲市场。总之,油气资源潜力、双方政治互信以及非洲国家的开放政策将使中非石油合作具有天时、地利和人和的优势。

3. 中非农业合作潜力巨大

非洲自然条件优越,农业、渔业资源丰富,拥有大面积的草场,但长期以来非洲国家普遍存在着农业投入不足、农作物产量偏低、生产水平落后等问题,大部分农产品不能自给,这严重影响了非洲的经济发展和社会稳定。中国人口众多、耕地贫乏,但几千年来形成了丰富的精耕细作、农机农具推广、农田水利及良种选育等方面的经验,这决定了中非农业在资源、市场、技术等方面的合作潜力巨大。

中国政府非常重视同非洲国家的农业合作,多年来农业部及其所属企业与非洲众多国家开展了不同形式的农业合作,举办了一系列的人力资源开发、技术交流、双边技术合作等活动。双方农业部门的高层交往日益频繁,短短几年间,先后有近40个非洲国家的高级代表团访华,中国农业部门领导人也多次访问非洲,通过高层互访,交流了农业发展的经验,探讨了农业合作的重点领域,为农业合作创造了条件。2002年在北京举行了"中国—非洲农业投资与合作研讨会",外交部、外经贸部、农业部、财政部、国家计委以及10多个地方省市的主管官员和来自全国15个省市自治区的60多位企业家也出席了会议。目前,非洲大陆形势稳定,各国政府十分重视发展农业。这为中非之间开展农业合作提供了良好的机遇。新世纪中国与非洲一方面将继续巩固政治合作,另一方面就是要加强经贸等领域的合作。中非农业合作将是一个双赢和互利的举措。

到目前为止,中国已与埃及、埃塞俄比亚、南非和莫桑比克等10个国家签署了农、牧、渔业合作协议或谅解备忘录。这些协议的签署,突出了农业合作的重点,为进一步加强中非农业合作奠定了良好的基础。中国政府在提高援助时也加大了对农业项目的投入,近几年,中国在非洲援助建设的农、牧、渔业项目近40个,帮助非洲国家整治农田,修坝筑堤,提供化肥、粮食和农机具,建设渔场码头、畜牧和水产养殖场等。中国还帮助非洲国家进行人力资源培训,开展了形式多样的培训活动。

加强中非农业合作是维护双方国家利益和安全的共同需要。当前,非洲绝大多数国家已经把发展农业,实现粮食自给自足作为维护国家政治稳定的基本国策和首要战略任务,并对与中国进行合作有很强烈的愿望。中国的粮食等主要农产品的生产能力近年来已显著提高,成功地解决了13亿人口的吃饭问题,农业已经具备了"走出去"的条件。中国农业企业投资非洲农业,与非洲国家开展互利合作,不仅有利于中国农业的可持续发展和农民增收,也有助于帮助非洲国家发展农业和解决粮食短缺问题。新世纪的中非农业合作,要充分考虑非洲国家的需求,继续走经济技术援助与合作开发相结合的路子,进一步加强政府间的合作,有选择、有重点地开展与部分非洲国家合作,充分利用中国农业生产技术、农业经营与管理经验方面具备的比较优势和竞争优势,同时要突出以企业为主体,市场为导向,企业应根据不同国家和地区的特点,在种植业、水产养殖、园艺、节水灌溉、治理水土流失与土壤沙漠化、沼气利用、农产品加工等众多领域因地制宜地,综合运用各种手段,拓宽与非洲国家的农业合作。

(三) 文化教育与医疗卫生合作成果丰硕

1. 中非文化教育交流与合作

文化教育交流与合作是中国对外关系一个不可缺少的组成部分。随着中非关系的进一步发展,中国与非洲国家的文化教育交流与合作在高层互访、互换留学生、派遣援非教师、高等教育科研项目合作等各方面都取得了新进展。教育部有关资料显示,目前我国已经成为非洲学生留学主要目的国之一,也是亚洲接收非洲留学生最多的国家。2007年2月7日,中国国家主席胡锦涛,在南非比勒陀利亚大学发表演讲时指出"中国政府已经决定,在未来三年内把向非洲提供的奖学金名额由目前的每年两千人次增加到四千人次",并宣布"中国政府决定今后三年邀请包括大学生在内的五百名非洲青年访华。"除我国政府提供奖学金外,一些非洲国家还由政府出资设立了赴中国留学专项奖学金,鼓励学生到中国学习。

当今时代随着信息技术的全球化扩展,以文化、科技、教育、价值观等为主要内容的国家间"软实力"的竞争将会愈益激烈。在这种背景下,作为发展中国家的中国与非洲必须加强在教育领域的合作与交流,以缩小与发达国家的"数字鸿沟",同时推进双方文化的相互借鉴与吸收,以融入全球化浪潮,促进多元文化的共同繁荣。

2. 中非医疗卫生合作

中国政府历来十分重视与非洲国家的医疗卫生合作,根据卫生部统计数字,从1963年4月中国政府派出第一支援外医疗队到2005年底,中国先后向47个非洲国家派出援外医疗队员15 000多人次,共诊治患者约1.7亿人次,目前,中国在36个非洲国家派有950多位医疗队员。一批批中国医疗队员用辛勤汗水乃至生命在中国与许多发展中国家之间架起友谊桥梁,被所在国政府和人民誉为"白衣使者""南南合作的典范"和"最受欢迎的人",有600多名队员获得有关国家颁发的总统勋章、骑士勋章等各种勋章。派出医疗队这种形式已经成为中国与第三世界长期合作的典范。中非在医疗合作、防治疟疾和艾滋病等方面均取得显著成效。今后中国将继续通过派遣医疗队、援建医院、赠送医药物资等方式,帮助非洲国家建立和改善医疗设施、培训医护人员,加强同非洲国家在重大传染性疾病防治、公共卫生应急机制建设等方面的合作,帮助非洲国家发展卫生事业,为非洲人民的健康和社会发展作出更大的贡献。

另外,中非在诸如旅游、环保、军事、体育、民间交往等众多领域都有一定程度的交流合作,这些都极大地巩固和促进了中非友好关系的发展。今后中非双方还将进一步拓宽合作领域,深化合作程度,努力实现中非全方位、多层次的合作局面。

(四) 中非关系发展的新平台——中非合作论坛

冷战后国际形势出现了重大而深刻的变化,政治多极化、经济全球化日益明显,在发展中国家面前机遇与挑战并存。为维护广大发展中国家的切身利益,中非都有着进一步加强磋商与协调,促进团结与合作,共同应对新世纪挑战的强烈愿望。中国是最大的发展中国家,也是联合国安理会常任理事国中唯一的发展中国家,目前其正经历堪称世界之最的经济快速增长,其发展道路和发展战略对非洲具有很好的借鉴意义;非洲是发展中国家最集中的大陆,广大非洲国家一直是中国的可靠盟友和可借重的力量,非洲地大物博、发展潜力巨大,对中国也有极大的吸引力。因此与过去相比,现在非洲国家与中国比以往任何时候都更加需要相互支持与合作。中非建立更加密切的友好合作关系,符合双方的利益,顺应世界和平与发展的潮流。在此背景下,一些非洲国家向中方提出,希望建立中非之间集体对话与合作机制。中国政府经过研究,决定倡议召开中非合作论坛,通过这种多边磋商形式,就面临的重大问题交换看法,协调立场,共同勾画中非双方在新世纪的合作方向与蓝图。

中非合作论坛是中非双方在近年来世界格局发生重大变化的形势下,在南南合作范围内面向未来、谋求发展的一项重大举措,是中非集体对话与合作的新平台,其特点是:务实合作,以加强磋商、扩大合作为宗旨,重在实效;平等互利,以平等伙伴关系为基础,政治对话与经贸合作并举,促进共同发展。

1. 第一届中非合作论坛会议

2000年10月10日至12日,筹备已久的"中非合作论坛——北京2000年部长级会议"在北京隆重召开,在中非之间举办如此规模的大型多边会议,在中国外交史上尚属首次。会议确定了两大议题:"面向二十一世纪如何推动建立国际政治、经济新秩序,以维护发展中国家的共同利益"和"如何在新形势下进一步加强中非在经贸等实质性领域的合作"。会议发表了两个文件,即《中非合作论坛北京宣言》和《中非经济和社会发展合作纲领》。《宣言》集中反映中非双方对重大国际和政治问题,特别是关于建立国际政治经济新秩序的共识以及加强中非友好合作关系的共同愿望。《合作纲领》主要阐述中非在经贸等领域合作的具体设想和措施。这两份文件将成为中非进一步发展友好合作关系、推动全方位和各领域合作的指南。在论坛首届会议上,中方就宣布减免非洲重债穷国和最不发达国家的100亿元人民币债务;采取积极措施支持和鼓励中国企业到非洲开展合作;设立非洲人力资源开发基金,帮助非洲国家培养专业人才;增进了中非民间交往和相互了解,使中非关系的定位更上一个新台阶,为中非友好关系的长远发展奠定了坚实的基础、创造了新的合作平台,是万隆精神的发扬光大和亚非两大洲团结奋进的新起点。

论坛会议的成功召开得到了各方面的热烈反应,江泽民主席在开幕式讲话中将论坛称为"中非关系史上的一次创举"。非洲方面也普遍高度赞赏此次会议的意义,认为论坛的建立为进一步发展中非友好合作关系提供了一个机会,为双方提供了一个交流与对话的框架,"具有划时代意义",将成为双方合作的一个新的里程碑。

首届论坛会议后,在中非双方的共同努力下,论坛后续行动取得了积极进展:中非高层交往和各类人员往来频繁,中国领导人先后20次访非,30余位非洲领导人先后访华,政治磋商机制日益多元化;双方在国际事务中的合作进一步加强,在联合国等国际多边领域密切配合,相互支持,共同维护了双方的合法权益;中非经贸互利合作发展势头良好,2000年到2003年双边贸易额以每年20%的速度增长;中方减免非洲31国105亿元人民币对华到期债务,提前超额兑现对非减债承诺;中方设立"非洲人力资源开发基金",举办各类培训班近300起,向非洲派遣专家和教师500多人次,为非洲培养、培训专业人才近7000名;同时双方在医疗卫生、金融、旅游、文化、科技和环保等领域的合作也在不断扩大和深化。

2. 第二届中非合作论坛会议

2003年12月15日至16日,中非合作论坛第2届部长级会议在埃塞俄比亚首都亚的斯亚贝巴举行,这是中非合作论坛部长级会议首次在非洲国家召开。本次会议的主题为:巩固和发展中非友谊,深化和扩大互利合作;宗旨为:务实合作,面向行动。

温家宝总理在部长级会议开幕式上发表重要讲话,提出了新形势下发展中非关系的四点建议即:相互支持,加强磋商,协调立场,深化合作。温总理还代表中国政府宣布:开放市场,给予非洲部分最不发达国家部分输华商品免关税待遇;加强中非人力资源开发合作,大幅增加对非培训经费,争取3年内为非洲培养、培训1万名各类人才;鼓励和推进中非企业间开展互利合作,支持中国企业赴非投资;扩大旅游合作,给予已提出申请的毛里求斯、津巴布韦、坦桑尼亚、肯尼亚、埃塞俄比亚、塞舌尔、突尼斯、赞比亚等8国"中国公民自费出国旅游目的地"地位;加强文化和民间交流,于2004年举办"中非青年联欢节"、以非洲为主宾洲的"相约北京"国际艺术节和"中华文化非洲行"活动,增进中非青年一代的相互了解。此外,会议还第一次明确把"非传统安全"列为大会的主要议题之一,成为中非今后合作的一个重要领域,中国愿与非洲一道为维护非洲地区的和平稳定而共同努力。非洲方面对温总理的讲话反响热烈,高度赞赏中国与非洲真诚友好、平等合作;非洲领导人强调,中非正处在各自发展的历史关键阶段,论坛会议有利于双方通过紧密合作,争取到更加有利的发展环境;联合国秘书长安南在致论坛会议的贺词中称论坛为南南合作的典范,表明中非关系依然充满活力。会议达成广泛共识,发表了《中非合作论坛——亚的斯亚贝巴行动计划(2004至2006年)》,为未来三年的中非合作制定了总体规划,进一步拓宽和丰富了中非双方的合作领域和合作议题。

第二届部长级会议后,中非双方共同致力于论坛各项后续行动,成果显著:中非高层往来呈现新高潮;2005年中非贸易额比上年增长34.9%,双方在金融、安全和人力资源开发领域的合作都得到新发展;2005年11月27日,中非教育部长论坛在北京举行,17个非洲国家的教育部长与会,会议围绕中非国家教育发展战略与国际交流合作展开了对话;2006年已有17个非洲国家成为中国公民自费旅游目的地。2006年1月,中国政府发表了《中国对非洲政策文件》,提出愿与非洲建立和发展政治上平等互信、经济上合作共赢、文化上交流互鉴的新型战略伙伴关系。这是中国政府首次发表系统阐述对非政策的文件,表明了中方在新形势下不断拓展和深化中非各领域合作,将中非友好合作关系推向更高水平的真诚意愿和坚定决心。

3. 第三届中非合作论坛会议

在新中国与非洲开启外交关系50周年之际,2006年11月3日—5日,中非合作论坛北京峰会第三届部长级会议在北京隆重召开。与中国保持外交关系的48个非洲国家都派出了高级代表团与会，其中有42个国家是国家元首或政府总理，与中国没有外交的5个非洲国家也应邀派代表出席了会议。中非领导人本着"友谊、和平、合作、发展"的宗旨，就进一步发展中非关系、推动南南合作、建立国际政治经济新秩序等问题进行平等磋商，达成广泛共识。

建立和发展中非战略伙伴关系是本次峰会的核心内容。国家主席胡锦涛将这一关系阐述为：深化平等互信的政治关系、拓展互利共赢的经济合作、扩大相互借鉴的文化交流、推动均衡和谐的全球发展、加强相互支持的国际合作。他还提出八项政策措施，涵盖多个领域。非洲领导人对胡锦涛的讲话和中非新型战略伙伴关系积极回应，认为中非新型战略伙伴关系是"长期的、有利于双方乃至整个世界稳定的合作关系"，希望与中国建立一种"有效的伙伴关系"，以更大的信心建设基础设施，实现农业现代化，提高工业竞争力。联合国秘书长安南2006年11月4日发表声明说，本次峰会为中非在共同理想的基础上构筑和推动南南合作提供了历史性机会。在此次峰会上，推动贸易和投资成为新的热点。1500余名中非企业代表经过两天的对话，签署了14项合作协议，金额共计近19亿美元，中非联合工商会也宣告成立。中国还承诺到2009年对非援助规模增加一倍，力争到2010年使中非贸易达到1000亿美元。北京峰会最后审议通过了《中非合作论坛北京峰会宣言》和《中非合作论坛——北京行动计划（2007至2009年）》两个重要文件，中非以政治文件的形式宣示建立新型战略伙伴关系，为未来中非关系的发展指明了前进方向。

4. 第四届中非合作论坛会议

2009年11月8日至9日，中非合作论坛第四届部长级会议在埃及沙姆沙伊赫举行，主题是"深化中非新型战略伙伴关系，谋求可持续发展"。埃及是本届会议的主席国，中国是共同主席国。温家宝总理出席中非合作论坛第四届部长级会议开幕式并发表题为《全面推进中非新型战略伙伴关系》的重要讲话，宣布未来3年中国政府推进中非合作8项新举措。会议通过了《中非合作论坛沙姆沙伊赫宣言》和《中非合作论坛-沙姆沙伊赫行动计划（2010年至2012年）》两份成果文件，明确了未来3年的中非合作方向。

5. 第五届中非合作论坛会议

2012年7月19日上午，中非合作论坛第五届部长级会议在北京人民大会堂隆重开幕。中国国家主席胡锦涛、南非总统祖马、贝宁总统亚伊、赤道几内亚总统奥比昂、吉布提总统盖莱、尼日尔总统伊素福、科特迪瓦总统瓦塔拉、佛得角总理内韦斯、肯尼亚总理奥廷加、埃及总统特使阿姆鲁、联合国秘书长潘基文以及50个论坛非洲成员国外交部长和主管对外经济合作事务的部长、非洲联盟委员会主席让·平、部分非洲地区和国际组织代表等出席开幕式。胡锦涛发表题为《开创中非新型战略伙伴关系新局面》的重要讲话。

胡锦涛指出，同6年前相比，国际形势又发生了很大变化。非洲和平发展事业取得了令人瞩目的成就。同时，非洲在发展振兴道路上依然面临严峻挑战。国际社会应该继续加大对非洲和平与发展问题的关注和投入，帮助非洲尽早实现联合国千年发展目标。胡锦涛强调，中国同非洲的命运紧紧相连,中非人民始终真诚友好、平等相待、相互支持、共同发展。不管国际风云如何变幻,我们支持非洲和平、稳定、发展、团结的决心不会改变,永远做非洲人民的好朋友、好伙伴、好兄弟。中非应该增强政治互信,拓展务实合作,扩大人文交流,密切在国际事务中的协调和配合,加强合作论坛建设,努力开创中非新型战略伙伴关系新局面。胡锦涛最后强调,共同开创中非新型战略伙伴关系新局面,共同推动建设持久和平、共同繁荣的和谐世界,是我们共同的目标和责任。让我们携起手来,为实现共同的美好未来而不懈努力!

论坛共同主席国埃及总统特使、外交部部长阿姆鲁随后宣读穆尔西总统贺辞。论坛下届共同主席国南非总统祖马、非盟现任轮值主席国贝宁总统亚伊、联合国秘书长潘基文先后致辞。国务院副总理王岐山、国务委员戴秉国等出席开幕式。外交部部长杨洁篪主持会议。

四、中非关系深入发展的制约因素及其思考

(一)中非关系深入发展的制约因素

中非合作的层次不断深入,中非合作的规模快速发展,成果丰硕,然而在中国与非洲的利益交汇点不断增加的情况下,中非之间的利益冲突、竞争摩擦也日益凸现。毋庸讳言,新形势下中非关系发展的道路并非一路坦途,中非关系深入发展过程中还存在着一些制约因素:

1. 台湾当局实施"经援外交"的影响

台湾当局自20世纪50年代末开始向亚非拉广大发展中国家提供经济援助,始称"经援外交",其真正目的则在于鼓励这些国家承认"中华民国",支持其在联合国的席位。李登辉于1988年上台之后开始策划与推行"务实外交",本质上就是台湾运用其经济实力,以重金收买一些贫穷国家,拓展其所谓国际生存空间,公然制造"两个中国",实现"一中一台"的政治图谋,并借助于这些国家的支持进入以国家为主体的国际社会,因而其所推行的"务实外交"不过是赤裸裸的"金元外交"而已。由于冷战后国际环境的变化,经济因素在国际关系中发挥主要作用,非洲发展面临严峻挑战,急需大量资金,对外援需求高,尤其部分小国穷国外交选择更趋"务实",往往以提供援助金钱数额多少为标准摇摆于大陆与台湾之间,另外由于许多国家实现多党制后,党政分开,筹措活动经费成为很多政党的主要工作,这些都给台湾当局实施经援外交创造了可乘之机。

非洲一直是台湾的外交支柱地区之一,在台"邦交国"从1988年22国发展到1997年巅峰时期31国的过程中,共有13个非洲国家在这一过程中始终保持、建立或曾经建立起与台的"外交关系"。这些国家在台湾当局"邦交国"数量中占有很大比重,不仅是台湾当局证实其"合法性""两国论"的基石,同时也是其扩大"外交空间"的据点,所以台湾当局一定会百般利诱,决不会轻易放弃。因此,从目前来看,台湾当局依然能够用金钱固守其在非洲的阵地,中国政府与台湾当局在非洲的较量仍比较复杂艰巨。

2. 西方国家宣扬中国在非洲实行"新殖民主义"论调的影响

自20世纪90年代中期非洲政治经济形势出现好转,非洲成为"地球上尚未开发的最后

一个大市场",引起了世界的关注,各大国纷纷调整了对非洲的政策,美、法、日、欧盟等都重新确认非洲的能源地位和战略价值,加大了对非洲国家的渗透力度,以求全面扩大在非洲的影响力。在各国加强对非洲国家的拉拢,强化对非洲国家的控制,抢占非洲市场和资源的同时,出于自身利益的考虑,他们又纷纷指责中非合作,阻碍中非关系的发展,别有用心地散布"中国威胁论",他们一方面极力抹黑中国的治国经验和发展模式,排斥和敌视中国与非洲之间的政治理念的交流,另一方面又从国际道德的角度对中国进行批判,宣扬中国掠夺非洲资源、向非洲倾销廉价商品等,一些西方媒体甚至认为中国在非洲实行"新殖民主义",认为中国是新的"殖民者"。英国外交大臣斯特劳就说过"中国今天在非洲所做的,和150年前我们在那里所做的一样。"英国《金融时报》则评论说:"中国在非洲的投资,很多具有排他性,背后还有政府支持。"

实质上,一些西方国家对中国与非洲友好合作,做出此偏激和极端的反应,是全球化加速发展时代大国全球战略的一个表现,这种战略以政治、经济、能源安全为先导。不仅在非洲,在东亚、中东等地区,只要有新的利益出现,这些西方国家就会采取这样的战略。这种"妖魔化"中国的倾向,无非是"中国威胁论"的非洲翻版,是对中国发展和崛起的一种遏制措施,目的在于制造对中国不利的局面,从而破坏和阻挠中国的发展。这种违背历史事实的言论和无端指责一旦被西方掌握和控制,并通过传媒的放大效应,其结果势必会黑白颠倒,使中非关系在某一方面或以某种形式受到西方所谓的"新殖民主义"论调的负面影响,长此以往有可能导致中非关系裹足不前,甚至倒退。

3. 中非贸易存在摩擦

中非经贸合作在近年来高速发展的同时也出现了一些矛盾摩擦,这是中国和非洲特定经济发展阶段的衍生问题,原因主要在于中国是一个制造业的中心,而非洲仍是一个以进口高附加值制成品和出口低附加值原材料为主的地区。一些非洲国家与中国的产业结构具有一定的趋同性。比如在纺织品贸易方面,北部非洲和南部非洲一些棉花和纺织品生产国,面对物美价廉的中国产品,缺乏竞争力,许多生产厂家倒闭,大量工人失业,在当地造成了一些不良影响,在南非和摩洛哥甚至发生过针对中国的游行示威。非洲与中国的贸易持续出现高额逆差,从总体看,中国对非洲贸易顺差的国家居多,这给中国与非洲国家的贸易关系增加了不确定因素,产生贸易摩擦的几率也随之增加。而那些少数改善了自身的贸易平衡状况的国家大多是石油生产国。这些问题无疑成为中非友好合作道路上的绊脚石,也引起了双方有关部门的高度重视。

4. 非洲大陆的战乱及各种社会问题依然严峻

冷战后,虽然非洲大陆在政治、经济等各方面出现了一些积极的变化,但非洲存在的各种社会问题并未得到根本的解决。首先,部分国家政局动荡、局部冲突频发、社会治安日益恶化,造成大量难民的产生,严重阻碍了经济的发展,同时对中国在非洲的投资及中国人在非洲的安全都带来了严峻的挑战。仅2007年肯尼亚、尼日利亚、埃塞俄比亚等地就发生了多起中国人遭绑架或袭击的恶性事件。其次,在近年来经济全球化加速发展的大背景下,非洲各国经济发展的差异与不平衡日益明显,综合国力相对较强的地区大国如南非、尼日利亚、埃及等,政局稳定、投资环境较好、拥有丰富能源或是战略地位重要的非洲国家,发展前景较为乐观。而那些冲突战乱不已、政局动荡或是资源贫瘠的穷国小国,则可能进一步地被遗忘、被边缘化。贫困仍是目前非洲最棘手的问题。此外,艾滋病、疟疾等疾病在非洲泛滥成灾,缺医少药、医疗条件差、人均寿命短等等,长远看来,非洲依然多灾多难,这些问题都是妨碍中非关系发展的不利因素。

5. 部分非洲人对中国存有疑虑

非洲大多数国家历史上都曾经遭受过殖民者的奴役和剥削,因此他们在本质上排斥和痛恨受大国控制。随着近几年中国的日益强大,一方面非洲国家希望向中国学习发展经验,通过与中国合作得到更多的机会和援助,并借助中国的力量制衡西方大国在非洲的争夺;另一方面他们又担心中国强大了会走殖民者的老路,在国际关系中实行实用主义,与非洲发展关系的目的是掠夺非洲的资源,倾销中国的商品。

非洲有些政治人物和学者曾接受过西方教育甚至长期在西方生活,价值观受到西方国家的深刻影响,再加上部分媒体的某些负面报道、宣传的推波助澜,他们往往对中国产生误解,认为中国人口众多、资源缺乏,中国对粮食、能源等的大量需求,抬高了世界市场产品的价格,给不发达国家造成了沉重压力,进而影响了非洲国家获得粮食和其他资源的能力;还有些人对中国的期望值过高,认为中国对非洲的援助应该达到发达国家的水平,甚至有些国家以物质利益作为政治上的交换,与台湾发展官方关系。

(二)关于推动中非关系深入发展的几点思考

1. 采取有效措施,积极应对台湾"经援外交"

针对台湾当局在非洲推行所谓的"经援外交",中国政府已经有所行动,并采取了一系列有效措施,逐步瓦解其"两个中国""一中一台"的图谋。随着近年来中国加快经济前进的步伐,中国作为世界经济的增长点迅速崛起,拥有十几亿人口和巨大发展潜力的东方大陆对急需发展机会的非洲各国产生了越来越大的吸引力,正如南非国际事务研究所主任伊丽莎白·西迪罗普洛斯所说:"无论台湾当局在短期内能够提供什么好处,与中国这个崛起中的超级大国建立外交关系都符合非洲国家的长期利益。"1997年底新南非政府经过认真思考和权衡决定断绝与台湾的外交关系,1998年1月1日中国与南非正式建交。中南建交是对台湾"经援外交"的一个沉重打击。它再次证明,重金赎买的外交对一些大国是行不通的,因为这些国家主要关心的是外交尊严问题,而不是现金施舍。之后在台湾的"邦交国"中有实力、有影响的大国更是寥寥无几,中南建交后还迫使非洲其他一些国家重新思考与中国建交问题。2000年中国举行第一届中非合作论坛,商讨中非合作大计,盛况空前,台湾"邦交国"马拉维、利比里亚以观察员身份列席。2003年在埃塞俄比亚首都亚的斯亚贝巴举行的第二届会议,马拉维、斯威士兰也以观察员身份列席,对大多数非洲国家而言不参加这样的会议形同被摒弃在非洲的大家庭之外。2006年9月台湾第14次申请加入联合国的提案国名单中,非洲"友邦"缺了布基纳法索。继三个实力比较强的国家——利比里亚、塞内加尔和乍得选择了与台湾"断交"后,到2007年偌大的非洲,台湾仅艰难维持着5个"友邦"(这5个国家是布基纳法索、斯威士兰、马拉维、冈比亚、圣多美和普林西比),这些"友邦"均是弱小与贫穷的国家,其中面积最大、人口最多的布基纳法索也不过27.4万平方公里、1 300万人,最小的圣多美和普林西比只有1 001平方公里、14万人,除斯威士兰外,其他国家人均GDP均在400美元以下。2007年12月28日,中华人民共和国外交部长杨洁篪与马拉维共和国政府代表在北京签署《中华人民共和国和马拉维共和国关于两国建立外交关系的联合公报》,决定自2007年12月28日起两国相互承认并建立大使级外交关系。同时据台湾媒体报道,台湾当局"外交部"也宣布,马拉维共和国政府已经公开宣布和台湾方面"断交"。截至2008年初,台湾在非洲的邦交国仅剩4个,这预示着台湾在非洲的"外交空间"正走向瓦解。

　　大陆与台湾本是血脉相连,外交上针对台湾当局"经援外交"的斗争只是一种手段和权宜之计。在目前我们并不富裕、财力有限的情况下,与台湾争取邦交国的较量不能只是一味地"拼支票",否则会被一些外交上只考虑获得外援而无其他明确目标的国家所利用。外交斗争服务于海峡两岸和平统一这一最终目的的,从外交斗争的复杂性和多样性以及外交向非传统领域延伸的角度看,我们应运用正确的战略战术采取更加有效的措施积极应对。一方面,中国应该借助自身对非关系中的传统优势,凭借强大的国际地位以及日益增强的经济实力,争取在多领域逐步发展同所有非洲国家的关系,以坚韧的耐力,水滴而石穿,从而获得最后的胜利;另一方面,在争取与所有国家正常交往的前提下,要权衡政治支持与经济援助的效用问题,采取"硬得更硬,软得更软"的外交策略,合理利用有限的外交资源,以获得最大的外交利益。正如中国政府前外交部长李肇星所说:"一个独立主权的国家同另外一个独立主权国家的一部分、一个省保持所谓'外交关系',我认为对自己国家的地位也是一种贬低,更不用说这直接违背了联合国大会的有关决议,也构成了对中国内政的干涉。"我们相信具有政治远见的国家最终会做出明智的选择,国家统一是人心所向、大势所趋,台湾当局所谓的"经援外交"必将走向失败。

　　2. 努力协调与西方大国关系,以实际行动驳斥"新殖民主义"论调

　　其实西方国家肆意渲染中国在非洲搞"新殖民主义",其根本原因在于保护其在非洲的既得利益,担心中非联手在国际事务中影响力的加强有可能挑战西方主导的现存国际政治经济秩序。

　　随着中国改革开放政策的成功推行,国力日渐强盛,国际政治地位得到加强,尤其是中国加入世贸组织之后,必然成为现有国际经济秩序的获益者和维护者。在这种新的背景下,中非合作更多是着眼于谋求双方利益的最大化,而非挑战现有国际政治经济秩序。毫无疑问,作为正在上升并受到西方压制的新强国,中国在国际舞台上不能没有非洲国家的拥护和支持。而且,在非洲大陆的发展问题上,中国和西方完全可以是合作的关系,共同帮助非洲搭上全球化的列车,使非洲更好、更快地摆脱贫困。事实上,半个多世纪的中非友好合作关系雄辩地表明,中非关系的发展不针对任何第三国,中非之间是一种平等互利的南南合作伙伴关系。正如前商务部一位高官所言:"正因为中国进入非洲,和非洲开展更多的贸易,使非洲的一些资源可以体现真正的市场价值,也就是说,非洲过去把自己的资源让人廉价地拿走了,但是现在中国以合理的市场价格,和非洲做了一些很正常的、合理的买卖。""他们批评的一个最重要依据是中国从非洲拿石油,但是从统计角度来看,去年非洲全部出口的石油,中国只占了8.7%,欧洲占36%,美国占33%。如果说进口8.7%都有掠夺资源之嫌,那36%和33%应该怎么来看呢?"

当然西方散播"中国在搞新殖民主义"的奇谈怪论对中国无疑也有一种警醒作用。我们必须认真贯彻落实科学发展观,以人为本,在全球化形势下,中非双方都应以一种全新的思维,科学地制定长远的社会经济发展战略,对双边经贸关系进行重新定位和思考。事实胜于雄辩,"路遥知马力,日久见人心",中国将以自己的实际行动证明共赢是中非合作的原动力,中非关系将成为未来国际关系的范例。

3. 深化合作,逐步解决中非贸易摩擦问题

如前文所说中非贸易的确存在一些问题,但中国和非洲的贸易摩擦,主要集中在纺织品等低附加值领域。但这种摩擦不是对抗性的,而是竞争性的,可以通过外交手段、通过深化合作来解决。在处理中国与非洲等发展中国家的经贸关系和贸易摩擦时,我们应将长远利益与现实状况综合考虑,通过友好协商化解中国与非洲国家因贸易摩擦而产生的矛盾,不能因某个行业的局部利益而影响到中国与非洲国家建立起来的友好关系。

此外,中国政府还鼓励中国企业到非洲投资设厂,将具有较强竞争力、在当地有一定市场空间的产业转移到非洲。这样既解决贸易摩擦,又可解决就业问题。同时,还会引导当地企业吸收中国企业较为先进的生产、管理经验,完善非洲的产业体系,并给当地创造更多的就业机会,促进双方经济的共同繁荣。

4. 增进中非在各个领域的沟通与了解,为中非关系的进一步发展营造良好的社会氛围,树立中国负责任的大国形象

中国同非洲国家在政治、经济、教育、卫生等各个领域的交流与合作都取得了长足发展,全方位、多层次已成为中非交往的主要特征。但在全球化和多元化的时代,历史发展和现实国情不同的国家必然出现政治、价值观、宗教信仰等方面的认同差异,因此如何增进彼此间的了解,消除分歧和误解,使之不会阻碍我们的整体外交显得尤为重要。政府工作人员和社会各界在访问非洲或与非洲人士交流时,应多肯定非洲的民主进程,充分尊重各国根据本国国情自主选择社会制度的权利。由于新时期中非全方位合作是一个大趋势,因此外交不仅是政府和领导人的行为,而且是全社会的行为。整个社会,广大市民都可以动员起来,形成一种"大外交"的模式,从而把中非友好交流与合作贯穿到各个层面。各行各业的人们都需要充分了解我们的国情和非洲的发展,都来当好新时期中非友好的"民间大使"。对前往非洲投资经营的商人,既要求他们守法自律,维护好中国人的形象,更需要政府出台相应措施,从政策、法规等方面对其进行细致的引导和监督,为中非关系的进一步发展营造良好的社会氛围,从而更好地推动对非洲整体外交工作的开展。

我们还应多关注非洲的政局、治安、环境、贫困、疾病等各种社会问题,一方面是为帮助我们认真研究形势,考虑安全成本,以便采取必要的应对和防护措施,最大限度的保护自己、减小损失;另一方面也是为了逐步解决能源开采与非洲可持续发展、短期利益与长期利益、经济增长与环境保护、生存与发展等事关非洲乃至整个人类社会,健康、和谐发展的一系列问题。中国必须正视并以实际行动致力于妥善解决这些矛盾,只有这样才能向世界展示一个追求和平发展的负责任的大国形象。

5. 充实中非合作论坛的内容与形式,扩大中国"软实力"对非洲的影响

中非合作论坛是中非开展务实合作的多边舞台,以这一论坛为平台,中非除了要注重传统的政治、经济磋商,还应逐步加大在教育、文化、科技等领域的探讨与合作,使中非合作论坛的内容与形式更趋多元化。在人类步入信息化时代的今天,外交的概念已经变得愈益宽泛,在传统的经济、军事等"硬实力"之外,以文化、价值观等为核心的"软实力"对外交的影响同样不可忽视,在国际关系中发挥着日益重要的作用。尤其是文化实际上已从后台走向前台,文化国力成为综合国力的重要组成部分。我们应充分利用各种媒体,尤其是广播、电视、电影、互联网等现代化的信息传播手段,增加对中非文化、历史、风土人情、民主、人权等各个方面的介绍,加强对我们共同关心的国际问题的立场与观点的阐述,积极宣传中国的良好形象,扩大中国"软实力"对非洲国家的影响。这对维系中非人民的深厚友谊,以及促进世界多元文化的共同繁荣都具有特殊的意义。

中国是最大的发展中国家,非洲是发展中国家最为集中的大陆,中非都是推动国际格局多极化、国际关系民主化、建立国际政治经济新秩序的重要力量。中非间的团结与合作,有利于促进南南合作,提升发展中国家的整体实力,提高发展中国家的国际影响力,有助于实现世界各国的共同繁荣与发展。中非关系的拓展与深化,符合中非人民的长远和根本利益,对双方都具有重大的战略意义。政治上平等互信、经济上合作共赢、文化上交流互鉴的中非新型战略伙伴关系,贯穿的是"平等""合作""互利""共赢"的原则。纵观半个多世纪的中非友好交往史,我们看到的是一种中非间平等相待、相互依存的关系。中国需要非洲,非洲也同样需要中国。

胡锦涛主席在党的十七大上的报告中指出:"当今世界正处在大变革大调整之中。和平与发展仍然是时代主题,求和平、谋发展、促合作已经成为不可阻挡的时代潮流。""中国将始终不渝走和平发展道路。这是中国政府和人民根据时代发展潮流和自身根本利益做出的战略抉择。我们坚持把中国人民的利益同各国人民的共同利益结合起来,秉持公道,伸张正义。我们坚持国家不分大小、强弱、贫富一律平等,尊重各国人民自主选择发展道路的权利,不干涉别国内部事务,不把自己的意志强加于人。""我们将继续加强同广大发展中国家的团结合作,深化传统友谊,扩大务实合作,提供力所能及的援助,维护发展中国家的正当要求和共同利益。"发展同非洲国家真诚友好、平等相待、相互支持、密切合作的关系,是中国政府毫不动摇的外交方针。中国对非洲的政策是建立在中非共同和长远战略利益基础上的,推进中非全面深化合作是一项长期而艰巨的历史任务,是新世纪实现非洲复兴、中国振兴的必由之路。

附录1

中华人民共和国国民经济和社会发展第十二个五年规划纲要

"十二五"时期（二〇一一年至二〇一五年），是全面建设小康社会的关键时期，是深化改革开放、加快转变经济发展方式的攻坚时期。深刻认识并准确把握国内外形势新变化新特点，科学制定"十二五"规划，对于继续抓住和用好我国发展的重要战略机遇期、促进经济长期平稳较快发展，对于夺取全面建设小康社会新胜利、推进中国特色社会主义伟大事业，具有十分重要的意义。

一、加快转变经济发展方式，开创科学发展新局面

（1）"十一五"时期经济社会发展取得巨大成就。"十一五"时期是我国发展史上极不平凡的五年。面对国内外环境的复杂变化和重大风险挑战，我们党团结带领全国各族人民，紧紧抓住发展这个党执政兴国的第一要务，贯彻落实党的理论和路线方针政策，实施正确而有力的宏观调控，充分发挥我国社会主义制度的政治优势，充分发挥市场在资源配置中的基础性作用，使国家面貌发生新的历史性变化。我们有效应对国际金融危机巨大冲击，保持了经济平稳较快发展良好态势，并为长远可持续发展奠定了重要基础。我们战胜了汶川特大地震等重大自然灾害，成功举办了北京奥运会和上海世博会，胜利完成了"十一五"规划确定的主要目标和任务。经过五年努力奋斗，我国社会生产力快速发展，综合国力大幅提升，人民生活明显改善，国际地位和影响力显著提高，社会主义经济建设、政治建设、文化建设、社会建设以及生态文明建设和党的建设取得重大进展，谱写了中国特色社会主义事业新篇章。五年取得的成绩来之不易，积累的经验弥足珍贵，创造的精神财富影响深远。

（2）"十二五"时期经济社会发展的国内外环境。当前和今后一个时期，世情、国情继续发生深刻变化，我国经济社会发展呈现新的阶段性特征。综合判断国际国内形势，我国发展仍处于可以大有作为的重要战略机遇期，既面临难得的历史机遇，也面对诸多可以预见和难以预见的风险挑战。我们要增强机遇意识和忧患意识，科学把握发展规律，主动适应环境变化，有效化解各种矛盾，更加奋发有为地推进我国改革开放和社会主义现代化建设。

当今世界,和平、发展、合作仍是时代潮流,世界多极化、经济全球化深入发展,世界经济政治格局出现新变化,科技创新孕育新突破,国际环境总体上有利于我国和平发展。同时,国际金融危机影响深远,世界经济增长速度减缓,全球需求结构出现明显变化,围绕市场、资源、人才、技术、标准等的竞争更加激烈,气候变化以及能源资源安全、粮食安全等全球性问题更加突出,各种形式的保护主义抬头,我国发展的外部环境更趋复杂。我们必须坚持以更广阔的视野,冷静观察,沉着应对,统筹国内国际两个大局,把握好在全球经济分工中的新定位,积极创造参与国际经济合作和竞争新优势。

从国内看,工业化、信息化、城镇化、市场化、国际化深入发展,人均国民收入稳步增加,经济结构转型加快,市场需求潜力巨大,资金供给充裕,科技和教育整体水平提升,劳动力素质改善,基础设施日益完善,体制活力显著增强,政府宏观调控和应对复杂局面能力明显提高,社会保障体系逐步健全,社会大局保持稳定,我们完全有条件推动经济社会发展和综合国力再上新台阶。同时,必须清醒地看到,我国发展中不平衡、不协调、不可持续问题依然突出,主要是,经济增长的资源环境约束强化,投资和消费关系失衡,收入分配差距较大,科技创新能力不强,产业结构不合理,农业基础仍然薄弱,城乡区域发展不协调,就业总量压力和结构性矛盾并存,社会矛盾明显增多,制约科学发展的体制机制障碍依然较多。我们必须科学判断和准确把握发展趋势,充分利用各种有利条件,加快解决突出矛盾和问题,集中力量办好自己的事情。

(3)制定"十二五"规划的指导思想。制定"十二五"规划,必须高举中国特色社会主义伟大旗帜,以邓小平理论和"三个代表"重要思想为指导,深入贯彻落实科学发展观,适应国内外形势新变化,顺应各族人民过上更好生活新期待,以科学发展为主题,以加快转变经济发展方式为主线,深化改革开放,保障和改善民生,巩固和扩大应对国际金融危机冲击成果,促进经济长期平稳较快发展和社会和谐稳定,为全面建成小康社会打下具有决定性意义的基础。

以科学发展为主题,是时代的要求,关系改革开放和现代化建设全局。我国是拥有十三亿人口的发展中大国,仍处于并将长期处于社会主义初级阶段,发展仍是解决我国所有问题的关键。在当代中国,坚持发展是硬道理的本质要求,就是坚持科学发展,更加注重以人为本,更加注重全面协调可持续发展,更加注重统筹兼顾,更加注重保障和改善民生,促进社会公平正义。

以加快转变经济发展方式为主线,是推动科学发展的必由之路,符合我国基本国情和发展阶段性新特征。加快转变经济发展方式是我国经济社会领域的一场深刻变革,必须贯穿经济社会发展全过程和各领域,提高发展的全面性、协调性、可持续性,坚持在发展中促转变、在转变中谋发展,实现经济社会又好又快发展。基本要求是:

——坚持把经济结构战略性调整作为加快转变经济发展方式的主攻方向。构建扩大内需长效机制,促进经济增长向依靠消费、投资、出口协调拉动转变。加强农业基础地位,提升制造业核心竞争力,发展战略性新兴产业,加快发展服务业,促进经济增长向依靠第一、第二、第三产业协同带动转变。统筹城乡发展,积极稳妥推进城镇化,加快推进社会主义新农村建设,促进区域良性互动、协调发展。

——坚持把科技进步和创新作为加快转变经济发展方式的重要支撑。深入实施科教兴国战略和人才强国战略,充分发挥科技第一生产力和人才第一资源作用,提高教育现代化水平,增强自主创新能力,壮大创新人才队伍,推动发展向主要依靠科技进步、劳动者素质提高、管理创新转变,加快建设创新型国家。

——坚持把保障和改善民生作为加快转变经济发展方式的根本出发点和落脚点。完善保障和改善民生的制度安排,把促进就业放在经济社会发展优先位置,加快发展各项社会事业,推进基本公共服务均等化,加大收入分配调节力度,坚定不移走共同富裕道路,使发展成果惠及全体人民。

——坚持把建设资源节约型、环境友好型社会作为加快转变经济发展方式的重要着力点。深入贯彻节约资源和保护环境基本国策,节约能源,降低温室气体排放强度,发展循环经济,推广低碳技术,积极应对气候变化,促进经济社会发展与人口资源环境相协调,走可持续发展之路。

——坚持把改革开放作为加快转变经济发展方式的强大动力。坚定推进经济、政治、文化、社会等领域改革,加快构建有利于科学发展的体制机制。实施互利共赢的开放战略,与国际社会共同应对全球性挑战、共同分享发展机遇。

(4)"十二五"时期经济社会发展主要目标。"十二五"规划要具有战略性、前瞻性、指导性,与应对国际金融危机冲击重大部署紧密衔接,与到二〇二〇年实现全面建设小康社会奋斗目标紧密衔接。综合考虑未来发展趋势和条件,今后五年经济社会发展的主要目标是:

——经济平稳较快发展。价格总水平基本稳定,就业持续增加,国际收支趋向基本平衡,经济增长质量和效益明显提高。

——经济结构战略性调整取得重大进展。居民消费率上升,服务业比重和城镇化水平提高,城乡区域发展的协调性增强。经济增长的科技含量提高,单位国内生产总值能源消耗和二氧化碳排放大幅下降,主要污染物排放总量显著减少,生态环境质量明显改善。

——城乡居民收入普遍较快增加。努力实现居民收入增长和经济发展同步、劳动报酬增长和劳动生产率提高同步,低收入者收入明显增加,中等收入群体持续扩大,贫困人口显著减少,人民生活质量和水平不断提高。

——社会建设明显加强。覆盖城乡居民的基本公共服务体系逐步完善,全民受教育程度稳步提升,全民族思想道德素质、科学文化素质和健康素质不断提高。社会主义民主法制更加健全,人民权益得到切实保障。文化事业和文化产业加快发展。社会管理制度趋于完善,社会更加和谐稳定。

——改革开放不断深化。财税金融、要素价格、垄断行业等重要领域和关键环节改革取得明显进展,政府职能加快转变,政府公信力和行政效率进一步提高。对外开放广度和深度不断拓展,互利共赢开放格局进一步形成。

经过全国人民共同努力奋斗,要使我国转变经济发展方式取得实质性进展,综合国力、国际竞争力、抵御风险能力显著提高,人民物质文化生活明显改善,全面建成小康社会的基础更加牢固。

二、坚持扩大内需战略,保持经济平稳较快发展

坚持扩大内需特别是消费需求的战略,必须充分挖掘我国内需的巨大潜力,着力破解制约扩大内需的体制机制障碍,加快形成消费、投资、出口协调拉动经济增长新局面。

(5)加强和改善宏观调控。巩固和扩大应对国际金融危机冲击成果是"十二五"时期的重要任务。要处理好保持经济平稳较快发展、调整经济结构和管理通胀预期的关系,保持宏观经济政策的连续性和稳定性,增强针对性和灵活性,提高宏观调控的科学性和预见性,防范各类潜在风险,避免经济大的起落。把短期调控政策和长期发展政策有机结合起来,加强各项政策协调配合,促进经济平稳较快发展。

(6)建立扩大消费需求的长效机制。把扩大消费需求作为扩大内需的战略重点,进一步释放城乡居民消费潜力,逐步使我国国内市场总体规模位居世界前列。要积极稳妥推进城镇化,大力发展服务业和中小企业,增加就业创业机会。要完善收入分配制度,合理调整国民收入分配格局,着力提高城乡中低收入居民收入,增强居民消费能力。要增加政府支出用于改善民生和社会事业比重,扩大社会保障制度覆盖面,逐步完善基本公共服务体系,形成良好的居民消费预期。要加强市场流通体系建设,发展新型消费业态,拓展新兴服务消费,完善鼓励消费的政策,改善消费环境,保护消费者权益,积极促进消费结构升级。要合理引导消费行为,发展节能环保型消费品,倡导与我国国情相适应的文明、节约、绿色、低碳消费模式。

(7)调整优化投资结构。发挥投资对扩大内需的重要作用,保持投资合理增长,优化投资结构,完善投资体制机制,提高投资质量和效益,有效拉动经济增长。"十二五"前期要确保国家扩大内需的重点在建和续建项目顺利完成并发挥效益。发挥产业政策作用,引导投资进一步向民生和社会事业、农业农村、科技创新、生态环保、资源节约等领域倾斜。坚持区别对待、分类指导,引导投资更多投向中西部地区。严格执行投资项目用地、节能、环保、安全等准入标准,有效遏制盲目扩张和重复建设。促进投资消费良性互动,把扩大投资和增加就业、改善民生有机结合起来,创造最终需求。明确界定政府投资范围,加强和规范地方政府融资平台管理,防范投资风险。规范国有企业投资行为,注重提高经济效益和社会效益。鼓励扩大民间投资,放宽市场准入,支持民间资本进入基础产业、基础设施、市政公用事业、社会事业、金融服务等领域。

三、推进农业现代化,加快社会主义新农村建设

在工业化、城镇化深入发展中同步推进农业现代化,是"十二五"时期的一项重大任务,必

须坚持把解决好农业、农村、农民问题作为全党工作重中之重,统筹城乡发展,坚持工业反哺农业、城市支持农村和多予少取放活方针,加大强农惠农力度,夯实农业农村发展基础,提高农业现代化水平和农民生活水平,建设农民幸福生活的美好家园。

(8)加快发展现代农业。坚持走中国特色农业现代化道路,把保障国家粮食安全作为首要目标,加快转变农业发展方式,提高农业综合生产能力、抗风险能力、市场竞争能力。实施全国新增千亿斤粮食生产能力规划,加大粮食主产区投入和利益补偿。严格保护耕地,加快农村土地整理复垦,大规模建设旱涝保收高标准农田。推进农业科技创新,健全公益性农业技术推广体系,发展现代种业,加快农业机械化。完善现代农业产业体系,发展高产、优质、高效、生态、安全农业,促进园艺产品、畜产品、水产品规模种养,加快发展设施农业和农产品加工业、流通业,促进农业生产经营专业化、标准化、规模化、集约化。推进现代农业示范区建设。发展节水农业。推广清洁环保生产方式,治理农业面源污染。

(9)加强农村基础设施建设和公共服务。按照推进城乡经济社会发展一体化的要求,搞好社会主义新农村建设规划,加快改善农村生产生活条件。农村基础设施建设要以水利为重点,大幅增加投入,完善建设和管护机制,推进小型病险水库除险加固,加快大中型灌区配套改造,搞好抗旱水源工程建设,完善农村小微型水利设施,全面加强农田水利建设。继续推进农村电网改造,加强农村饮水安全工程、公路、沼气建设,继续改造农村危房,实施农村清洁工程,开展农村环境综合整治。提高农村义务教育质量和均衡发展水平,推进农村中等职业教育免费进程。加强农村三级医疗卫生服务网络建设。完善农村社会保障体系,逐步提高保障标准。深入推进开发式扶贫,逐步提高扶贫标准,加大扶贫投入,加快解决集中连片特殊困难地区的贫困问题,有序开展移民扶贫,实现农村低保制度与扶贫开发政策有效衔接。

(10)拓宽农民增收渠道。提高农民职业技能和创收能力,多渠道增加农民收入。鼓励农民优化种养结构、提高效益,完善农产品市场体系和价格形成机制,健全农业补贴等支持保护制度,增加农民生产经营收入。引导农产品加工业在产区布局,发展农村非农产业,壮大县域经济,促进农民转移就业,增加工资性收入。

(11)完善农村发展体制机制。坚持和完善农村基本经营制度,现有农村土地承包关系保持稳定并长久不变,在依法自愿有偿和加强服务基础上完善土地承包经营权流转市场,发展多种形式的适度规模经营,支持农民专业合作社和农业产业化龙头企业发展,加快健全农业社会化服务体系,提高农业经营组织化程度。完善城乡平等的要素交换关系,促进土地增值收益和农村存款主要用于农业农村。按照节约用地、保障农民权益的要求推进征地制度改革,积极稳妥推进农村土地整治,完善农村集体经营性建设用地流转和宅基地管理机制。深化农村信用社改革,鼓励有条件的地区以县为单位建立社区银行,发展农村小型金融组织和小额信贷,健全农业保险制度,改善农村金融服务。深化农村综合改革,推进集体林权和国有林区林权制度改革,完善草原承包经营制度。认真总结统筹城乡综合配套改革试点经验,积极探索解决农业、农村、农民问题新途径。

四、发展现代产业体系，提高产业核心竞争力

坚持走中国特色新型工业化道路，必须适应市场需求变化，根据科技进步新趋势，发挥我国产业在全球经济中的比较优势，发展结构优化、技术先进、清洁安全、附加值高、吸纳就业能力强的现代产业体系。

（12）改造提升制造业。制造业发展重点是优化结构，改善品种质量，增强产业配套能力，淘汰落后产能。发展先进装备制造业，调整优化原材料工业，改造提升消费品工业，促进制造业由大变强。完善依托国家重点工程发展重大技术装备政策，提高基础工艺、基础材料、基础元器件研发和系统集成水平。支持企业技术改造，增强新产品开发能力和品牌创建能力。合理引导企业兼并重组，提高产业集中度，发展拥有国际知名品牌和核心竞争力的大中型企业，提升小企业专业化分工协作水平，促进企业组织结构优化。

（13）培育发展战略性新兴产业。科学判断未来市场需求变化和技术发展趋势，加强政策支持和规划引导，强化核心关键技术研发，突破重点领域，积极有序发展新一代信息技术、节能环保、新能源、生物、高端装备制造、新材料、新能源汽车等产业，加快形成先导性、支柱性产业，切实提高产业核心竞争力和经济效益。发挥国家重大科技专项的引领支撑作用，实施产业创新发展工程，加强财税金融政策支持，推动高技术产业做强做大。

（14）加快发展服务业。把推动服务业大发展作为产业结构优化升级的战略重点，建立公平、规范、透明的市场准入标准，探索适合新型服务业态发展的市场管理办法，调整税费和土地、水、电等要素价格政策，营造有利于服务业发展的政策和体制环境。大力发展生产性服务业和生活性服务业，积极发展旅游业。拓展服务业新领域，发展新业态，培育新热点，推进规模化、品牌化、网络化经营。推动特大城市形成以服务经济为主的产业结构。

（15）加强现代能源产业和综合运输体系建设。推动能源生产和利用方式变革，构建安全、稳定、经济、清洁的现代能源产业体系。加快新能源开发，推进传统能源清洁高效利用，在保护生态的前提下积极发展水电，在确保安全的基础上高效发展核电，加强电网建设，发展智能电网，完善油气管网，扩大油气战略储备。按照适度超前原则，统筹各种运输方式发展，构建便捷、安全、高效的综合运输体系。推进国家运输通道建设，基本建成国家快速铁路网和高速公路网，发展高速铁路，加强省际通道和国省干线公路建设，积极发展水运，完善港口和机场布局，改革空域管理体制。

（16）全面提高信息化水平。推动信息化和工业化深度融合，加快经济社会各领域信息化。发展和提升软件产业。积极发展电子商务。加强重要信息系统建设，强化地理、人口、金融、税收、统计等基础信息资源开发利用。实现电信网、广播电视网、互联网"三网融合"，构建宽带、融合、安全的下一代国家信息基础设施。推进物联网研发应用。以信息共享、互联互通为重点，大力推进国家电子政务网络建设，整合提升政府公共服务和管理能力。确保基础信息息网络和重要信息系统安全。

(17)发展海洋经济。坚持陆海统筹,制定和实施海洋发展战略,提高海洋开发、控制、综合管理能力。科学规划海洋经济发展,发展海洋油气、运输、渔业等产业,合理开发利用海洋资源,加强渔港建设,保护海岛、海岸带和海洋生态环境。保障海上通道安全,维护我国海洋权益。

五、促进区域协调发展,积极稳妥推进城镇化

实施区域发展总体战略和主体功能区战略,构筑区域经济优势互补、主体功能定位清晰、国土空间高效利用、人与自然和谐相处的区域发展格局,逐步实现不同区域基本公共服务均等化。坚持走中国特色城镇化道路,科学制定城镇化发展规划,促进城镇化健康发展。

(18)实施区域发展总体战略。坚持把深入实施西部大开发战略放在区域发展总体战略优先位置,给予特殊政策支持,发挥资源优势和生态安全屏障作用,加强基础设施建设和生态环境保护,大力发展科技教育,支持特色优势产业发展。加大支持西藏、新疆和其他民族地区发展力度,扶持人口较少民族发展。全面振兴东北地区等老工业基地,发挥产业和科技基础较强的优势,完善现代产业体系,促进资源枯竭地区转型发展。大力促进中部地区崛起,发挥承东启西的区位优势,改善投资环境,壮大优势产业,发展现代产业体系,强化交通运输枢纽地位。积极支持东部地区率先发展,发挥对全国经济发展的支撑作用,在更高层次参与国际经济合作和竞争,在转变经济发展方式、调整经济结构和自主创新中走在全国前列。加强和完善跨区域合作机制,消除市场壁垒,促进要素流动,引导产业有序转移。实行地区互助政策,开展多种形式对口支援。加大对革命老区、民族地区、边疆地区、贫困地区扶持力度。更好发挥经济特区、上海浦东新区、天津滨海新区在改革开放中先行先试的重要作用。加快沿边地区开发开放,加强国际通道、边境城市和口岸建设,深入实施兴边富民行动。

(19)实施主体功能区战略。按照全国经济合理布局的要求,规范开发秩序,控制开发强度,形成高效、协调、可持续的国土空间开发格局。对人口密集、开发强度偏高、资源环境负荷过重的部分城市化地区要优化开发。对资源环境承载能力较强、集聚人口和经济条件较好的城市化地区要重点开发。对影响全局生态安全的重点生态功能区要限制大规模、高强度的工业化城镇化开发。对依法设立的各级各类自然文化资源保护区和其他需要特殊保护的区域要禁止开发。基本形成适应主体功能区要求的法律法规、政策和规划体系,完善绩效考核办法和利益补偿机制,引导各地区严格按照主体功能定位推进发展。

(20)完善城市化布局和形态。按照统筹规划、合理布局、完善功能、以大带小的原则,遵循城市发展客观规律,以大城市为依托,以中小城市为重点,逐步形成辐射作用大的城市群,促进大中小城市和小城镇协调发展。科学规划城市群内各城市功能定位和产业布局,缓解特大城市中心城区压力,强化中小城市产业功能,增强小城镇公共服务和居住功能,推进大中小城市交通、通信、供电、供排水等基础设施一体化建设和网络化发展。

(21)加强城镇化管理。要把符合落户条件的农业转移人口逐步转为城镇居民作为推进城镇化的重要任务。大城市要加强和改进人口管理,中小城市和小城镇要根据实际放宽外来人口落户条件。注重在制度上解决好农民工权益保护问题。合理确定城市开发边界,提高建成区人口密度,防止特大城市面积过度扩张。城市规划和建设要注重以人为本、节地节能、生态环保、安全实用、突出特色、保护文化和自然遗产,强化规划约束力,加强城市公用设施建设,预防和治理"城市病"。

加强土地、财税、金融政策调节,加快住房信息系统建设,完善符合国情的住房体制机制和政策体系,合理引导住房需求。强化各级政府职责,加大保障性安居工程建设力度,加快棚户区改造,发展公共租赁住房,增加中低收入居民住房供给。加强市场监管,规范房地产市场秩序,抑制投机需求,促进房地产业平稳健康发展。

六、加快建设资源节约型、环境友好型社会,提高生态文明水平

面对日趋强化的资源环境约束,必须增强危机意识,树立绿色、低碳发展理念,以节能减排为重点,健全激励和约束机制,加快构建资源节约、环境友好的生产方式和消费模式,增强可持续发展能力。

(22)积极应对全球气候变化。把大幅降低能源消耗强度和二氧化碳排放强度作为约束性指标,有效控制温室气体排放。合理控制能源消费总量,抑制高耗能产业过快增长,提高能源利用效率。强化节能目标责任考核,完善节能法规和标准,健全节能市场化机制和对企业的激励与约束,实施重点节能工程,推广先进节能技术和产品,加快推行合同能源管理,抓好工业、建筑、交通运输等重点领域节能。调整能源消费结构,增加非化石能源比重。提高森林覆盖率,增加蓄积量,增强固碳能力。加强适应气候变化特别是应对极端气候事件能力建设。建立完善温室气体排放和节能减排统计监测制度,加强气候变化科学研究,加快低碳技术研发和应用,逐步建立碳排放交易市场。坚持共同但有区别的责任原则,积极开展应对全球气候变化国际合作。

(23)大力发展循环经济。以提高资源产出效率为目标,加强规划指导、财税金融等政策支持,完善法律法规,实行生产者责任延伸制度,推进生产、流通、消费各环节循环经济发展。加快资源循环利用产业发展,加强矿产资源综合利用,鼓励产业废物循环利用,完善再生资源回收体系和垃圾分类回收制度,推进资源再生利用产业化。开发应用源头减量、循环利用、再制造、零排放和产业链接技术,推广循环经济典型模式。

(24)加强资源节约和管理。落实节约优先战略,全面实行资源利用总量控制、供需双向调节、差别化管理。加强能源和矿产资源地质勘查、保护、合理开发,形成能源和矿产资源战略接续区,建立重要矿产资源储备体系。完善土地管理制度,强化规划和年度计划管控,严格用途管制,健全节约土地标准,加强用地节地责任和考核。高度重视水安全,建设节水型社会,健全水资源配置体系,强化水资源管理和有偿使用,鼓励海水淡化,严格控制地下水开采。

(25)加大环境保护力度。以解决饮用水不安全和空气、土壤污染等损害群众健康的突出

环境问题为重点,加强综合治理,明显改善环境质量。落实减排目标责任制,强化污染物减排和治理,增加主要污染物总量控制种类,加快城镇污水、垃圾处理设施建设,加大重点流域水污染防治力度,有效控制城市大气、噪声污染,加强重金属、危险废物、土壤污染治理,强化核与辐射监管能力。严格污染物排放标准和环境影响评价,强化执法监督,健全重大环境事件和污染事故责任追究制度。完善环境保护科技和经济政策,建立健全污染者付费制度,建立多元环保投融资机制,大力发展环保产业。

（26）加强生态保护和防灾减灾体系建设。坚持保护优先和自然恢复为主,从源头上扭转生态环境恶化趋势。实施重大生态修复工程,巩固天然林保护、退耕还林还草、退牧还草等成果,推进荒漠化、石漠化综合治理,保护好草原和湿地。加快建立生态补偿机制,加强重点生态功能区保护和管理,增强涵养水源、保持水土、防风固沙能力,保护生物多样性。加强水利基础设施建设,推进大江大河支流、湖泊和中小河流治理,增强城乡防洪能力。加快建立地质灾害易发区调查评价体系、监测预警体系、防治体系、应急体系。加大重点区域地质灾害治理力度,加强救援队伍建设,提高物资保障水平。推行自然灾害风险评估,科学安排危险区域生产和生活设施的合理避让。

七、深入实施科教兴国战略和人才强国战略,加快建设创新型国家

推动我国经济发展更多依靠科技创新驱动,必须全面落实国家中长期科技、教育、人才规划纲要,大力提高科技创新能力,加快教育改革发展,发挥人才资源优势,为加快转变经济发展方式、实现全面建设小康社会奋斗目标奠定坚实科技和人力资源基础。

（27）增强科技创新能力。坚持自主创新、重点跨越、支撑发展、引领未来的方针,增强共性、核心技术突破能力,促进科技成果向现实生产力转化。加快推进国家重大科技专项,深入实施知识创新和技术创新工程。把科技进步与产业结构优化升级、改善民生紧密结合起来,增强原始创新、集成创新和引进消化吸收再创新能力,在现代农业、装备制造、生态环保、能源资源、信息网络、新型材料、安全健康等领域取得新突破,在核心电子器件、极大规模集成电路、系统软件、转基因新品种、新药创制等领域攻克一批核心关键技术。加强基础前沿研究,在生命科学、空间海洋、地球科学、纳米科技等领域抢占未来科技竞争制高点。

（28）完善科技创新体制机制。深化科技体制改革,加强科学研究与高等教育有机结合,建设国家创新体系,强化基础性、前沿性技术和共性技术研究平台建设,加强军民科技资源集成融合,推进各具特色的区域创新体系建设,鼓励发展科技中介服务,深化科研经费管理制度改革,完善科技成果评价奖励制度。重点引导和支持创新要素向企业集聚,加快建立以企业为主体、市场为导向、产学研相结合的技术创新体系。

增强科研院所和高校创新动力,鼓励大型企业加大研发投入,激发中小企业创新活力,发挥企业家和科技领军人才在科技创新中的重要作用。鼓励发明创造。强化支持企业创新和科研成果产业化的财税金融政策,加大政府对基础研究的投入,推进重大科技基础设施建设

和开放共享,促进科技和金融结合,培育和发展创业风险投资。实施知识产权战略,完善知识产权法律制度,加强知识产权创造、运用、保护、管理。

(29)加快教育改革发展。全面贯彻党的教育方针,保障公民依法享有受教育的权利,办好人民满意的教育。按照优先发展、育人为本、改革创新、促进公平、提高质量的要求,深化教育教学改革,推动教育事业科学发展。全面推进素质教育,遵循教育规律和学生身心发展规律,坚持德育为先、能力为重,促进学生德智体美全面发展。积极发展学前教育,巩固提高义务教育质量和水平,加快普及高中阶段教育,大力发展职业教育,全面提高高等教育质量,加快发展继续教育,支持民族教育、特殊教育发展,建设全民学习、终身学习的学习型社会。创新人才培养体制、教育管理体制、办学体制,改革教学内容、教学方法、质量评价、考试招生制度。促进教育公平,合理配置公共教育资源,重点向农村、边远贫困、民族地区倾斜,加快缩小教育差距。健全国家资助制度,扶助家庭经济困难学生完成学业。加强师德师风建设,提高教师业务水平,鼓励优秀人才终身从教。增加教育投入,鼓励引导社会力量兴办教育,以加强薄弱环节和关键领域为重点,实施重大教育改革和发展项目。

(30)建设人才强国。坚持党管人才原则,坚持服务发展、人才优先、以用为本、创新机制、高端引领、整体开发的指导方针,加强现代化建设需要的各类人才队伍建设,充分发挥国内人才作用,积极引进和用好海外高层次人才。建立健全政府宏观管理、市场有效配置、单位自主用人、人才自主择业的体制机制,形成多元化投入格局,明显提高人力资本投资比重。营造尊重人才的社会环境、平等公开和竞争择优的制度环境,促进优秀人才脱颖而出。改进人才管理方式,落实国家重大人才政策,抓好重大人才工程,推动人才事业全面发展。

八、加强社会建设,建立健全基本公共服务体系

着力保障和改善民生,必须逐步完善符合国情、比较完整、覆盖城乡、可持续的基本公共服务体系,提高政府保障能力,推进基本公共服务均等化。加强社会管理能力建设,创新社会管理机制,切实维护社会和谐稳定。

(31)促进就业和构建和谐劳动关系。实施更加积极的就业政策,大力发展劳动密集型产业、服务业和小型微型企业,多渠道开发就业岗位,鼓励自主创业,促进充分就业。健全统一规范灵活的人力资源市场,为劳动者提供优质高效的就业服务。加强职业培训和择业观念教育,提高劳动者就业能力,把解决高校毕业生、农村转移劳动力、城镇就业困难人员就业问题作为工作重点。做好退役军人就业工作。加强劳动执法,完善劳动争议处理机制,改善劳动条件,保障劳动者权益。发挥政府、工会和企业作用,努力形成企业和职工利益共享机制,建立和谐劳动关系。

(32)合理调整收入分配关系。坚持和完善按劳分配为主体、多种分配方式并存的分配制度。初次分配和再分配都要处理好效率和公平的关系,再分配更加注重公平。努力提高居民收入在国民收入分配中的比重,提高劳动报酬在初次分配中的比重。创造条件增加居民财产

性收入。健全扩大就业增加劳动收入的发展环境和制度条件,促进机会公平。逐步提高最低工资标准,保障职工工资正常增长和支付。规范分配秩序,加强税收对收入分配的调节作用,有效调节过高收入,努力扭转城乡、区域、行业和社会成员之间收入差距扩大趋势。完善公务员工资制度,深化事业单位收入分配制度改革。

(33)健全覆盖城乡居民的社会保障体系。坚持广覆盖、保基本、多层次、可持续方针,加快推进覆盖城乡居民的社会保障体系建设。实现新型农村社会养老保险制度全覆盖,完善实施城镇职工和居民养老保险制度,实现基础养老金全国统筹。推动机关事业单位养老保险制度改革。进一步做实养老保险个人账户,实现跨省可接续。扩大社会保障覆盖范围,逐步提高保障标准。发展企业年金和职业年金。发挥商业保险补充性作用。实现城乡社会救助全覆盖。积极稳妥推进养老基金投资运营。大力发展慈善事业。加强社会保障信息网络建设,推进社会保障卡应用,实现精确管理。

(34)加快医疗卫生事业改革发展。按照保基本、强基层、建机制的要求,增加财政投入,深化医药卫生体制改革,调动医务人员积极性,把基本医疗卫生制度作为公共产品向全民提供,优先满足群众基本医疗卫生需求。加强公共卫生服务体系建设,扩大国家基本公共卫生服务项目。健全覆盖城乡居民的基本医疗保障体系,逐步提高保障标准。建立和完善以国家基本药物制度为基础的药品供应保障体系,确保药品质量和安全,加强城乡医疗卫生服务体系建设,新增医疗卫生资源重点向农村和城市社区倾斜,加强医学人才特别是全科医生培养,完善鼓励全科医生长期在基层服务政策。积极稳妥推进公立医院改革,探索形成各类城市医院和基层医疗机构合理分工和协作格局。坚持中西医并重,支持中医药事业发展。积极防治重大传染病、慢性病、职业病、地方病和精神疾病。鼓励社会资本以多种形式举办医疗机构,促进有序竞争,加强监管,提高服务质量和效率,满足群众多样化医疗卫生需求。

(35)全面做好人口工作。坚持计划生育基本国策,逐步完善政策,促进人口长期均衡发展。提高生殖健康水平,改善出生人口素质,遏制出生人口性别比偏高趋势。坚持男女平等,切实保障妇女合法权益,加强未成年人保护,发展妇女儿童事业。积极应对人口老龄化,注重发挥家庭和社区功能,优先发展社会养老服务,培育壮大老龄服务事业和产业。支持残疾人事业发展,健全残疾人服务体系。

(36)加强和创新社会管理。按照健全党委领导、政府负责、社会协同、公众参与的社会管理格局的要求,加强社会管理法律、体制、能力建设。完善法律法规和政策,健全基层管理和服务体系,加强和改进基层党组织工作,发挥群众组织和社会组织作用,提高城乡社区自治和服务功能,形成社会管理和服务合力。健全党和政府主导的维护群众权益机制,完善人民调解、行政调解、司法调解联动的工作体系,整合各方面力量,建立调处化解矛盾纠纷综合平台。畅通和规范群众诉求表达、利益协调、权益保障渠道,建立重大工程项目建设和重大政策制定的社会稳定风险评估机制,正确处理人民内部矛盾,把各种不稳定因素化解在基层和萌芽状态。加大公共安全投入,加强安全生产,健全对事故灾难、公共卫生事件、食品安全事件、社会安全事件的预防预警和应急处置体系。做好流动人口服务管理,加强特殊人群帮教管理和服务工作,加大社会管理薄弱环节整治力度。完善社会治安防控体系,加强城乡社区警务、群防群治等基层基础建设,加强政法队伍建设,严格公正廉洁执法,增强公共安全和社会治安保障能力,加强重点地区社会治安综合治理。严密防范、依法打击各种违法犯罪活动,切实保障人民生命财产安全。

九、推动文化大发展大繁荣,提升国家文化软实力

　　文化是一个民族的精神和灵魂,是国家发展和民族振兴的强大力量,必须坚持社会主义先进文化前进方向,弘扬中华文化,建设和谐文化,发展文化事业和文化产业,满足人民群众不断增长的精神文化需求,充分发挥文化引导社会、教育人民、推动发展的功能,建设中华民族共有精神家园,增强民族凝聚力和创造力。

　　(37)提高全民族文明素质。建设社会主义核心价值体系,加强走中国特色社会主义道路和实现中华民族伟大复兴的理想信念教育,倡导爱国守法和敬业诚信,构建传承中华传统美德、符合社会主义精神文明要求、适应社会主义市场经济的道德和行为规范。深入推进社会公德、职业道德、家庭美德、个人品德建设,不断拓展群众性精神文明创建活动,广泛开展志愿服务。弘扬科学精神,加强人文关怀,注重心理疏导,培育奋发进取、理性平和、开放包容的社会心态。提倡修身律己、尊老爱幼、勤勉做事、平实做人,推动形成我为人人、人人为我的社会氛围。强化职业操守,支持创新创业,鼓励劳动致富,发扬团队精神。净化社会文化环境,保护青少年身心健康。综合运用教育、法律、行政、舆论手段,引导人们知荣辱、讲正气、尽义务,形成扶正祛邪、惩恶扬善的社会风气。

　　(38)推进文化创新。适应群众文化需求新变化新要求,弘扬主旋律,提倡多样化,使精神文化产品和社会文化生活更加丰富多彩。立足当代中国实践,传承优秀民族文化,借鉴世界文明成果,反映人民主体地位和现实生活,提高文化产品质量,创作生产更多思想深刻、艺术精湛、群众喜闻乐见的文化精品。推进学科体系、学术观点、科研方法创新,繁荣发展哲学社会科学。深化文化体制改革,创新文化生产和传播方式,解放和发展文化生产力,增强文化发展活力。

　　(39)繁荣发展文化事业和文化产业。坚持一手抓公益性文化事业、一手抓经营性文化产业,始终把社会效益放在首位,实现经济效益和社会效益有机统一。以农村基层和中西部地区为重点,继续实施文化惠民工程,基本建成公共文化服务体系。广泛开展群众性文化活动。加强重要新闻媒体建设,重视互联网等新兴媒体建设、运用、管理,把握正确舆论导向,提高传播能力。加强基层文化队伍建设。扶持公益性文化事业,加强文化遗产保护。在政府引导下发挥市场机制积极作用,培育骨干文化企业和战略投资者,鼓励和引导非公有制经济进入,发展新型文化业态,增强多元化供给能力,满足多样化社会需求,繁荣社会主义文化市场,推动文化产业成为国民经济支柱性产业。加强对外宣传和文化交流,创新文化"走出去"模式,增

强中华文化国际竞争力和影响力。大力开展全民健身运动,增强人民体质,提高竞技运动水平,振奋民族精神。

十、加快改革攻坚步伐,完善社会主义市场经济体制

改革是加快转变经济发展方式的强大动力,必须以更大决心和勇气全面推进各领域改革。更加重视改革顶层设计和总体规划,明确改革优先顺序和重点任务,进一步调动各方面改革积极性,尊重群众首创精神,大力推进经济体制改革,积极稳妥推进政治体制改革,加快推进文化体制、社会体制改革,不断完善社会主义市场经济体制,使上层建筑更加适应经济基础发展变化,为科学发展提供有力保障。

(40)坚持和完善基本经济制度。坚持公有制为主体、多种所有制经济共同发展的基本经济制度,营造各种所有制经济依法平等使用生产要素、公平参与市场竞争、同等受到法律保护的体制环境。推进国有经济战略性调整,健全国有资本有进有退、合理流动机制。加快国有大型企业改革。深化垄断行业改革。完善各类国有资产管理体制。健全国有资本经营预算和收益分享制度。支持和引导非公有制经济发展,鼓励非公有制企业参与国有企业改革。

(41)推进行政体制改革。进一步转变政府职能,深化行政审批制度改革,加快推进政企分开,减少政府对微观经济活动的干预,加快建设法治政府和服务型政府。继续优化政府结构、行政层级、职能责任,降低行政成本,坚定推进大部门制改革,在有条件的地方探索省直接管理县(市)的体制。健全科学决策、民主决策、依法决策机制,推进政务公开,增强公共政策制定透明度和公众参与度,加强行政问责制,改进行政复议和行政诉讼,完善政府绩效评估制度,提高政府公信力。

(42)加快财税体制改革。积极构建有利于转变经济发展方式的财税体制。在合理界定事权基础上,按照财力与事权相匹配的要求,进一步理顺各级政府间财政分配关系。增加一般性转移支付规模和比例,加强县级政府提供基本公共服务财力保障。完善预算编制和执行管理制度,提高预算完整性和透明度。改革和完善税收制度。扩大增值税征收范围,相应调减营业税等税收,合理调整消费税范围和税率结构,完善有利于产业结构升级和服务业发展的税收政策。逐步建立健全综合和分类相结合的个人所得税制度。继续推进费改税,全面改革资源税,开征环境保护税,研究推进房地产税改革。逐步健全地方税体系,赋予省级政府适当税政管理权限。

(43)深化金融体制改革。构建逆周期的金融宏观审慎管理制度框架。稳步推进利率市场化改革,完善以市场供求为基础的有管理的浮动汇率制度,改进外汇储备经营管理,逐步实现人民币资本项目可兑换。加强金融监管协调,建立健全系统性金融风险防范预警体系和处置机制。参与国际金融准则新一轮修订,提升我国金融业稳健标准。建立存款保险制度。深化政策性银行体制改革。健全国有金融资产管理体制。完善地方政府金融管理体制。

(44)深化资源性产品价格和要素市场改革。理顺煤、电、油、气、水、矿产等资源类产品价

格关系,完善重要商品、服务、要素价格形成机制。加快多层次资本市场体系建设,显著提高直接融资比重。积极发展债券市场,稳步发展场外交易市场和期货市场。健全土地、资本、劳动力、技术、信息等要素市场,加快社会信用体系建设,完善市场法规和监管体制,规范市场秩序。

(45)加快社会事业体制改革。积极稳妥推进科技、教育、文化、卫生、体育等事业单位分类改革。培育扶持和依法管理社会组织,支持、引导其参与社会管理和服务。改革基本公共服务提供方式,引入竞争机制,扩大购买服务,实现提供主体和提供方式多元化。推进非基本公共服务市场化改革,增强多层次供给能力,满足群众多样化需求。

十一、实施互利共赢的开放战略,进一步提高对外开放水平

适应我国对外开放由出口和吸收外资为主转向进口和出口、吸收外资和对外投资并重的新形势,必须实行更加积极主动的开放战略,不断拓展新的开放领域和空间,扩大和深化同各方利益的汇合点,完善更加适应发展开放型经济要求的体制机制,有效防范风险,以开放促发展、促改革、促创新。

(46)优化对外贸易结构。继续稳定和拓展外需,保持现有出口竞争优势,加快培育以技术、品牌、质量、服务为核心竞争力的新优势,延长加工贸易国内增值链,推进市场多元化,大力发展服务贸易,促进出口结构转型升级。发挥进口对宏观经济平衡和结构调整的重要作用,促进贸易收支基本平衡。

(47)提高利用外资水平。利用外资要优化结构、丰富方式、拓宽渠道、提高质量,注重完善投资软环境,切实保护投资者合法权益。加大智力、人才和技术引进工作力度,鼓励外资企业在华设立研发中心,借鉴国际先进管理理念、制度、经验,促进体制创新和科技创新。扩大金融、物流等服务业对外开放,发展服务外包,稳步开放教育、医疗、体育等领域,引进优质资源,提高服务业国际化水平。

(48)加快实施"走出去"战略。按照市场导向和企业自主决策原则,引导各类所有制企业有序到境外投资合作。发展海外工程承包,扩大农业国际合作,深化国际能源资源互利合作,积极开展有利于改善当地民生的项目合作。逐步发展我国大型跨国公司和跨国金融机构,提高国际化经营水平。扩大人民币在跨境贸易和投资中的作用。做好海外投资环境研究,强化投资项目的科学评估。提高综合统筹能力,完善跨部门协调机制,加强实施"走出去"战略的宏观指导和服务。维护我国海外权益,防范各类风险。

(49)积极参与全球经济治理和区域合作。推动国际经济体系改革,促进国际经济秩序朝着更加公正合理的方向发展。推动建立均衡、普惠、共赢的多边贸易体制,反对各种形式的保护主义。引导和推动区域合作进程,加快实施自由贸易区战略,深化同新兴市场国家和发展中国家的务实合作,增加对发展中国家的经济援助。

十二、全党全国各族人民团结起来,为实现"十二五"规划而奋斗

（50）充分发挥党的领导核心作用。党的领导是实现"十二五"时期经济社会发展目标的根本保证,必须加强党的执政能力建设和先进性建设,不断提高党领导经济社会发展能力和水平。各级党委要准确把握发展趋势,科学谋划发展蓝图,努力创新发展模式,加强对发展的统筹协调,切实提高发展质量。推进学习型党组织建设,加强和改进干部教育培训,注重实践锻炼,增强领导班子和领导干部推动科学发展、促进社会和谐能力。深化干部人事制度改革,创新和完善干部选拔任用机制,健全领导班子和领导干部考核评价制度,形成有利于科学发展的用人导向。

（51）加强社会主义政治文明建设。坚持党的领导、人民当家作主、依法治国有机统一,发展社会主义民主政治,保障人民知情权、参与权、表达权、监督权。坚持和完善人民代表大会制度、中国共产党领导的多党合作和政治协商制度、民族区域自治制度以及基层群众自治制度。巩固和壮大最广泛的爱国统一战线。发挥工会、共青团、妇联等人民团体作用。切实做好民族和宗教工作,加强民族团结进步教育。全面落实依法治国基本方略,完善中国特色社会主义法律体系,维护法制权威,推进依法行政、公正廉洁执法,加强普法教育,形成人人学法守法的良好社会氛围,加快建设社会主义法治国家。加强人权保障,促进人权事业全面发展。

（52）加强国防和军队现代化建设。在全面建设小康社会进程中实现富国和强军的统一,将国防和军队现代化建设融入国家经济社会发展进程。坚持以毛泽东军事思想、邓小平新时期军队建设思想、江泽民国防和军队建设思想为指导,把科学发展观作为国防和军队建设的重要指导方针,贯彻新时期军事战略方针,全面加强军队革命化、现代化、正规化建设,加快军队机械化信息化复合发展,提高以打赢信息化条件下局部战争能力为核心的完成多样化军事任务能力。深化国防和军队改革,优化领导管理体制,健全联合作战指挥体制,发展新型作战力量,推动军事理论、军事技术、军事组织、军事管理创新。坚持军民融合式发展路子,完善武器装备科研生产体系、军队人才培养体系、军队保障体系和国防动员体系。建设现代化武装警察力量。深化全民国防教育,加强后备力量建设,密切军政军民团结。

（53）保持香港、澳门长期繁荣稳定。坚定不移贯彻"一国两制""港人治港""澳人治澳"高度自治的方针,严格按照特别行政区基本法办事,全力支持特别行政区行政长官和政府依法施政。加强内地和香港、澳门交流合作,继续实施更紧密经贸关系安排。深化粤港澳合作,促进区域经济发展。支持香港巩固和提升国际金融、贸易、航运中心地位,增强产业创新能力,推动经济社会协调发展。支持澳门建设世界旅游休闲中心,促进经济适度多元发展。

（54）推进两岸关系和平发展和祖国统一大业。坚持"和平统一、一国两制"的方针和现阶段发展两岸关系、推进祖国和平统一进程的八项主张,全面贯彻推动两岸关系和平发展重要思想和六点意见,牢牢把握两岸关系和平发展主题,反对"台独"分裂活动。巩固两岸关系发展基础,推进两岸交往机制化进程,构建两岸关系和平发展框架。深化两岸经济合作,落实

两岸经济合作框架协议,促进双向投资,加强新兴产业、金融等现代服务业合作。积极扩大两岸各界往来,加强两岸文化、教育等领域交流合作,依法保护台湾同胞正当权益。充分发挥海峡西岸经济区在推进两岸交流合作中的先行先试作用。

(55)积极创造有利的外部环境。高举和平、发展、合作旗帜,奉行独立自主的和平外交政策,坚持走和平发展道路,坚持互利共赢的开放战略,维护我国主权、安全、发展利益,同世界各国一道推动建设持久和平、共同繁荣的和谐世界。扩大同发达国家的交流合作,增进相互信任,提高合作水平。深化同周边国家的睦邻友好和务实合作,维护地区和平稳定,促进共同发展繁荣。加强同发展中国家的团结合作,深化传统友谊,维护共同利益。深入开展多边外交,积极参加国际合作。维护我国海外公民和企业正当权益。加强公共外交,广泛开展民间友好交往,推动人文交流,增进中国人民同各国人民相互了解和友谊。

(56)全党同志要充分发挥推动科学发展、促进社会和谐的先锋模范作用。全体共产党员要坚定不移贯彻党的理论和路线方针政策,牢固树立科学发展理念,积极落实加快转变经济发展方式决策部署。切实加强党的基层组织建设,深入开展创先争优活动,带领广大群众推动经济社会又好又快发展。各级领导干部要坚持全心全意为人民服务的根本宗旨,坚持党的群众路线,始终保持同人民群众的血肉联系,树立正确政绩观,努力做出经得起实践、人民、历史检验的实绩。严明党的政治纪律,健全对中央重大决策部署执行情况纪律保障机制,确保中央政令畅通。加强反腐倡廉建设,推进反腐倡廉制度创新,严格执行党风廉政建设责任制,深化党性党风党纪教育,加强领导干部廉洁自律和严格管理,严格权力运行制约和监督,加大查办违纪违法案件工作力度。大力弘扬党的光荣传统和优良作风,谦虚谨慎,不骄不躁,艰苦奋斗,勤俭节约,真抓实干,坚决反对形式主义、官僚主义,以优良党风凝聚党心民心,形成推进中国特色社会主义事业的强大力量。

全党同志和全国各族人民要紧密团结在以胡锦涛同志为总书记的党中央周围,高举中国特色社会主义伟大旗帜,解放思想、实事求是、与时俱进、开拓创新,为实现国民经济和社会发展第十二个五年规划和全面建设小康社会宏伟目标而奋斗!

附录2

在庆祝中国共产党成立90周年大会上的讲话

(2011年7月1日)

胡锦涛

同志们,朋友们:

今天,我们在这里隆重集会,同全党全国各族人民一道,庆祝中国共产党成立90周年,回顾中国发展进步的伟大历程,瞻望中国发展繁荣的光明前景。

90年前的今天,中国共产党成立了。这是中华民族发展史上开天辟地的大事变。从此,中国人民踏上了争取民族独立、人民解放的光明道路,开启了实现国家富强、人民富裕的壮丽征程。

90年来,中国共产党人和全国各族人民前赴后继、顽强奋斗,不断夺取革命、建设、改革的重大胜利。今天,一个生机盎然的社会主义中国已经巍然屹立在世界东方,13亿中国人民正在中国特色社会主义伟大旗帜指引下满怀信心走向中华民族伟大复兴。

同志们、朋友们!

1840年鸦片战争以来中国170多年的历史,概括地说就是,我们伟大的祖国经历了刻骨铭心的磨难,我们伟大的民族进行了感天动地的奋斗,我们伟大的人民创造了彪炳史册的伟业。

鸦片战争以后,中国逐步成为半殖民地半封建社会,列强对中国的侵略步步进逼,封建统治日益腐败,祖国山河破碎、战乱不已,人民饥寒交迫、备受奴役。救亡图存的民族使命迫在眉睫。争取民族独立、人民解放,实现国家富强、人民富裕,成为中国人民必须完成的历史任务。

在那个风雨如晦的年代,为改变中华民族的命运,中国人民和无数仁人志士进行了千辛万苦的探索和不屈不挠的斗争。太平天国运动,戊戌变法,义和团运动,不甘屈服的中国人民一次次抗争,但又一次次失败。孙中山先生领导的辛亥革命,结束了统治中国几千年的君主专制制度,对推动中国社会进步具有重大意义,但也未能改变中国半殖民地半封建的社会性质和中国人民的悲惨命运。

事实说明,不触动封建根基的自强运动和改良主义,旧式的农民战争,资产阶级革命派领导的革命,照搬西方资本主义的其他种种方案,都不能完成中华民族救亡图存的民族使命和反帝反封建的历史任务。要解决中国发展进步问题,必须找到能够指导中国人民进行反帝反封建革命的先进理论,必须找到能够领导中国社会变革的先进社会力量。

1921年,在马克思列宁主义同中国工人运动相结合的进程中,中国共产党应运而生。中国共产党的诞生,是近现代中国历史发展的必然产物,是中国人民在救亡图存斗争中顽强求索的必然产物。从此,中国革命有了正确前进方向,中国人民有了强大精神力量,中国命运有了光明发展前景。

90年来,我们党团结带领人民在中国这片古老的土地上,书写了人类发展史上惊天地、泣鬼神的壮丽史诗,集中体现为完成和推进了三件大事。

第一件大事,我们党紧紧依靠人民完成了新民主主义革命,实现了民族独立、人民解放。经过北伐战争、土地革命战争、抗日战争、解放战争,党和人民进行28年浴血奋战,打败日本帝国主义侵略,推翻国民党反动统治,建立了中华人民共和国。新中国的成立,使人民成为国家、社会和自己命运的主人,实现了中国从几千年封建专制制度向人民民主制度的伟大跨越,实现了中国高度统一和各民族空前团结,彻底结束了旧中国半殖民地半封建社会的历史,彻底结束了旧中国一盘散沙的局面,彻底废除了列强强加给中国的不平等条约和帝国主义在中国的一切特权。中国人从此站立起来了,中华民族发展进步从此开启了新的历史纪元。

第二件大事,我们党紧紧依靠人民完成了社会主义革命,确立了社会主义基本制度。我们创造性地实现由新民主主义到社会主义的转变,使占世界人口四分之一的东方大国进入社会主义社会,实现了中国历史上最广泛最深刻的社会变革。我们建立起独立的比较完整的工业体系和国民经济体系,积累了在中国这样一个社会生产力水平十分落后的东方大国进行社会主义建设的重要经验。

第三件大事,我们党紧紧依靠人民进行了改革开放新的伟大革命,开创、坚持、发展了中国特色社会主义。党的十一届三中全会以来,我们总结我国社会主义建设经验,同时借鉴国际经验,以巨大的政治勇气、理论勇气、实践勇气实行改革开放,经过艰辛探索,形成了党在社会主义初级阶段的基本理论、基本路线、基本纲领、基本经验,建立和完善社会主义市场经济体制,坚持全方位对外开放,推动社会主义现代化建设取得举世瞩目的伟大成就。

这三件大事,从根本上改变了中国人民和中华民族的前途命运,不可逆转地结束了近代以后中国内忧外患、积贫积弱的悲惨命运,不可逆转地开启了中华民族不断发展壮大、走向伟大复兴的历史进军,使具有5000多年文明历史的中国面貌焕然一新,中华民族伟大复兴展现出前所未有的光明前景。

90年来,中国社会发生的变革,中国人民命运发生的变化,其广度和深度,其政治影响和社会意义,在人类发展史上都是十分罕见的。

事实充分证明,在近代以来中国社会发展进步的壮阔进程中,历史和人民选择了中国共产党,选择了马克思主义,选择了社会主义道路,选择了改革开放。

事实充分证明,中国共产党不愧为伟大、光荣、正确的马克思主义政党,不愧为领导中国人民不断开创事业发展新局面的核心力量。

同志们、朋友们!

90年来,我们取得的一切成就,是一代一代中国共产党人同人民一道顽强拼搏、接续奋斗的结果。以毛泽东同志为核心的党的第一代中央领导集体团结带领全党全国各族人民,夺取了新民主主义革命的伟大胜利,确立了社会主义基本制度,为当代中国一切发展进步奠定了根本政治前提和制度基础。以邓小平同志为核心的党的第二代中央领导集体团结带领全党全国各族人民,开启了改革开放的伟大历程,吹响了建设中国特色社会主义的时代号角,开辟了社会主义事业发展新时期。以江泽民同志为核心的党的第三代中央领导集体团结带领全党全国各族人民,坚持改革开放、与时俱进,引领改革开放的航船沿着正确方向破浪前进,成功把中国特色社会主义伟大事业推向21世纪。党的十六大以来,党中央团结带领全党全国各族人民,以邓小平理论和"三个代表"重要思想为指导,深入贯彻落实科学发展观,着力推动科学发展、促进社会和谐,继续在全面建设小康社会实践中推进中国特色社会主义伟大事业。

在庆祝中国共产党成立90周年的时刻,我们深切怀念为中国革命、建设、改革,为中国共产党建立、巩固、发展作出重大贡献的毛泽东、周恩来、刘少奇、朱德、邓小平、陈云等老一辈无产阶级革命家,深切怀念为创立、捍卫、建设新中国而英勇牺牲的革命先烈,深切怀念近代以来为中华民族独立和解放而顽强奋斗的所有先驱。他们为祖国和民族建立的丰功伟绩永垂史册!

在这里,我代表中共中央,向全国广大工人、农民、知识分子,向各民主党派、各人民团体、各界爱国人士,向中国人民解放军、武警部队、公安民警,致以崇高的敬意!向香港特别行政区同胞、澳门特别行政区同胞和台湾同胞以及广大侨胞,致以诚挚的问候!向一切同中国人民友好相处,关心和支持中国革命、建设、改革事业的各国人民和朋友,表示衷心的谢意!

同志们、朋友们!

经过90年的奋斗、创造、积累,党和人民必须倍加珍惜、长期坚持、不断发展的成就是:开辟了中国特色社会主义道路,形成了中国特色社会主义理论体系,确立了中国特色社会主义制度。

中国特色社会主义道路,是实现社会主义现代化的必由之路,是创造人民美好生活的必由之路。中国特色社会主义道路,就是在中国共产党领导下,立足基本国情,以经济建设为中心,坚持四项基本原则,坚持改革开放,解放和发展社会生产力,巩固和完善社会主义制度,建设社会主义市场经济、社会主义民主政治、社会主义先进文化、社会主义和谐社会,建设富强民主文明和谐的社会主义现代化国家。

中国特色社会主义理论体系,是指导党和人民沿着中国特色社会主义道路实现中华民族伟大复兴的正确理论。我们党坚持把马克思主义基本原理同中国具体实际结合起来,在推进马克思主义中国化的历史进程中产生了两大理论成果。一大理论成果是毛泽东思想。毛泽东思想是马克思列宁主义在中国的运用和发展，系统回答了在一个半殖民地半封建的东方大国，如何实现新民主主义革命和社会主义革命的问题，并对建设什么样的社会主义、怎样建设社会主义进行了艰辛探索，以创造性的内容为马克思主义宝库增添了新的财富。另一大理论成果是中国特色社会主义理论体系。中国特色社会主义理论体系是包括邓小平理论、"三个代表"重要思想以及科学发展观等重大战略思想在内的科学理论体系，系统回答了在中国这样一个十几亿人口的发展中大国建设什么样的社会主义、怎样建设社会主义，建设什么样的党、怎样建设党，实现什么样的发展、怎样发展等一系列重大问题，是对毛泽东思想的继承和发展。

中国特色社会主义制度，是当代中国发展进步的根本制度保障，集中体现了中国特色社会主义的特点和优势。我们推进社会主义制度自我完善和发展，在经济、政治、文化、社会等各个领域形成一整套相互衔接、相互联系的制度体系。人民代表大会制度这一根本政治制度，中国共产党领导的多党合作和政治协商制度、民族区域自治制度以及基层群众自治制度等构成的基本政治制度，中国特色社会主义法律体系，公有制为主体、多种所有制经济共同发展的基本经济制度，以及建立在根本政治制度、基本政治制度、基本经济制度基础上的经济体制、政治体制、文化体制、社会体制等各项具体制度，符合我国国情，顺应时代潮流，有利于保持党和国家活力、调动广大人民群众和社会各方面的积极性、主动性、创造性，有利于解放和发展社会生产力、推动经济社会全面发展，有利于维护和促进社会公平正义、实现全体人民共同富裕，有利于集中力量办大事、有效应对前进道路上的各种风险挑战，有利于维护民族团结、社会稳定、国家统一。

面对风云变幻的国际形势，面对艰巨繁重的国内改革发展稳定任务，我们党要团结带领人民继续前进，开创工作新局面，赢得事业新胜利，最根本的就是要高举中国特色社会主义伟大旗帜，坚持和拓展中国特色社会主义道路，坚持和丰富中国特色社会主义理论体系，坚持和完善中国特色社会主义制度。

同志们、朋友们！

回顾90年中国的发展进步，可以得出一个基本结论：办好中国的事情，关键在党。

总结90年的发展历程，我们党保持和发展马克思主义政党先进性的根本点是：坚持解放思想、实事求是、与时俱进，以科学态度对待马克思主义，用发展着的马克思主义指导新的实践，坚持真理、修正错误，坚定不移走自己的路，始终保持党开拓前进的精神动力；坚持为了人民、依靠人民，诚心诚意为人民谋利益，从人民群众中汲取智慧和力量，始终保持党同人民群众的血肉联系；坚持任人唯贤、广纳人才，以事业感召、培养、造就人才，不断增加新鲜血液，始终保持党的蓬勃活力；坚持党要管党、从严治党，正视并及时解决党内存在的突出问题，始终保持党的肌体健康。

全党必须清醒地看到，在世情、国情、党情发生深刻变化的新形势下，提高党的领导水平

附录 2　在庆祝中国共产党成立 90 周年大会上的讲话

和执政水平、提高拒腐防变和抵御风险能力,加强党的执政能力建设和先进性建设,面临许多前所未有的新情况新问题新挑战,执政考验、改革开放考验、市场经济考验、外部环境考验是长期的、复杂的、严峻的。精神懈怠的危险,能力不足的危险,脱离群众的危险,消极腐败的危险,更加尖锐地摆在全党面前,落实党要管党、从严治党的任务比以往任何时候都更为繁重、更为紧迫。

我们必须从新的实际出发,坚持以科学理论指导党的建设,以改革创新精神研究和解决党的建设面临的重大理论和实际问题,着眼于全面建设小康社会、加快推进社会主义现代化,全面认识和自觉运用马克思主义执政党建设规律,全面推进党的建设新的伟大工程,不断提高党的建设科学化水平。

在新的历史条件下提高党的建设科学化水平,必须坚持解放思想、实事求是、与时俱进,大力推进马克思主义中国化时代化大众化,提高全党思想政治水平。

90 年来党的发展历程告诉我们,理论上的成熟是政治上坚定的基础,理论上的与时俱进是行动上锐意进取的前提,思想上的统一是全党步调一致的重要保证。中国共产党人坚信马克思主义基本原理是颠扑不破的科学真理,坚信马克思主义必须随着实践发展而不断丰富和发展,从来不把马克思主义看成是空洞、僵硬、刻板的教条。马克思主义,理论源泉是实践,发展依据是实践,检验标准也是实践。任何固守本本、漠视实践、超越或落后于实际生活的做法都不会得到成功。在历史上的一些时期,我们曾经犯过错误甚至遇到严重挫折,根本原因就在于当时的指导思想脱离了中国实际。我们党能够依靠自己和人民的力量纠正错误,在挫折中奋起,继续胜利前进,根本原因就在于重新恢复和坚持贯彻了实事求是。这方面的经验教训,我们党在《关于若干历史问题的决议》和《关于建国以来党的若干历史问题的决议》中进行了系统总结,我们必须牢牢记取。

实践发展永无止境,认识真理永无止境,理论创新永无止境。党和人民的实践是不断前进的,指导这种实践的理论也要不断前进。中国特色社会主义道路必将在党和人民的创造性实践中不断拓展,中国特色社会主义制度必将在深化改革、扩大开放中不断完善。这一过程必将为理论创新开辟广阔前景。在新的历史条件下坚持马克思主义,关键是要及时回答实践提出的新课题,为实践提供科学指导。我们要准确把握世界发展大势,准确把握社会主义初级阶段基本国情,深入研究我国发展的阶段性特征,及时总结党领导人民创造的新鲜经验,重点抓住经济社会发展重大问题,作出新的理论概括,永葆科学理论的旺盛生命力。

理论创新每前进一步,理论武装就跟进一步,这是我们党加强自身建设的一条重要经验。我们必须按照建设马克思主义学习型政党的要求,抓紧学习人类社会创造的一切科学的新思想新知识。全体党员、干部都要把学习作为一种精神追求,深入学习和掌握马克思列宁主义、毛泽东思想,深入学习和掌握中国特色社会主义理论体系,牢固树立辩证唯物主义和历史唯物主义世界观和方法论,真正做到学以立德、学以增智、学以创业。全党同志特别是党的各级领导干部都要不断提高思想政治水平,坚定理想信念,增强为党和人民事业不懈奋斗的自觉性和坚定性,咬定青山不放松,真正做到坚定不移、矢志不渝。

在新的历史条件下提高党的建设科学化水平,必须坚持五湖四海、任人唯贤,坚持德才兼备、以德为先用人标准,把各方面优秀人才集聚到党和国家事业中来。

90年来党的发展历程告诉我们,政治路线确定之后干部就是决定因素。坚持五湖四海、任人唯贤,是我们党性质和宗旨的必然要求。我们党除了人民利益,没有自己的特殊利益。我们党坚持这个崇高原则,为一切忠于人民、扎根人民、奉献人民的人们提供了施展才华的宽广舞台。中国特色社会主义道路能不能越走越宽广,中华民族能不能实现伟大复兴,要看能不能不断培养造就大批优秀人才,更要看能不能让各方面优秀人才脱颖而出、施展才华。

我们要以更宽的视野、更高的境界、更大的气魄,广开进贤之路,把各方面优秀干部及时发现出来、合理使用起来。要坚持把干部的德放在首要位置,选拔任用那些政治坚定、有真才实学、实绩突出、群众公认的干部,形成以德修身、以德服众、以德领才、以德润才、德才兼备的用人导向。要坚持凭实绩使用干部,让能干事者有机会、干成事者有舞台,不让老实人吃亏,不让投机钻营者得利,让所有优秀干部都能为党和人民贡献力量。

源源不断培养造就大批优秀年轻干部,是关系党和人民事业继往开来、薪火相传的根本大计。年轻干部要承担起事业重任,必须牢固树立正确的世界观、权力观、事业观,做到忠诚党的事业、心系人民群众、专心做好工作、不断完善自己。广大年轻干部要自觉到艰苦地区、复杂环境、关键岗位砥砺品质、锤炼作风、增长才干。经过艰苦复杂环境磨练、重大斗争考验、实践证明优秀、有培养前途的大批年轻干部能够不断涌现出来,党和人民事业就大有希望。

人才是第一资源,是国家发展的战略资源。全党同志和全社会都要坚持尊重劳动、尊重知识、尊重人才、尊重创造的重大方针,牢固树立人人皆可成才的观念,敢为事业用人才,让各类人才都拥有广阔的创业平台、发展空间,使每个人都成为对祖国、对人民、对民族的有用之才,特别是要抓紧培养造就青年英才,形成人才辈出、人尽其才、才尽其用的生动局面。

在新的历史条件下提高党的建设科学化水平,必须坚持以人为本、执政为民理念,牢固树立马克思主义群众观点、自觉贯彻党的群众路线,始终保持党同人民群众的血肉联系。

90年来党的发展历程告诉我们,来自人民、植根人民、服务人民,是我们党永远立于不败之地的根本。以人为本、执政为民是我们党的性质和全心全意为人民服务根本宗旨的集中体现,是指引、评价、检验我们党一切执政活动的最高标准。全党同志必须牢记,密切联系群众是我们党的最大政治优势,脱离群众是我们党执政后的最大危险。我们必须始终把人民利益放在第一位,把实现好、维护好、发展好最广大人民根本利益作为一切工作的出发点和落脚点,做到权为民所用、情为民所系、利为民所谋,使我们的工作获得最广泛最可靠最牢固的群众基础和力量源泉。

每一个共产党员都要把人民放在心中最高位置,尊重人民主体地位,尊重人民首创精神,拜人民为师,把政治智慧的增长、执政本领的增强深深扎根于人民的创造性实践之中。要高度重视并切实做好新形势下群众工作,坚持问政于民、问需于民、问计于民,真诚倾听群众呼

附录2 在庆祝中国共产党成立90周年大会上的讲话

声,真实反映群众愿望,真情关心群众疾苦,依法保障人民群众经济、政治、文化、社会等各项权益。只有我们把群众放在心上,群众才会把我们放在心上;只有我们把群众当亲人,群众才会把我们当亲人。各级党政机关和干部要坚持工作重心下移,经常深入实际、深入基层、深入群众,做到知民情、解民忧、暖民心。要把基层一线作为培养锻炼干部的基础阵地,引导干部在同群众朝夕相处中增进对群众的思想感情、增强服务群众本领。要把服务群众、做群众工作作为基层党组织的核心任务和基层干部的基本职责,使基层党组织成为推动发展、服务群众、凝聚人心、促进和谐的坚强战斗堡垒。

在新的历史条件下提高党的建设科学化水平,必须坚持标本兼治、综合治理、惩防并举、注重预防的方针,深入开展党风廉政建设和反腐败斗争,始终保持马克思主义政党的先进性和纯洁性。

90年来党的发展历程告诉我们,坚决惩治和有效预防腐败,关系人心向背和党的生死存亡,是党必须始终抓好的重大政治任务。我们党对长期执政条件下滋生腐败的严重性和危险性,对改革开放和社会主义现代化建设全过程都要反对腐败,认识是清醒的。我们党旗帜鲜明、一以贯之反对腐败,反腐倡廉建设不断取得新的明显进展,为推进改革开放和社会主义现代化建设提供了重要保障。同时,反腐败斗争形势依然严峻、任务依然艰巨。如果腐败得不到有效惩治,党就会丧失人民信任和支持。全党必须警钟长鸣,充分认识反腐败斗争的长期性、复杂性、艰巨性,把反腐倡廉建设摆在更加突出的位置,以更加坚定的信心、更加坚决的态度、更加有力的举措推进惩治和预防腐败体系建设,坚定不移把反腐败斗争进行到底。

各级领导干部都要牢记,我们手中的权力是人民赋予的,只能用来为人民谋利益。行使权力就必须为人民服务、对人民负责并自觉接受人民监督,决不能把权力变成牟取个人或少数人私利的工具。各级干部都要自重、自省、自警、自励,讲党性、重品行、作表率,做到立身不忘做人之本、为政不移公仆之心、用权不谋一己之私,永葆共产党人政治本色。

在新的历史条件下提高党的建设科学化水平,必须坚持用制度管权管事管人,健全民主集中制,不断推进党的建设制度化、规范化、程序化。

90年来党的发展历程告诉我们,建设好、管理好一个有几千万党员的大党,制度更带有根本性、全局性、稳定性、长期性。必须始终把制度建设贯穿党的思想建设、组织建设、作风建设和反腐倡廉建设之中,坚持突出重点、整体推进,继承传统、大胆创新,构建内容协调、程序严密、配套完备、有效管用的制度体系。

推进党的制度建设,要坚持以党章为根本、以民主集中制为核心,坚持和完善党的领导制度,改革和完善党的领导方式和执政方式,发展党内民主,积极稳妥推进党务公开,保障党员主体地位和民主权利,完善党代表大会制度和党内选举制度,完善党内民主决策机制,保障党的团结统一,增强党的创造活力,坚决克服违反民主集中制原则的个人独断专行和软弱涣散现象。全党同志都要牢固树立法律面前人人平等、制度面前没有特权、制度约束没有例外的观念,认真学习制度,严格执行制度,自觉维护制度。

总之，只要全党同志常怀忧党之心、恪尽兴党之责，以更加奋发有为的精神状态推进党的建设，我们党就一定能够更好把握历史大势、勇立时代潮头、引领社会进步。

同志们、朋友们！

中国共产党自诞生之日起就勇敢担当起团结带领人民实现中华民族伟大复兴的历史使命。继续推动中华民族伟大复兴进程，必须始终坚持党的基本路线不动摇，继续解放思想，坚持改革开放，推动科学发展，促进社会和谐，在新的历史起点上把中国特色社会主义伟大事业全面推向前进。

面向未来，全党同志必须牢记，我国过去30多年的快速发展靠的是改革开放，我国未来发展也必须坚定不移依靠改革开放。新时期最鲜明的特点是改革开放。改革开放是党在新的历史条件下领导人民进行的新的伟大革命，是决定当代中国命运的关键抉择，是坚持和发展中国特色社会主义、实现中华民族伟大复兴的必由之路。只有改革开放才能发展中国、发展社会主义、发展马克思主义。当前，世情、国情、党情继续发生深刻变化，我国发展中不平衡、不协调、不可持续问题突出，制约科学发展的体制机制障碍躲不开、绕不过，必须通过深化改革加以解决。我们一定要坚定不移坚持党的十一届三中全会以来的路线方针政策，坚定信心、砥砺勇气，坚持不懈把改革创新精神贯彻到治国理政各个环节，奋力把改革开放推向前进。要坚持社会主义市场经济的改革方向，提高改革决策的科学性，增强改革措施的协调性，找准深化改革开放的突破口，明确深化改革开放的重点，不失时机地推进重要领域和关键环节改革，继续推进经济体制、政治体制、文化体制、社会体制改革创新，继续解放和发展社会生产力，继续推动我国社会主义制度自我完善和发展，坚决破除一切妨碍科学发展的思想观念和体制机制弊端，为推进中国特色社会主义事业注入强大动力。

在前进道路上，我们要继续牢牢扭住经济建设这个中心不动摇，坚定不移走科学发展道路。

以经济建设为中心是兴国之要，是我们党、我们国家兴旺发达、长治久安的根本要求。只有推动经济又好又快发展，才能筑牢国家发展繁荣的强大物质基础，才能筑牢全国各族人民幸福安康的强大物质基础，才能筑牢中华民族伟大复兴的强大物质基础。改革开放30多年来，我们坚持以经济建设为中心，推动社会生产力以前所未有的速度发展起来，这是我国综合国力、人民生活水平、国际地位大幅度提升的根本原因。今后，我们必须继续牢牢坚持发展是硬道理的战略思想，牢牢扭住经济建设这个中心，决不能有丝毫动摇。

生产力是人类社会发展的根本动力。我们党是以中国先进生产力的代表登上历史舞台的。党的一切奋斗，归根到底都是为了解放和发展社会生产力，不断改善人民生活。我们已经取得了举世瞩目的伟大成就，但我国仍处于并将长期处于社会主义初级阶段的基本国情没有变，人民日益增长的物质文化需要同落后的社会生产之间的矛盾这一社会主要矛盾没有变，我国是世界上最大的发展中国家的国际地位没有变。发展仍然是解决我国所有问题的关键。牢牢抓住和用好我国发展的重要战略机遇期，是我们赢得主动、赢得优势、赢得未来的关键所在,是对我们党执政能力的重大考验,也是对我们民族自强能力的重大考验。我们必须继续聚精会神搞建设、一心一意谋发展,不断夯实坚持和发展中国特色社会主义的物质基础。

在当代中国,坚持发展是硬道理的本质要求就是坚持科学发展。我们要以科学发展为主题,以加快转变经济发展方式为主线,更加注重以人为本,更加注重全面协调可持续发展,更加注重统筹兼顾,更加注重改革开放,更加注重保障和改善民生,加快经济结构战略性调整,加快科技进步和创新,加快建设资源节约型、环境友好型社会,促进社会公平正义,促进经济长期平稳较快发展和社会和谐稳定,不断在生产发展、生活富裕、生态良好的文明发展道路上取得新的更大的成绩,不断为全面建成小康社会、实现中华民族伟大复兴打下更为坚实的基础。

在前进道路上,我们要继续大力推进社会主义民主政治建设,坚定不移走中国特色社会主义政治发展道路。

人民民主是中国共产党始终高扬的光辉旗帜。改革开放以来,我们党总结发展社会主义民主的正反两方面经验,明确提出没有民主就没有社会主义,就没有社会主义现代化,人民当家作主是社会主义民主政治的本质和核心。我们坚持推进政治体制改革,在发展社会主义民主政治方面取得了重大进展。我们废除了实际上存在的领导干部职务终身制,确保了国家政权机关和领导人员有序更替。我们不断扩大人民有序政治参与,人民实现了内容广泛的当家作主。我们坚持和完善中国共产党领导的多党合作,深入开展政治协商、民主监督、参政议政,发展最广泛的爱国统一战线。我们建立健全深入了解民情、充分反映民意、广泛集中民智、切实珍惜民力的决策机制,保证决策符合人民利益和愿望。我们建立健全广纳群贤、人尽其才、能上能下、充满活力的用人机制,为各方面优秀人才建功立业开辟了广阔渠道。我们形成了中国特色社会主义法律体系,我们党自觉在宪法和法律范围内活动,支持人大、政府、政协、司法机关等依照法律和各自章程独立负责、协调一致开展工作。我们建立健全权力运行制约和监督体系,保证党和国家机关按照法定权限和程序行使权力。事实充分证明,我国社会主义民主政治具有强大生命力,中国特色社会主义政治发展道路是保证人民当家作主的正确道路。

同时,我们也要看到,我国社会主义民主法制建设与扩大人民民主和促进经济社会发展的要求还不完全适应,社会主义民主政治的具体制度方面还存在不完善的地方,在保障人民民主权利、发挥人民创造精神方面还存在不足。随着中国特色社会主义事业持续推进,我国社会主义民主政治建设需要也必然会继续向前推进。

发展社会主义民主政治,必须坚持中国特色社会主义政治发展道路,关键是要坚持党的领导、人民当家作主、依法治国有机统一。我们要积极稳妥推进政治体制改革,以保证人民当家作主为根本,以增强党和国家活力、调动人民积极性为目标,扩大社会主义民主,建设社会主义法治国家,发展社会主义政治文明。要坚持发挥党总揽全局、协调各方的领导核心作用,提高党科学执政、民主执政、依法执政水平,保证党领导人民有效治理国家。要坚持国家一切权力属于人民,健全民主制度,丰富民主形式,拓宽民主渠道,保证人民依法实行民主选举、民主决策、民主管理、民主监督。要全面落实依法治国基本方略,在全社会大力弘扬社会主义法治精神,不断推进科学立法、严格执法、公正司法、全民守法进程,实现国家各项工作法治化。总之,我们要不断推进社会主义民主政治制度化、规范化、程序化,进一步把我国社会主义政治制度的优越性发挥出来,为党和国家兴旺发达、长治久安提供更加完善的制度保障。

在前进道路上,我们要继续大力推动社会主义文化大发展大繁荣,坚定不移发展社会主义先进文化。

社会主义先进文化是马克思主义政党思想精神上的旗帜。面对当今文化越来越成为综合国力竞争重要因素的新形势,我们必须以高度的文化自觉和文化自信,着眼于提高民族素质和塑造高尚人格,以更大力度推进文化改革发展,在中国特色社会主义伟大实践中进行文化创造,让人民共享文化发展成果。

要坚持发展面向现代化、面向世界、面向未来的,民族的科学的大众的社会主义文化,推动社会主义先进文化更加深入人心,推动社会主义精神文明和物质文明全面发展,不断开创全民族文化创造活力持续迸发、社会文化生活更加丰富多彩、人民基本文化权益得到更好保障、人民思想道德素质和科学文化素质全面提高的新局面,建设中华民族共有精神家园。

发展社会主义先进文化,必须把社会主义核心价值体系建设融入国民教育、精神文明建设和党的建设全过程。要坚持用马克思主义中国化最新成果武装全党、教育人民,引导广大干部群众深刻领会党的理论创新成果,坚定理想信念。要在全体人民中大力弘扬以爱国主义为核心的民族精神和以改革创新为核心的时代精神,增强民族自尊心、自信心、自豪感,激励全党全国各族人民为实现中华民族伟大复兴而团结奋斗。要坚持用社会主义荣辱观引领社会风尚,深入推进社会公德、职业道德、家庭美德、个人品德建设,加强对青少年的德育培养,在全社会形成积极向上的精神追求和健康文明的生活方式。要加快文化体制改革,加快构建公共文化服务体系,加快发展文化事业和文化产业。要着眼于推动中华文化走向世界,形成与我国国际地位相对称的文化软实力,提高中华文化国际影响力。中华民族创造了源远流长、博大精深的中华文化,中华民族也一定能够在弘扬中华优秀传统文化的基础上创造出中华文化新的辉煌。

在前进道路上,我们要继续大力保障和改善民生,坚定不移推进社会主义和谐社会建设。保障和改善民生,促进社会和谐,是实现全面建设小康社会宏伟目标的必然要求。我们必须从维护最广大人民根本利益和实现国家长治久安的战略高度抓好社会建设,推动社会建设与经济建设、政治建设、文化建设协调发展。

推进社会建设,要以保障和改善民生为重点,着力解决好人民最关心最直接最现实的利益问题。要坚持发展为了人民、发展依靠人民、发展成果由人民共享,完善保障和改善民生的制度安排,把促进就业放在经济社会发展优先位置,加快发展教育、社会保障、医药卫生、保障性住房等各项社会事业,推进基本公共服务均等化,加大收入分配调节力度,坚定不移走共同富裕道路,努力使全体人民学有所教、劳有所得、病有所医、老有所养、住有所居。

正确处理改革发展稳定关系,实现改革发展稳定的统一,是关系我国社会主义现代化建设全局的重要指导方针。发展是硬道理,稳定是硬任务;没有稳定,什么事情也办不成,已经取得的成果也会失去。这个道理,不仅全党同志要牢记在心,还要引导全体人民牢记在心。

当代中国正经历着空前广泛的社会变革。这种变革在给我国发展进步带来巨大活力的同时,也必然带来这样那样的矛盾和问题。社会矛盾运动是推动社会发展的基本力量。我们要遵循社会发展规律,主动正视矛盾,妥善处理人民内部矛盾和其他社会矛盾,不断为减少和化解矛盾培植物质基础、增强精神力量、完善政策措施、强化制度保障,最大限度激发社会活力,最大限度增加和谐因素,最大限度减少不和谐因素。要加强和创新社会管理,完善党委领导、政府负责、社会协同、公众参与的社会管理格局,建设中国特色社会主义社会管理体系,全面提高社会管理科学化水平,确保人民安居乐业、社会和谐稳定。

巩固的国防和强大的军队,是国家主权、安全、领土完整的坚强后盾。我们必须统筹经济建设和国防建设,走中国特色军民融合式发展路子,在全面建设小康社会进程中实现富国和强军的统一。要着眼全面履行新世纪新阶段军队历史使命,以推动国防和军队科学发展为主题,以加快转变战斗力生成模式为主线,全面加强军队革命化、现代化、正规化建设,坚持党对军队绝对领导的根本原则和人民军队的根本宗旨,培育当代革命军人核心价值观,拓展和深化军事斗争准备,积极开展信息化条件下军事训练,提高国防科技和武器装备自主创新能力,加快全面建设现代后勤步伐,抓紧培养高素质新型军事人才,积极稳妥推进国防和军队改革,坚持依法治军、从严治军,全面提高以打赢信息化条件下局部战争能力为核心的完成多样化军事任务能力。要加快建设现代化武装警察力量。要深化全民国防教育,加强国防动员和后备力量建设,巩固和发展军政军民团结。

我们要一如既往坚持"一国两制""港人治港""澳人治澳"高度自治的方针,全力支持香港特别行政区政府、澳门特别行政区政府依法施政、发展经济、改善民生,推进香港、澳门同内地的交流合作,团结一切爱国爱港、爱国爱澳力量,保持香港、澳门长期繁荣稳定。我们要牢牢把握两岸关系和平发展主题,全面深化两岸交流合作,扩大两岸各界往来,共同反对和遏制"台独"分裂活动,为两岸同胞谋幸福,为中华民族创未来。

同志们、朋友们!

环顾全球,和平、发展、合作的时代潮流没有变,但世界和平与发展面临诸多挑战。共同分享发展机遇,共同应对各种风险,推动建设持久和平、共同繁荣的和谐世界,是各国人民的共同愿望。

中国共产党和中国人民历来是促进世界和平与发展的积极力量。为人类作出应有贡献,是中国共产党和中国人民早就作出的庄严承诺。我们将坚持不懈为人类和平与发展的崇高事业作出自己的努力,争取对人类作出新的更大的贡献。

中国外交政策的宗旨是维护世界和平、促进共同发展。我们将继续坚持独立自主的和平外交政策,始终不渝走和平发展道路,始终不渝奉行互利共赢的开放战略,在和平共处五项原则的基础上同所有国家发展友好合作,维护发展中国家正当要求和共同利益,积极参与多边事务,推动国际政治经济秩序朝着更加公正合理的方向发展。我们将坚定不移实行对外开放的基本国策,完善开放型经济体系,全面提高开放型经济水平,加强同世界各国的互利合作,继续以自己的和平发展促进各国共同发展。

中国共产党将在独立自主、完全平等、相互尊重、互不干涉内部事务原则的基础上,同各国各地区政党和政治组织发展交流合作,相互学习借鉴治国理政经验,促进国家关系发展。

同志们、朋友们!

回顾我们党90年的发展历程,我们有一个共同的感觉,这就是,我们党从成立之日起,就始终代表广大青年、赢得广大青年、依靠广大青年。我们党的创始人之一李大钊说过,为世界进文明,为人类造幸福,以青春之我,创建青春之人类。我们党的创始人,一代又一代中国共产党人,大多数都是从青年时代就满腔热血参加了党,决心为党和人民奋斗终身。我们党的队伍里始终活跃着怀抱崇高理想、充满奋斗激情的青年人,这是我们党历经90年风雨而依然保持蓬勃生机的一个重要保证。青年是祖国的未来、民族的希望,也是我们党的未来和希望。全党都要关注青年、关心青年、关爱青年,倾听青年心声,鼓励青年成长,支持青年创业。党对青年寄予厚望,人民对青年寄予厚望。全国广大青年一定要深刻了解近代以来中国人民和中华民族不懈奋斗的光荣历史和伟大历程,永远热爱我们伟大的祖国,永远热爱我们伟大的人民,永远热爱我们伟大的中华民族,坚定理想信念,增长知识本领,锤炼品德意志,矢志奋斗拼搏,在人生的广阔舞台上充分发挥聪明才智、尽情展现人生价值,让青春在为党和人民建功立业中焕发出绚丽光彩。

同志们、朋友们!

90年前,中国共产党只有几十个成员,国家贫穷落后,人民苦不聊生。今天,中国共产党已经拥有8000多万党员,国家繁荣昌盛,人民幸福安康。90年来,我们党取得的所有成就都是依靠人民共同奋斗的结果,人民是真正的英雄,这一点我们永远不能忘记。

我们完全有理由为党和人民取得的一切成就而自豪,但我们没有丝毫理由因此而自满,我们决不能也决不会躺在过去的功劳簿上。

在本世纪上半叶,我们党要团结带领人民完成两个宏伟目标,这就是到中国共产党成立100年时建成惠及十几亿人口的更高水平的小康社会,到新中国成立100年时建成富强民主文明和谐的社会主义现代化国家。我们肩膀上的担子重、责任大。全党同志要牢记历史使命,永远保持谦虚、谨慎、不骄、不躁的作风,永远保持艰苦奋斗的作风,勇于变革、勇于创新,永不僵化、永不停滞,不动摇、不懈怠、不折腾,不为任何风险所惧,不被任何干扰所惑,坚定不移沿着中国特色社会主义道路奋勇前进,更加奋发有为地团结带领全国各族人民创造自己的幸福生活和中华民族的美好未来!

附录3

中共中央关于深化文化体制改革推动社会主义文化大发展大繁荣若干重大问题的决定

(2011年10月18日中国共产党第十七届中央委员会第六次全体会议通过)

中国共产党第十七届中央委员会第六次全体会议全面分析形势和任务,认为总结我国文化改革发展的丰富实践和宝贵经验,研究部署深化文化体制改革、推动社会主义文化大发展大繁荣,进一步兴起社会主义文化建设新高潮,对夺取全面建设小康社会新胜利、开创中国特色社会主义事业新局面、实现中华民族伟大复兴具有重大而深远的意义。全会作出如下决定。

一、充分认识推进文化改革发展的重要性和紧迫性,更加自觉、更加主动地推动社会主义文化大发展大繁荣

文化是民族的血脉,是人民的精神家园。在我国五千多年文明发展历程中,各族人民紧密团结、自强不息,共同创造出源远流长、博大精深的中华文化,为中华民族发展壮大提供了强大精神力量,为人类文明进步作出了不可磨灭的重大贡献。

中国共产党从成立之日起,就既是中华优秀传统文化的忠实传承者和弘扬者,又是中国先进文化的积极倡导者和发展者。我们党历来高度重视运用文化引领前进方向、凝聚奋斗力量,团结带领全国各族人民不断以思想文化新觉醒、理论创造新成果、文化建设新成就推动党和人民事业向前发展,文化工作在革命、建设、改革各个历史时期都发挥了不可替代的重大作用。

改革开放特别是党的十六大以来,我们党始终把文化建设放在党和国家全局工作重要战略地位,坚持物质文明和精神文明两手抓,实行依法治国和以德治国相结合,促进文化事业和文化产业同发展,推动文化建设不断取得新成就,走出了中国特色社会主义文化发展道路。我们坚持解放思想、实事求是、与时俱进,不断推进马克思主义中国化时代化大众化,形成和发展了中国特色社会主义理论体系,为开辟和拓展中国特色社会主义道路、确立和完善中国

特色社会主义制度提供了科学理论指导;坚持推进社会主义核心价值体系建设,用马克思主义中国化最新成果武装全党、教育人民,用中国特色社会主义共同理想凝聚力量,用以爱国主义为核心的民族精神和以改革创新为核心的时代精神鼓舞斗志,用社会主义荣辱观引领风尚,巩固了全党全国各族人民团结奋斗的共同思想道德基础;坚持为人民服务、为社会主义服务的方向和百花齐放、百家争鸣的方针,发扬广大人民群众和文化工作者的创造精神,推动优秀文化产品大量涌现,丰富了人民精神文化生活;坚持推进文化体制改革,创新文化发展理念,解放和发展文化生产力,推动文化事业全面繁荣、文化产业健康发展,大幅度提高了人民基本文化权益保障水平,大幅度提高了文化在经济社会发展中的地位和作用;坚持发展多层次、宽领域对外文化交流格局,借鉴吸收人类优秀文明成果,实施文化走出去战略,不断增强中华文化国际影响力,向世界展示了我国改革开放的崭新形象和我国人民昂扬向上的精神风貌。我国文化改革发展,显著提高了全民族思想道德素质和科学文化素质、促进了人的全面发展,显著增强了国家文化软实力,为坚持和发展中国特色社会主义提供了强大精神力量。

当今世界正处在大发展大变革大调整时期,世界多极化、经济全球化深入发展,科学技术日新月异,各种思想文化交流交融交锋更加频繁,文化在综合国力竞争中的地位和作用更加凸显,维护国家文化安全任务更加艰巨,增强国家文化软实力、中华文化国际影响力要求更加紧迫。当代中国进入了全面建设小康社会的关键时期和深化改革开放、加快转变经济发展方式的攻坚时期,文化越来越成为民族凝聚力和创造力的重要源泉、越来越成为综合国力竞争的重要因素、越来越成为经济社会发展的重要支撑,丰富精神文化生活越来越成为我国人民的热切愿望。我国仍处于并将长期处于社会主义初级阶段,人民日益增长的物质文化需要同落后的社会生产之间的矛盾仍然是社会主要矛盾。全面建成惠及十几亿人口的更高水平的小康社会,既要让人民过上殷实富足的物质生活,又要让人民享有健康丰富的文化生活。我们必须抓住和用好我国发展的重要战略机遇期,在坚持以经济建设为中心的同时,自觉把文化繁荣发展作为坚持发展是硬道理、发展是党执政兴国第一要务的重要内容,作为深入贯彻落实科学发展观的一个基本要求,进一步推动文化建设与经济建设、政治建设、社会建设以及生态文明建设协调发展,更好满足人民精神需求、丰富人民精神世界、增强人民精神力量,为继续解放思想、坚持改革开放、推动科学发展、促进社会和谐提供坚强思想保证、强大精神动力、有力舆论支持、良好文化条件。

我国文化领域正在发生广泛而深刻的变革,推动文化大发展大繁荣既具备许多有利条件,也面临一系列新情况新问题。我国文化发展同经济社会发展和人民日益增长的精神文化需求还不完全适应,突出矛盾和问题主要是:一些地方和单位对文化建设重要性、必要性、紧迫性认识不够,文化在推动全民族文明素质提高中的作用亟待加强;一些领域道德失范、诚信缺失,一些社会成员人生观、价值观扭曲,用社会主义核心价值体系引领社会思潮更为紧迫,巩固全党全国各族人民团结奋斗的共同思想道德基础任务繁重;舆论引导能力需要提高,网络建设和管理亟待加强和改进;有影响的精品力作还不够多,文化产品创作生产引导力度需要加大;公共文化服务体系不健全,城乡、区域文化发展不平衡;文化产业规模不大,结构不合理,束缚文化生产力发展的体制机制问题尚未根本解决;文化走出去较为薄弱,中华文化国际影响力需要进一步增强;文化人才队伍建设急需加强。推进文化改革发展,必须抓紧解决这些矛盾和问题。

全党必须深刻认识到,社会主义先进文化是马克思主义政党思想精神上的旗帜,文化建设是中国特色社会主义事业总体布局的重要组成部分。没有文化的积极引领,没有人民精神世界的极大丰富,没有全民族精神力量的充分发挥,一个国家、一个民族不可能屹立于世界民族之林。物质贫乏不是社会主义,精神空虚也不是社会主义。没有社会主义文化繁荣发展,就没有社会主义现代化。在新的历史起点上深化文化体制改革、推动社会主义文化大发展大繁荣,关系实现全面建设小康社会奋斗目标,关系坚持和发展中国特色社会主义,关系实现中华民族伟大复兴。我们要准确把握我国经济社会发展新要求,准确把握当今时代文化发展新趋势,准确把握各族人民精神文化生活新期待,增强责任感和紧迫感,解放思想,转变观念,抓住机遇,乘势而上,在全面建设小康社会进程中、在科学发展道路上奋力开创社会主义文化建设新局面。

二、坚持中国特色社会主义文化发展道路,努力建设社会主义文化强国

坚持中国特色社会主义文化发展道路,深化文化体制改革,推动社会主义文化大发展大繁荣,必须全面贯彻党的十七大精神,高举中国特色社会主义伟大旗帜,以马克思列宁主义、毛泽东思想、邓小平理论和"三个代表"重要思想为指导,深入贯彻落实科学发展观,坚持社会主义先进文化前进方向,以科学发展为主题,以建设社会主义核心价值体系为根本任务,以满足人民精神文化需求为出发点和落脚点,以改革创新为动力,发展面向现代化、面向世界、面向未来的,民族的科学的大众的社会主义文化,培养高度的文化自觉和文化自信,提高全民族文明素质,增强国家文化软实力,弘扬中华文化,努力建设社会主义文化强国。

建设社会主义文化强国,就是要着力推动社会主义先进文化更加深入人心,推动社会主义精神文明和物质文明全面发展,不断开创全民族文化创造活力持续迸发、社会文化生活更加丰富多彩、人民基本文化权益得到更好保障、人民思想道德素质和科学文化素质全面提高的新局面,建设中华民族共有精神家园,为人类文明进步作出更大贡献。

按照实现全面建设小康社会奋斗目标新要求,到二〇二〇年,文化改革发展奋斗目标是:社会主义核心价值体系建设深入推进,良好思想道德风尚进一步弘扬,公民素质明显提高;适应人民需要的文化产品更加丰富,精品力作不断涌现;文化事业全面繁荣,覆盖全社会的公共文化服务体系基本建立,努力实现基本公共文化服务均等化;文化产业成为国民经济支柱性产业,整体实力和国际竞争力显著增强,公有制为主体、多种所有制共同发展的文化产业格局

全面形成；文化管理体制和文化产品生产经营机制充满活力、富有效率，以民族文化为主体、吸收外来有益文化、推动中华文化走向世界的文化开放格局进一步完善；高素质文化人才队伍发展壮大，文化繁荣发展的人才保障更加有力。全党全国要为实现这些目标共同努力，不断提高文化建设科学化水平，为把我国建设成为社会主义文化强国打下坚实基础。

实现上述奋斗目标，必须遵循以下重要方针。

——坚持以马克思主义为指导，推进马克思主义中国化时代化大众化，用中国特色社会主义理论体系武装头脑、指导实践、推动工作，确保文化改革发展沿着正确道路前进。

——坚持社会主义先进文化前进方向，坚持为人民服务、为社会主义服务，坚持百花齐放、百家争鸣，坚持继承和创新相统一，弘扬主旋律、提倡多样化，以科学的理论武装人，以正确的舆论引导人，以高尚的精神塑造人，以优秀的作品鼓舞人，在全社会形成积极向上的精神追求和健康文明的生活方式。

——坚持以人为本，贴近实际、贴近生活、贴近群众，发挥人民在文化建设中的主体作用，坚持文化发展为了人民、文化发展依靠人民、文化发展成果由人民共享，促进人的全面发展，培育有理想、有道德、有文化、有纪律的社会主义公民。

——坚持把社会效益放在首位，坚持社会效益和经济效益有机统一，遵循文化发展规律，适应社会主义市场经济发展要求，加强文化法制建设，一手抓繁荣、一手抓管理，推动文化事业和文化产业全面协调可持续发展。

——坚持改革开放，着力推进文化体制机制创新，以改革促发展、促繁荣，不断解放和发展文化生产力，提高文化开放水平，推动中华文化走向世界，积极吸收各国优秀文明成果，切实维护国家文化安全。

三、推进社会主义核心价值体系建设，巩固全党全国各族人民团结奋斗的共同思想道德基础

社会主义核心价值体系是兴国之魂，是社会主义先进文化的精髓，决定着中国特色社会主义发展方向。必须强化教育引导，增进社会共识，创新方式方法，健全制度保障，把社会主义核心价值体系融入国民教育、精神文明建设和党的建设全过程，贯穿改革开放和社会主义现代化建设各领域，体现到精神文化产品创作生产传播各方面，坚持用社会主义核心价值体系引领社会思潮，在全党全社会形成统一指导思想、共同理想信念、强大精神力量、基本道德规范。

（一）坚持马克思主义指导地位

马克思主义深刻揭示了人类社会发展规律，坚定维护和发展最广大人民根本利益，是指引人民推动社会进步、创造美好生活的科学理论。要毫不动摇地坚持马克思主义基本原理，紧密结合中国实际、时代特征、人民愿望，用发展着的马克思主义指导新的实践。坚持不懈用

中国特色社会主义理论体系武装全党、教育人民,推动学习实践科学发展观向深度和广度拓展,引导党员、干部深入学习贯彻党的基本理论、基本路线、基本纲领、基本经验,学习马克思主义经典著作,系统掌握马克思主义立场、观点、方法。科学分析世情、国情、党情新变化,深入研究解决改革开放和社会主义现代化建设新课题,不断深化对共产党执政规律、社会主义建设规律、人类社会发展规律的认识,不断把党带领人民创造的成功经验上升为理论,不断赋予当代中国马克思主义鲜明的实践特色、民族特色、时代特色。坚持以领导班子和领导干部为重点,以提高思想政治素养为根本,以建设学习型党组织为抓手,大力推进马克思主义学习型政党建设。深入推进马克思主义理论研究和建设工程,实施中国特色社会主义理论体系普及计划,加强重点学科体系和教材体系建设,推动中国特色社会主义理论体系进教材、进课堂、进头脑,加强和改进学校思想政治教育。

（二）坚定中国特色社会主义共同理想

中国特色社会主义是当代中国发展进步的根本方向,集中体现了最广大人民根本利益和共同愿望。要深入开展理想信念教育,引导干部群众深刻认识中国共产党领导和中国特色社会主义制度的历史必然性和优越性,深刻认识中国特色社会主义道路既是实现社会主义现代化和中华民族伟大复兴的必由之路,也是创造人民美好生活的必由之路,自觉把个人理想融入中国特色社会主义共同理想之中,最大限度把广大人民团结和凝聚在中国特色社会主义伟大旗帜之下。紧密结合中国特色社会主义成功实践,联系干部群众思想实际,针对社会热点难点问题,从理论和实践结合上作出有说服力的回答,引导干部群众在重大思想理论问题上划清是非界限、澄清模糊认识,有力抵制各种错误和腐朽思想影响。深入开展形势政策教育、国情教育、革命传统教育、改革开放教育、国防教育,组织学习中国近现代史特别是党领导人民进行革命、建设、改革的历史,坚定广大干部群众对中国特色社会主义的信心和信念。

（三）弘扬以爱国主义为核心的民族精神和以改革创新为核心的时代精神

爱国主义是中华民族最深厚的思想传统,最能感召中华儿女团结奋斗;改革创新是当代中国最鲜明的时代特征,最能激励中华儿女锐意进取。要广泛开展民族精神教育,大力弘扬爱国主义、集体主义、社会主义思想,增强民族自尊心、自信心、自豪感,激励人民把爱国热情化作振兴中华的实际行动,以热爱祖国和贡献自己全部力量建设祖国为最大光荣、以损害祖国利益和尊严为最大耻辱。广泛开展时代精神教育,引导干部群众始终保持与时俱进、开拓创新的精神状态,永不自满、永不僵化、永不停滞,以思想不断解放推动事业持续发展。大力弘扬一切有利于国家富强、民族振兴、人民幸福、社会和谐的思想和精神,大力发扬艰苦奋斗、劳动光荣、勤俭节约的优良传统。加强民族团结进步教育,增进对伟大祖国和中华民族的认同,促进各民族共同团结奋斗、共同繁荣发展。加强爱国主义教育基地建设,用好红色旅游资源,使之成为弘扬培育民族精神和时代精神的重要课堂。

(四)树立和践行社会主义荣辱观

社会主义荣辱观体现了社会主义道德的根本要求。要深入开展社会主义荣辱观宣传教育,弘扬中华传统美德,推进公民道德建设工程,加强社会公德、职业道德、家庭美德、个人品德教育,评选表彰道德模范,学习宣传先进典型,引导人民增强道德判断力和道德荣誉感,自觉履行法定义务、社会责任、家庭责任,在全社会形成知荣辱、讲正气、作奉献、促和谐的良好风尚。深化群众性精神文明创建活动,广泛开展志愿服务,拓展各类道德实践活动,倡导爱国、敬业、诚信、友善等道德规范,形成男女平等、尊老爱幼、扶贫济困、扶弱助残、礼让宽容的人际关系。全面加强学校德育体系建设,构建学校、家庭、社会紧密协作的教育网络,动员社会各方面共同做好青少年思想道德教育工作。深入开展学雷锋活动,采取措施推动学习活动常态化。深化政风、行风建设,开展道德领域突出问题专项教育和治理,坚决反对拜金主义、享乐主义、极端个人主义,坚决纠正以权谋私、造假欺诈、见利忘义、损人利己的歪风邪气。把诚信建设摆在突出位置,大力推进政务诚信、商务诚信、社会诚信和司法公信建设,抓紧建立健全覆盖全社会的征信系统,加大对失信行为惩戒力度,在全社会广泛形成守信光荣、失信可耻的氛围。加强法制宣传教育,弘扬社会主义法治精神,树立社会主义法治理念,提高全民法律素质,推动人人学法尊法守法用法,维护法律权威和社会公平正义。加强人文关怀和心理疏导,培育自尊自信、理性平和、积极向上的社会心态。弘扬科学精神,普及科学知识,倡导移风易俗,抵制封建迷信。深入开展反腐倡廉教育,推进廉政文化建设。

四、全面贯彻"二为"方向和"双百"方针,为人民提供更好更多的精神食粮

创作生产更多无愧于历史、无愧于时代、无愧于人民的优秀作品,是文化繁荣发展的重要标志。必须全面贯彻为人民服务、为社会主义服务的方向和百花齐放、百家争鸣的方针,立足发展先进文化、建设和谐文化,激发文化创作生产活力,提高文化产品质量,发挥文化引领风尚、教育人民、服务社会、推动发展的作用。

(一)坚持正确创作方向

正确创作方向是文化创作生产的根本性问题,一切进步的文化创作生产都源于人民、为了人民、属于人民。必须牢固树立人民是历史创造者的观点,坚持以人民为中心的创作导向,热情讴歌改革开放和社会主义现代化建设伟大实践,生动展示我国人民奋发有为的精神风貌和创造历史的辉煌业绩。要引导文化工作者牢记为人民服务、为社会主义服务的神圣职责,坚持正确文化立场,认真对待和积极追求文化产品社会效果,弘扬真善美,贬斥假恶丑,把学术探索和艺术创作融入实现中华民族伟大复兴的事业之中。坚持发扬学术民主、艺术民主,营造积极健康、宽松和谐的氛围,提倡不同观点和学派充分讨论,提倡体裁、题材、形式、手段充分发展,推动观念、内容、风格、流派积极创新。把创新精神贯穿文化创作生产全过程,弘扬

民族优秀文化传统和五四运动以来形成的革命文化传统,学习借鉴国外文化创新有益成果,兼收并蓄、博采众长,增强文化产品时代感和吸引力。

(二)繁荣发展哲学社会科学

坚持和发展中国特色社会主义,必须大力发展哲学社会科学,使之更好发挥认识世界、传承文明、创新理论、咨政育人、服务社会的重要功能。要巩固发展马克思主义理论学科,坚持基础研究和应用研究并重,传统学科和新兴学科、交叉学科并重,结合我国实际和时代特点,建设具有中国特色、中国风格、中国气派的哲学社会科学。坚持以重大现实问题为主攻方向,加强对全局性、战略性、前瞻性问题研究,加快哲学社会科学成果转化,更好服务经济社会发展。实施哲学社会科学创新工程,发挥国家哲学社会科学基金示范引导作用,推进学科体系、学术观点、科研方法创新,重点扶持立足中国特色社会主义实践的研究项目,着力推出代表国家水准、具有世界影响、经得起实践和历史检验的优秀成果。整合哲学社会科学研究力量,建设一批社会科学研究基地和国家重点实验室,建设一批具有专业优势的思想库,加强哲学社会科学信息化建设。

(三)加强和改进新闻舆论工作

舆论导向正确是党和人民之福,舆论导向错误是党和人民之祸。要坚持马克思主义新闻观,牢牢把握正确导向,坚持团结稳定鼓劲、正面宣传为主,壮大主流舆论,提高舆论引导的及时性、权威性和公信力、影响力,发挥宣传党的主张、弘扬社会正气、通达社情民意、引导社会热点、疏导公众情绪、搞好舆论监督的重要作用,保障人民知情权、参与权、表达权、监督权。以党报党刊、通讯社、电台电视台为主,整合都市类媒体、网络媒体等宣传资源,构建统筹协调、责任明确、功能互补、覆盖广泛、富有效率的舆论引导格局。加强和改进正面宣传,加强社会主义核心价值体系宣传,加强舆情分析研判,加强社会热点难点问题引导,从群众关注点入手,科学解疑释惑,有效凝聚共识。做好重大突发事件新闻报道,完善新闻发布制度,健全应急报道和舆论引导机制,提高时效性,增加透明度。加强和改进舆论监督,推动解决党和政府高度重视、群众反映强烈的实际问题,维护人民利益,密切党群关系,促进社会和谐。新闻媒体和新闻工作者要秉持社会责任和职业道德,真实准确传播新闻信息,自觉抵制错误观点,坚决杜绝虚假新闻。

(四)推出更多优秀文艺作品

文学、戏剧、电影、电视、音乐、舞蹈、美术、摄影、书法、曲艺、杂技以及民间文艺、群众文艺等各领域文艺工作者都要积极投身到讴歌时代和人民的文艺创造活动之中,在社会生活中汲取素材、提炼主题,以充沛的激情、生动的笔触、优美的旋律、感人的形象,创作生产出思想性艺术性观赏性相统一、人民喜闻乐见的优秀文艺作品。实施精品战略,组织好"五个一工程"、重大革命和历史题材创作工程、重点文学艺术作品扶持工程、优秀少儿作品创作工程,鼓励原创和现实题材创作,不断推出文艺精品。扶持代表国家水准、具有民族特色和地方特色的优秀艺术品种,积极发展新的艺术样式。鼓励一切有利于陶冶情操、愉悦身心、寓教于乐的文艺创作,抵制低俗之风。

(五)发展健康向上的网络文化

加强网上思想文化阵地建设,是社会主义文化建设的迫切任务。要认真贯彻积极利用、科学发展、依法管理、确保安全的方针,加强和改进网络文化建设和管理,加强网上舆论引导,唱响网上思想文化主旋律。实施网络内容建设工程,推动优秀传统文化瑰宝和当代文化精品网络传播,制作适合互联网和手机等新兴媒体传播的精品佳作,鼓励网民创作格调健康的网络文化作品。支持重点新闻网站加快发展,打造一批在国内外有较强影响力的综合性网站和特色网站,发挥主要商业网站建设性作用,培育一批网络内容生产和服务骨干企业。发展网络新技术新业态,占领网络信息传播制高点。广泛开展文明网站创建,推动文明办网、文明上网,督促网络运营服务企业履行法律义务和社会责任,不为有害信息提供传播渠道。加强网络法制建设,加快形成法律规范、行政监管、行业自律、技术保障、公众监督、社会教育相结合的互联网管理体系。加强对社交网络和即时通信工具等的引导和管理,规范网上信息传播秩序,培育文明理性的网络环境。依法惩处传播有害信息行为,深入推进整治网络淫秽色情和低俗信息专项行动,严厉打击网络违法犯罪。加大网上个人信息保护力度,建立网络安全评估机制,维护公共利益和国家信息安全。

(六)完善文化产品评价体系和激励机制

坚持把遵循社会主义先进文化前进方向、人民群众满意作为评价作品最高标准,把群众评价、专家评价和市场检验统一起来,形成科学的评价标准。要建立公开、公平、公正评奖机制,精简评奖种类,改进评奖办法,提高权威性和公信度。加强文艺理论建设,培养高素质文艺评论队伍,开展积极健康的文艺批评,褒优贬劣,激浊扬清。加大优秀文化产品推广力度,运用主流媒体、公共文化场所等资源,在资金、频道、版面、场地等方面为展演展映展播展览弘扬主流价值的精品力作提供条件。设立专项艺术基金,支持收藏和推介优秀文化作品。加大知识产权保护力度,依法惩处侵权行为,维护著作权人合法权益。

五、大力发展公益性文化事业,保障人民基本文化权益

满足人民基本文化需求是社会主义文化建设的基本任务。必须坚持政府主导,按照公益性、基本性、均等性、便利性的要求,加强文化基础设施建设,完善公共文化服务网络,让群众广泛享有免费或优惠的基本公共文化服务。

(一)构建公共文化服务体系

加强公共文化服务是实现人民基本文化权益的主要途径。要以公共财政为支撑,以公益

性文化单位为骨干,以全体人民为服务对象,以保障人民群众看电视、听广播、读书看报、进行公共文化鉴赏、参与公共文化活动等基本文化权益为主要内容,完善覆盖城乡、结构合理、功能健全、实用高效的公共文化服务体系。把主要公共文化产品和服务项目、公益性文化活动纳入公共财政经常性支出预算。采取政府采购、项目补贴、定向资助、贷款贴息、税收减免等政策措施鼓励各类文化企业参与公共文化服务。鼓励国家投资、资助或拥有版权的文化产品无偿用于公共文化服务。加强文化馆、博物馆、图书馆、美术馆、科技馆、纪念馆、工人文化宫、青少年宫等公共文化服务设施和爱国主义教育示范基地建设并完善向社会免费开放服务,鼓励其他国有文化单位、教育机构等开展公益性文化活动,各类公共场所要为群众性文化活动提供便利。统筹规划和建设基层公共文化服务设施,坚持项目建设和运行管理并重,实现资源整合、共建共享。加强社区公共文化设施建设,把社区文化中心建设纳入城乡规划和设计,拓展投资渠道。完善面向妇女、未成年人、老年人、残疾人的公共文化服务设施。引导和鼓励社会力量通过兴办实体、资助项目、赞助活动、提供设施等形式参与公共文化服务。推进国家公共文化服务体系示范区创建。制定公共文化服务指标体系和绩效考核办法。

(二)发展现代传播体系

提高社会主义先进文化辐射力和影响力,必须加快构建技术先进、传输快捷、覆盖广泛的现代传播体系。要加强党报党刊、通讯社、电台电视台和重要出版社建设,进一步完善采编、发行、播发系统,加快数字化转型,扩大有效覆盖面。加强国际传播能力建设,打造国际一流媒体,提高新闻信息原创率、首发率、落地率。建立统一联动、安全可靠的国家应急广播体系。完善国家数字图书馆建设。整合有线电视网络,组建国家级广播电视网络公司。推进电信网、广电网、互联网三网融合,建设国家新媒体集成播控平台,创新业务形态,发挥各类信息网络设施的文化传播作用,实现互联互通、有序运行。

(三)建设优秀传统文化传承体系

优秀传统文化凝聚着中华民族自强不息的精神追求和历久弥新的精神财富,是发展社会主义先进文化的深厚基础,是建设中华民族共有精神家园的重要支撑。要全面认识祖国传统文化,取其精华、去其糟粕,古为今用、推陈出新,坚持保护利用、普及弘扬并重,加强对优秀传统文化思想价值的挖掘和阐发,维护民族文化基本元素,使优秀传统文化成为新时代鼓舞人民前进的精神力量。加强文化典籍整理和出版工作,推进文化典籍资源数字化。加强国家重大文化和自然遗产地、重点文物保护单位、历史文化名城名镇名村保护建设,抓好非物质文化遗产保护传承。深入挖掘民族传统节日文化内涵,广泛开展优秀传统文化教育普及活动。发挥国民教育在文化传承创新中的基础性作用,增加优秀传统文化课程内容,加强优秀传统文化教学研究基地建设。大力推广和规范使用国家通用语言文字,科学保护各民族语言文字。繁荣发展少数民族文化事业,开展少数民族特色文化保护工作,加强少数民族语言文字党报党刊、广播影视节目、出版物等译制播出出版。加强同香港、澳门的文化交流合作,加强同台湾的各种形式文化交流,共同弘扬中华优秀传统文化。

(四)加快城乡文化一体化发展

增加农村文化服务总量,缩小城乡文化发展差距,对推进社会主义新农村建设、形成城乡经济社会发展一体化新格局具有重大意义。要以农村和中西部地区为重点,加强县级文化馆和图书馆、乡镇综合文化站、村文化室建设,深入实施广播电视村村通、文化信息资源共享、农村电影放映、农家书屋等文化惠民工程,扩大覆盖、消除盲点、提高标准、完善服务、改进管理。加大对革命老区、民族地区、边疆地区、贫困地区文化服务网络建设支持和帮扶力度。深入开展全民阅读、全民健身活动,推动文化科技卫生"三下乡"、科教文体法律卫生"四进社区"、"送欢乐下基层"等活动经常化。引导企业、社区积极开展面向农民工的公益性文化活动,尽快把农民工纳入城市公共文化服务体系。建立以城带乡联动机制,合理配置城乡文化资源,鼓励城市对农村进行文化帮扶,把支持农村文化建设作为创建文明城市基本指标。鼓励文化单位面向农村提供流动服务、网点服务,推动媒体办好农村版和农村频率频道,做好主要党报党刊在农村基层发行和赠阅工作。扶持文化企业以连锁方式加强基层和农村文化网点建设,推动电影院线、演出院线向市县延伸,支持演艺团体深入基层和农村演出。中央、省、市三级设立农村文化建设专项资金,保证一定数量的中央转移支付资金用于乡镇和村文化建设。

六、加快发展文化产业,推动文化产业成为国民经济支柱性产业

发展文化产业是社会主义市场经济条件下满足人民多样化精神文化需求的重要途径。必须坚持社会主义先进文化前进方向,坚持把社会效益放在首位、社会效益和经济效益相统一,按照全面协调可持续的要求,推动文化产业跨越式发展,使之成为新的经济增长点、经济结构战略性调整的重要支点、转变经济发展方式的重要着力点,为推动科学发展提供重要支撑。

(一)构建现代文化产业体系

加快发展文化产业,必须构建结构合理、门类齐全、科技含量高、富有创意、竞争力强的现代文化产业体系。要在重点领域实施一批重大项目,推进文化产业结构调整,发展壮大出版发行、影视制作、印刷、广告、演艺、娱乐、会展等传统文化产业,加快发展文化创意、数字出版、移动多媒体、动漫游戏等新兴文化产业。鼓励有实力的文化企业跨地区、跨行业、跨所有制兼并重组,培育文化产业领域战略投资者。优化文化产业布局,发挥东中西部地区各自优势,加强文化产业基地规划和建设,发展文化产业集群,提高文化产业规模化、集约化、专业化水平。加大对拥有自主知识产权、弘扬民族优秀文化的产业支持力度,打造知名品牌。发掘城市文化资源,发展特色文化产业,建设特色文化城市。发挥首都全国文化中心示范作用。规划建

设备具特色的文化创业创意园区,支持中小文化企业发展。推动文化产业与旅游、体育、信息、物流、建筑等产业融合发展,增加相关产业文化含量,延伸文化产业链,提高附加值。

(二)形成公有制为主体、多种所有制共同发展的文化产业格局

加快发展文化产业,必须毫不动摇地支持和壮大国有或国有控股文化企业,毫不动摇地鼓励和引导各种非公有制文化企业健康发展。要培育一批核心竞争力强的国有或国有控股大型文化企业或企业集团,在发展产业和繁荣市场方面发挥主导作用。在国家许可范围内,引导社会资本以多种形式投资文化产业,参与国有经营性文化单位转企改制,参与重大文化产业项目实施和文化产业园区建设,在投资核准、信用贷款、土地使用、税收优惠、上市融资、发行债券、对外贸易和申请专项资金等方面给予支持,营造公平参与市场竞争、同等受到法律保护的体制和法制环境。加强和改进对非公有制文化企业的服务和管理,引导他们自觉履行社会责任。

(三)推进文化科技创新

科技创新是文化发展的重要引擎。要发挥文化和科技相互促进的作用,深入实施科技带动战略,增强自主创新能力。抓住一批全局性、战略性重大科技课题,加强核心技术、关键技术、共性技术攻关,以先进技术支撑文化装备、软件、系统研制和自主发展,重视相关技术标准制定,加快科技创新成果转化,提高我国出版、印刷、传媒、影视、演艺、网络、动漫等领域技术装备水平,增强文化产业核心竞争力。依托国家高新技术园区、国家可持续发展实验区等建立国家级文化和科技融合示范基地,把重大文化科技项目纳入国家相关科技发展规划和计划。健全以企业为主体、市场为导向、产学研相结合的文化技术创新体系,培育一批特色鲜明、创新能力强的文化科技企业,支持产学研战略联盟和公共服务平台建设。

(四)扩大文化消费

增加文化消费总量,提高文化消费水平,是文化产业发展的内生动力。要创新商业模式,拓展大众文化消费市场,开发特色文化消费,扩大文化服务消费,提供个性化、分众化的文化产品和服务,培育新的文化消费增长点。提高基层文化消费水平,引导文化企业投资兴建更多适合群众需求的文化消费场所,鼓励出版适应群众购买能力的图书报刊,鼓励在商业演出和电影放映中安排一定数量的低价场次或门票,鼓励网络文化运营商开发更多低收费业务,有条件的地方要为困难群众和农民工文化消费提供适当补贴。积极发展文化旅游,促进非物质文化遗产保护传承与旅游相结合,发挥旅游对文化消费的促进作用。

七、进一步深化改革开放,加快构建有利于文化繁荣发展的体制机制

文化引领时代风气之先,是最需要创新的领域。必须牢牢把握正确方向,加快推进文化体制改革,建立健全党委领导、政府管理、行业自律、社会监督、企事业单位依法运营的文化管

理体制和富有活力的文化产品生产经营机制,发挥市场在文化资源配置中的积极作用,创新文化走出去模式,为文化繁荣发展提供强大动力。

(一)深化国有文化单位改革

以建立现代企业制度为重点,加快推进经营性文化单位改革,培育合格市场主体。科学界定文化单位性质和功能,区别对待、分类指导,循序渐进、逐步推开,推进一般国有文艺院团、非时政类报刊社、新闻网站转企改制,拓展出版、发行、影视企业改革成果,加快公司制股份制改造,完善法人治理结构,形成符合现代企业制度要求、体现文化企业特点的资产组织形式和经营管理模式。创新投融资体制,支持国有文化企业面向资本市场融资,支持其吸引社会资本进行股份制改造。着眼于突出公益属性、强化服务功能、增强发展活力,全面推进文化事业单位人事、收入分配、社会保障制度改革,明确服务规范,加强绩效评估考核。创新公共文化服务设施运行机制,吸纳有代表性的社会人士、专业人士、基层群众参与管理。推动党报党刊、电台电视台进一步完善管理和运行机制。推动一般时政类报刊社、公益性出版社、代表民族特色和国家水准的文艺院团等事业单位实行企业化管理,增强面向市场、面向群众提供服务能力。

(二)健全现代文化市场体系

促进文化产品和要素在全国范围内合理流动,必须构建统一开放竞争有序的现代文化市场体系。要重点发展图书报刊、电子音像制品、演出娱乐、影视剧、动漫游戏等产品市场,进一步完善中国国际文化产业博览交易会等综合交易平台。发展连锁经营、物流配送、电子商务等现代流通组织和流通形式,加快建设大型文化流通企业和文化产品物流基地,构建以大城市为中心、中小城市相配套、贯通城乡的文化产品流通网络。加快培育产权、版权、技术、信息等要素市场,办好重点文化产权交易所,规范文化资产和艺术品交易。加强行业组织建设,健全中介机构。

(三)创新文化管理体制

深化文化行政管理体制改革,加快政府职能转变,强化政策调节、市场监管、社会管理、公共服务职能,推动政企分开、政事分开,理顺政府和文化企事业单位关系。完善管人管事管资产管导向相结合的国有文化资产管理体制。健全文化市场综合行政执法机构,推动副省级以下城市完善综合文化行政责任主体。加快文化立法,制定和完善公共文化服务保障、文化产业振兴、文化市场管理等方面法律法规,提高文化建设法制化水平。坚持主管主办制度,落实谁主管谁负责和属地管理原则,严格执行文化资本、文化企业、文化产品市场准入和退出政策,综合运用法律、行政、经济、科技等手段提高管理效能。深入开展"扫黄打非",完善文化市场管理,坚决扫除毒害人们心灵的腐朽文化垃圾,切实营造确保国家文化安全的市场秩序。

（四）完善政策保障机制

保证公共财政对文化建设投入的增长幅度高于财政经常性收入增长幅度,提高文化支出占财政支出比例。扩大公共财政覆盖范围,完善投入方式,加强资金管理,提高资金使用效益,保障公共文化服务体系建设和运行。落实和完善文化经济政策,支持社会组织、机构、个人捐赠和兴办公益性文化事业,引导文化非营利机构提供公共文化产品和服务。加大财政、税收、金融、用地等方面对文化产业的政策扶持力度,鼓励文化企业和社会资本对接,对文化内容创意生产、非物质文化遗产项目经营实行税收优惠。设立国家文化发展基金,扩大有关文化基金和专项资金规模,提高各级彩票公益金用于文化事业比重。继续执行文化体制改革配套政策,对转企改制国有文化单位扶持政策执行期限再延长五年。

（五）推动中华文化走向世界

开展多渠道多形式多层次对外文化交流,广泛参与世界文明对话,促进文化相互借鉴,增强中华文化在世界上的感召力和影响力,共同维护文化多样性。创新对外宣传方式方法,增强国际话语权,妥善回应外部关切,增进国际社会对我国基本国情、价值观念、发展道路、内外政策的了解和认识,展现我国文明、民主、开放、进步的形象。实施文化走出去工程,完善支持文化产品和服务走出去政策措施,支持重点主流媒体在海外设立分支机构,培育一批具有国际竞争力的外向型文化企业和中介机构,完善译制、推介、咨询等方面扶持机制,开拓国际文化市场。加强海外中国文化中心和孔子学院建设,鼓励代表国家水平的各类学术团体、艺术机构在相应国际组织中发挥建设性作用,组织对外翻译优秀学术成果和文化精品。构建人文交流机制,把政府交流和民间交流结合起来,发挥非公有制文化企业、文化非营利机构在对外文化交流中的作用,支持海外侨胞积极开展中外人文交流。建立面向外国青年的文化交流机制,设立中华文化国际传播贡献奖和国际性文化奖项。

（六）积极吸收借鉴国外优秀文化成果

坚持以我为主、为我所用,学习借鉴一切有利于加强我国社会主义文化建设的有益经验、一切有利于丰富我国人民文化生活的积极成果、一切有利于发展我国文化事业和文化产业的经营管理理念和机制。加强文化领域智力、人才、技术引进工作。吸收外资进入法律法规许可的文化产业领域,保障投资者合法权益。鼓励文化单位同国外有实力的文化机构进行项目合作,学习先进制作技术和管理经验。鼓励外资企业在华进行文化科技研发,发展服务外包。开展知识产权保护国际合作。

八、建设宏大文化人才队伍,为社会主义文化大发展大繁荣提供有力人才支撑

推动社会主义文化大发展大繁荣,队伍是基础,人才是关键。要坚持尊重劳动、尊重知识、尊重人才、尊重创造,深入实施人才强国战略,牢固树立人才是第一资源思想,全面贯彻党

管人才原则,加快培养造就德才兼备、锐意创新、结构合理、规模宏大的文化人才队伍。

(一)造就高层次领军人物和高素质文化人才队伍

高层次领军人物和专业文化工作者是社会主义文化建设的中坚力量。要继续实施"四个一批"人才培养工程和文化名家工程,建立重大文化项目首席专家制度,造就一批人民喜爱、有国际影响的名家大师和民族文化代表人物。加强专业文化工作队伍、文化企业家队伍建设,扶持资助优秀中青年文化人才主持重大课题、领衔重点项目,抓紧培养善于开拓文化新领域的拔尖创新人才、掌握现代传媒技术的专门人才、懂经营善管理的复合型人才、适应文化走出去需要的国际化人才。创新人才培养模式,实施高端紧缺文化人才培养计划,搭建文化人才终身学习平台。鼓励和扶持高等学校和中等职业学校优化专业结构,与文化企事业单位共建培养基地。完善人才培养开发、评价发现、选拔任用、流动配置、激励保障机制,深化职称评审改革,为优秀人才脱颖而出、施展才干创造有利制度环境。重视发现和培养社会文化人才。对非公有制文化单位人员评定职称、参与培训、申报项目、表彰奖励同等对待。完善相关政策措施,多渠道吸引海外优秀文化人才。落实国家荣誉制度,抓紧设立国家级文化荣誉称号,表彰奖励成就卓著的文化工作者。

(二)加强基层文化人才队伍建设

基层文化人才队伍是文化改革发展的基础力量。要制定实施基层文化人才队伍建设规划,完善机构编制、学习培训、待遇保障等方面的政策措施,吸引优秀文化人才服务基层。配好配齐乡镇、街道党委宣传委员、宣传干事和乡镇综合文化站专职人员。设立城乡社区公共文化服务岗位,对服务期满高校毕业生报考文化部门公务员、相关专业研究生实行定向招录。重视发现和培养扎根基层的乡土文化能人、民族民间文化传承人特别是非物质文化遗产项目代表性传承人,鼓励和扶持群众中涌现出的各类文化人才和文化活动积极分子,促进他们健康成长、发挥作用。壮大文化志愿者队伍,鼓励专业文化工作者和社会各界人士参与基层文化建设和群众文化活动,形成专兼结合的基层文化工作队伍。

(三)加强职业道德建设和作风建设

文化工作者要成为优秀文化的生产者和传播者,必须加强自身修养,做道德品行和人格操守的示范者。要引导广大文化工作者特别是名家名人自觉践行社会主义核心价值体系,增强社会责任感,弘扬科学精神和职业道德,发扬严谨笃学、潜心钻研、淡泊名利、自尊自律的风尚,努力追求德艺双馨,坚决抵制学术不端、情趣低俗等不良风气。鼓励文化工作者特别是文化名家、中青年骨干深入实际、深入生活、深入群众,拜人民为师,增强国情了解,增加基层体验,增进群众感情。文化工作者要相互尊重、平等交流、取长补短,共同营造风清气正、和谐奋进的良好氛围。

九、加强和改进党对文化工作的领导,提高推进文化改革发展科学化水平

加强和改进党对文化工作的领导,是推进文化改革发展的根本保证,也是加强党的执政能力建设和先进性建设的内在要求。必须从战略和全局出发,把握文化发展规律,健全领导体制机制,改进工作方式方法,增强领导文化建设本领。

(一)切实担负起推进文化改革发展的政治责任

各级党委和政府要把文化建设摆在全局工作重要位置,深入研究意识形态和宣传文化工作新情况新特点,及时研究文化改革发展重大问题,加强和改进思想政治工作,牢牢把握意识形态工作主导权,掌握文化改革发展领导权。把文化建设纳入经济社会发展总体规划,与经济社会发展一同研究部署、一同组织实施、一同督促检查。把文化改革发展成效纳入科学发展考核评价体系,作为衡量领导班子和领导干部工作业绩的重要依据。制定社会主义核心价值体系建设实施纲要。在全党深入开展社会主义核心价值体系学习教育,使广大党员、干部成为实践社会主义核心价值体系的模范,做共产主义远大理想和中国特色社会主义共同理想的坚定信仰者。深入做好文化领域知识分子工作,充分尊重知识分子创造性劳动,善于同知识分子特别是有影响的代表人士交朋友,把广大知识分子紧紧团结在党的周围。

(二)加强文化领域领导班子和党组织建设

坚持德才兼备、以德为先用人标准,选好配强文化领域各级领导班子,把政治立场坚定、思想理论水平高、熟悉文化工作、善于驾驭意识形态领域复杂局面的干部充实到领导岗位上来,把文化领域各级领导班子建设成为坚强领导集体。加强领导班子思想政治建设,增强政治敏锐性和政治鉴别力,筑牢思想防线,确保文化阵地导向正确。各级领导干部要高度重视并切实抓好文化工作,加强文化理论学习和文化问题研究,提高文化素养,努力成为领导文化建设的行家里手。把文化建设内容纳入干部培训计划和各级党校、行政学院、干部学院教学体系。结合文化单位特点加强和创新基层党的工作,发挥文化事业单位、国有和国有控股文化企业党组织的领导核心和政治核心作用,重视文化领域非公有制经济组织、新社会组织党的组织建设。注重在文化领域优秀人才、先进青年、业务骨干中发展党员。文化战线全体共产党员要牢固树立党的观念、党员意识,讲党性、重品行、作表率,在推进文化改革发展中创先争优、发挥先锋模范作用。

(三)健全共同推进文化建设工作机制

推动社会主义文化大发展大繁荣是全党全社会的共同责任。要建立健全党委统一领导、党政齐抓共管、宣传部门组织协调、有关部门分工负责、社会力量积极参与的工作体制和工作格局,形成文化建设强大合力。文化领域各部门各单位要自觉贯彻中央决策部署,落实文化改革发展目标任务,发挥文化建设主力军作用。支持人大、政协履行职能,调动各部门积极

性,支持民主党派、无党派人士和人民团体发挥作用,共同推进文化改革发展。推动文联、作协、记协等文化领域人民团体创新管理体制、组织形式、活动方式,履行好联络协调服务职能,加强行业自律,依法维护文化工作者权益。全面贯彻党的宗教工作基本方针,发挥宗教界人士和信教群众在促进文化繁荣发展中的积极作用。

（四）发挥人民群众文化创造积极性

人民是推动社会主义文化大发展大繁荣最深厚的力量源泉。要牢固树立马克思主义群众观点,自觉贯彻党的群众路线,为广大群众成为社会主义文化建设者提供广阔舞台。广泛开展群众性文化活动,提高社区文化、村镇文化、企业文化、校园文化等建设水平,引导群众在文化建设中自我表现、自我教育、自我服务。积极搭建公益性文化活动平台,依托重大节庆和民族民间文化资源,组织开展群众乐于参与、便于参与的文化活动。支持群众依法兴办文化团体,精心培育植根群众、服务群众的文化载体和文化样式。及时总结来自群众、生动鲜活的文化创新经验,推广大众文化优秀成果,在全社会营造鼓励文化创造的良好氛围,让蕴藏于人民中的文化创造活力得到充分发挥。

中国人民解放军和中国人民武装警察部队文化建设工作,由中央军委根据本决定精神作出部署。

中华民族伟大复兴必然伴随着中华文化繁荣兴盛。全党要紧密团结在以胡锦涛同志为总书记的党中央周围,满怀信心带领全国各族人民在坚持和发展中国特色社会主义的伟大实践中进行文化创造,为把我国建设成为社会主义文化强国而努力奋斗!

附录4

坚定不移沿着中国特色社会主义道路前进
为全面建成小康社会而奋斗

——胡锦涛在中国共产党第十八次全国代表大会上的报告

同志们：

现在，我代表第十七届中央委员会向大会作报告。

中国共产党第十八次全国代表大会，是在我国进入全面建成小康社会决定性阶段召开的一次十分重要的大会。大会的主题是：高举中国特色社会主义伟大旗帜，以邓小平理论、"三个代表"重要思想、科学发展观为指导，解放思想，改革开放，凝聚力量，攻坚克难，坚定不移沿着中国特色社会主义道路前进，为全面建成小康社会而奋斗。

此时此刻，我们有一个共同的感觉：经过九十多年艰苦奋斗，我们党团结带领全国各族人民，把贫穷落后的旧中国变成日益走向繁荣富强的新中国，中华民族伟大复兴展现出光明前景。我们对党和人民创造的历史伟业倍加自豪，对党和人民确立的理想信念倍加坚定，对党肩负的历史责任倍加清醒。

当前，世情、国情、党情继续发生深刻变化，我们面临的发展机遇和风险挑战前所未有。全党一定要牢记人民信任和重托，更加奋发有为、兢兢业业地工作，继续推动科学发展、促进社会和谐，继续改善人民生活、增进人民福祉，完成时代赋予的光荣而艰巨的任务。

一、过去五年的工作和十年的基本总结

十七大以来的五年，是我们在中国特色社会主义道路上奋勇前进的五年，是我们经受住各种困难和风险考验、夺取全面建设小康社会新胜利的五年。

十七大对推进改革开放和社会主义现代化建设、实现全面建设小康社会宏伟目标作出全面部署。为贯彻十七大精神，中央先后召开七次全会，分别就深化行政管理体制改革、推进农村改革发展、加强和改进新形势下党的建设、制定"十二五"规划、推进文化改革发展等关系全局的重大问题作出决定和部署。五年来，我们胜利完成"十一五"规划，顺利实施"十二五"规

划,各方面工作都取得新的重大成就。

经济平稳较快发展。综合国力大幅提升,二○一一年国内生产总值达到四十七点三万亿元。财政收入大幅增加。农业综合生产能力提高,粮食连年增产。产业结构调整取得新进展,基础设施全面加强。城镇化水平明显提高,城乡区域发展协调性增强。创新型国家建设成效显著,载人航天、探月工程、载人深潜、超级计算机、高速铁路等实现重大突破。生态文明建设扎实展开,资源节约和环境保护全面推进。

改革开放取得重大进展。农村综合改革、集体林权制度改革、国有企业改革不断深化,非公有制经济健康发展。现代市场体系和宏观调控体系不断健全,财税、金融、价格、科技、教育、社会保障、医药卫生、事业单位等改革稳步推进。开放型经济达到新水平,进出口总额跃居世界第二位。

人民生活水平显著提高。改善民生力度不断加大,城乡就业持续扩大,居民收入较快增长,家庭财产稳定增加,衣食住行用条件明显改善,城乡最低生活保障标准和农村扶贫标准大幅提升,企业退休人员基本养老金持续提高。

民主法制建设迈出新步伐。政治体制改革继续推进。实行城乡按相同人口比例选举人大代表。基层民主不断发展。中国特色社会主义法律体系形成,社会主义法治国家建设成绩显著。爱国统一战线巩固壮大。行政体制改革深化,司法体制和工作机制改革取得新进展。

文化建设迈上新台阶。社会主义核心价值体系建设深入开展,文化体制改革全面推进,公共文化服务体系建设取得重大进展,文化产业快速发展,文化创作生产更加繁荣,人民精神文化生活更加丰富多彩。全民健身和竞技体育取得新成绩。

社会建设取得新进步。基本公共服务水平和均等化程度明显提高。教育事业迅速发展,城乡免费义务教育全面实现。社会保障体系建设成效显著,城乡基本养老保险制度全面建立,新型社会救助体系基本形成。全民医保基本实现,城乡基本医疗卫生制度初步建立。保障性住房建设加快推进。加强和创新社会管理,社会保持和谐稳定。

国防和军队建设开创新局面。中国特色军事变革取得重大成就,军队革命化现代化正规化建设协调推进、全面加强,军事斗争准备不断深化,履行新世纪新阶段历史使命能力显著增强,出色完成一系列急难险重任务。

港澳台工作进一步加强。香港、澳门保持繁荣稳定,同内地交流合作提高到新水平。推动两岸关系实现重大转折,实现两岸全面直接双向"三通",签署实施两岸经济合作框架协议,形成两岸全方位交往格局,开创两岸关系和平发展新局面。

外交工作取得新成就。坚定维护国家利益和我国公民、法人在海外合法权益,加强同世界各国交流合作,推动全球治理机制变革,积极促进世界和平与发展,在国际事务中的代表性和话语权进一步增强,为改革发展争取了有利国际环境。

党的建设全面加强。党的执政能力建设和先进性建设继续推进,思想理论建设成效明显,学习实践科学发展观活动取得重要成果,党的建设改革创新迈出重要步伐。党内民主进一步扩大。干部队伍建设取得重要进展,人才工作开创新局面。创先争优活动和学习型党组织建设深入进行,基层党组织不断加强。党风廉政建设和反腐败斗争取得新成效。

同时,必须清醒看到,我们工作中还存在许多不足,前进道路上还有不少困难和问题。主要是:发展中不平衡、不协调、不可持续问题依然突出,科技创新能力不强,产业结构不合理,农业基础依然薄弱,资源环境约束加剧,制约科学发展的体制机制障碍较多,深化改革开放和转变经济发展方式任务艰巨;城乡区域发展差距和居民收入分配差距依然较大;社会矛盾明显增多,教育、就业、社会保障、医疗、住房、生态环境、食品药品安全、安全生产、社会治安、执法司法等关系群众切身利益的问题较多,部分群众生活比较困难;一些领域存在道德失范、诚信缺失现象;一些干部领导科学发展能力不强,一些基层党组织软弱涣散,少数党员干部理想信念动摇、宗旨意识淡薄,形式主义、官僚主义问题突出,奢侈浪费现象严重;一些领域消极腐败现象易发多发,反腐败斗争形势依然严峻。对这些困难和问题,我们必须高度重视,进一步认真加以解决。

过去五年的工作,是十六大以来全面建设小康社会十年实践的重要组成部分。

这十年,我们紧紧抓住和用好我国发展的重要战略机遇期,战胜一系列重大挑战,奋力把中国特色社会主义推进到新的发展阶段。进入新世纪新阶段,国际局势风云变幻,综合国力竞争空前激烈,我们深化改革开放,加快发展步伐,以加入世界贸易组织为契机,变压力为动力,化挑战为机遇,坚定不移推进全面建设小康社会进程。前进过程中,我们战胜突如其来的非典疫情,认真总结我国发展实践,准确把握我国发展的阶段性特征,及时提出和全面贯彻科学发展观等重大战略思想,开拓了经济社会发展的广阔空间。二〇〇八年以后,国际金融危机使我国发展遭遇严重困难,我们科学判断、果断决策,采取一系列重大举措,在全球率先实现经济企稳回升,积累了有效应对外部经济风险冲击、保持经济平稳较快发展的重要经验。我们成功举办北京奥运会、残奥会和上海世博会,夺取抗击汶川特大地震等严重自然灾害和灾后恢复重建重大胜利,妥善处置一系列重大突发事件。在十分复杂的国内外形势下,党和人民经受住严峻考验,巩固和发展了改革开放和社会主义现代化建设大局,提高了我国国际地位,彰显了中国特色社会主义的巨大优越性和强大生命力,增强了中国人民和中华民族的自豪感和凝聚力。

十年来,我们取得一系列新的历史性成就,为全面建成小康社会打下了坚实基础。我国经济总量从世界第六位跃升到第二位,社会生产力、经济实力、科技实力迈上一个大台阶,人民生活水平、居民收入水平、社会保障水平迈上一个大台阶,综合国力、国际竞争力、国际影响力迈上一个大台阶,国家面貌发生新的历史性变化。人们公认,这是我国经济持续发展、民主不断健全、文化日益繁荣、社会保持稳定的时期,是着力保障和改善民生、人民得到实惠更多的时期。我们能取得这样的历史性成就,靠的是党的基本理论、基本路线、基本纲领、基本经验的正确指引,靠的是新中国成立以来特别是改革开放以来奠定的深厚基础,靠的是全党全国各族人民的团结奋斗。

在这里,我代表中共中央,向全国各族人民,向各民主党派、各人民团体和各界爱国人士,向香港特别行政区同胞、澳门特别行政区同胞和台湾同胞以及广大侨胞，向一切关心和支持中国现代化建设的各国朋友，表示衷心的感谢！

总结十年奋斗历程，最重要的就是我们坚持以马克思列宁主义、毛泽东思想、邓小平理论、"三个代表"重要思想为指导，勇于推进实践基础上的理论创新，围绕坚持和发展中国特色社会主义提出一系列紧密相连、相互贯通的新思想、新观点、新论断，形成和贯彻了科学发展观。科学发展观是马克思主义同当代中国实际和时代特征相结合的产物，是马克思主义关于发展的世界观和方法论的集中体现，对新形势下实现什么样的发展、怎样发展等重大问题作出了新的科学回答，把我们对中国特色社会主义规律的认识提高到新的水平，开辟了当代中国马克思主义发展新境界。科学发展观是中国特色社会主义理论体系最新成果，是中国共产党集体智慧的结晶，是指导党和国家全部工作的强大思想武器。科学发展观同马克思列宁主义、毛泽东思想、邓小平理论、"三个代表"重要思想一道，是党必须长期坚持的指导思想。

面向未来，深入贯彻落实科学发展观，对坚持和发展中国特色社会主义具有重大现实意义和深远历史意义，必须把科学发展观贯彻到我国现代化建设全过程、体现到党的建设各方面。全党必须更加自觉地把推动经济社会发展作为深入贯彻落实科学发展观的第一要义，牢牢扭住经济建设这个中心，坚持聚精会神搞建设、一心一意谋发展，着力把握发展规律、创新发展理念、破解发展难题，深入实施科教兴国战略、人才强国战略、可持续发展战略，加快形成符合科学发展要求的发展方式和体制机制，不断解放和发展社会生产力，不断实现科学发展、和谐发展、和平发展，为坚持和发展中国特色社会主义打下牢固基础。必须更加自觉地把以人为本作为深入贯彻落实科学发展观的核心立场，始终把实现好、维护好、发展好最广大人民根本利益作为党和国家一切工作的出发点和落脚点，尊重人民首创精神，保障人民各项权益，不断在实现发展成果由人民共享、促进人的全面发展上取得新成效。必须更加自觉地把全面协调可持续作为深入贯彻落实科学发展观的基本要求，全面落实经济建设、政治建设、文化建设、社会建设、生态文明建设五位一体总体布局，促进现代化建设各方面相协调，促进生产关系与生产力、上层建筑与经济基础相协调，不断开拓生产发展、生活富裕、生态良好的文明发展道路。必须更加自觉地把统筹兼顾作为深入贯彻落实科学发展观的根本方法，坚持一切从实际出发，正确认识和妥善处理中国特色社会主义事业中的重大关系，统筹改革发展稳定、内政外交国防、治党治国治军各方面工作，统筹城乡发展、区域发展、经济社会发展、人与自然和谐发展、国内发展和对外开放，统筹各方面利益关系，充分调动各方面积极性，努力形成全体人民各尽其能、各得其所而又和谐相处的局面。

解放思想、实事求是、与时俱进、求真务实，是科学发展观最鲜明的精神实质。实践发展永无止境，认识真理永无止境，理论创新永无止境。全党一定要勇于实践、勇于变革、勇于创新，把握时代发展要求，顺应人民共同愿望，不懈探索和把握中国特色社会主义规律，永葆党的生机活力，永葆国家发展动力，在党和人民创造性实践中奋力开拓中国特色社会主义更为广阔的发展前景。

二、夺取中国特色社会主义新胜利

回首近代以来中国波澜壮阔的历史,展望中华民族充满希望的未来,我们得出一个坚定的结论:全面建成小康社会,加快推进社会主义现代化,实现中华民族伟大复兴,必须坚定不移走中国特色社会主义道路。

道路关乎党的命脉,关乎国家前途、民族命运、人民幸福。在中国这样一个经济文化十分落后的国家探索民族复兴道路,是极为艰巨的任务。九十多年来,我们党紧紧依靠人民,把马克思主义基本原理同中国实际和时代特征结合起来,独立自主走自己的路,历经千辛万苦,付出各种代价,取得革命建设改革伟大胜利,开创和发展了中国特色社会主义,从根本上改变了中国人民和中华民族的前途命运。

以毛泽东同志为核心的党的第一代中央领导集体带领全党全国各族人民完成了新民主主义革命,进行了社会主义改造,确立了社会主义基本制度,成功实现了中国历史上最深刻最伟大的社会变革,为当代中国一切发展进步奠定了根本政治前提和制度基础。在探索过程中,虽然经历了严重曲折,但党在社会主义建设中取得的独创性理论成果和巨大成就,为新的历史时期开创中国特色社会主义提供了宝贵经验、理论准备、物质基础。

以邓小平同志为核心的党的第二代中央领导集体带领全党全国各族人民深刻总结我国社会主义建设正反两方面经验,借鉴世界社会主义历史经验,作出把党和国家工作中心转移到经济建设上来、实行改革开放的历史性决策,深刻揭示社会主义本质,确立社会主义初级阶段基本路线,明确提出走自己的路、建设中国特色社会主义,科学回答了建设中国特色社会主义的一系列基本问题,成功开创了中国特色社会主义。

以江泽民同志为核心的党的第三代中央领导集体带领全党全国各族人民坚持党的基本理论、基本路线,在国内外形势十分复杂、世界社会主义出现严重曲折的严峻考验面前捍卫了中国特色社会主义,依据新的实践确立了党的基本纲领、基本经验,确立了社会主义市场经济体制的改革目标和基本框架,确立了社会主义初级阶段的基本经济制度和分配制度,开创全面改革开放新局面,推进党的建设新的伟大工程,成功把中国特色社会主义推向二十一世纪。

新世纪新阶段,党中央抓住重要战略机遇期,在全面建设小康社会进程中推进实践创新、理论创新、制度创新,强调坚持以人为本、全面协调可持续发展,提出构建社会主义和谐社会、加快生态文明建设,形成中国特色社会主义事业总体布局,着力保障和改善民生,促进社会公平正义,推动建设和谐世界,推进党的执政能力建设和先进性建设,成功在新的历史起点上坚持和发展了中国特色社会主义。

在改革开放三十多年一以贯之的接力探索中,我们坚定不移高举中国特色社会主义伟大旗帜,既不走封闭僵化的老路、也不走改旗易帜的邪路。中国特色社会主义道路,中国特色社会主义理论体系,中国特色社会主义制度,是党和人民九十多年奋斗、创造、积累的根本成就,必须倍加珍惜、始终坚持、不断发展。

中国特色社会主义道路，就是在中国共产党领导下，立足基本国情，以经济建设为中心，坚持四项基本原则，坚持改革开放，解放和发展社会生产力，建设社会主义市场经济、社会主义民主政治、社会主义先进文化、社会主义和谐社会、社会主义生态文明，促进人的全面发展，逐步实现全体人民共同富裕，建设富强民主文明和谐的社会主义现代化国家。中国特色社会主义理论体系，就是包括邓小平理论、"三个代表"重要思想、科学发展观在内的科学理论体系，是对马克思列宁主义、毛泽东思想的坚持和发展。中国特色社会主义制度，就是人民代表大会制度的根本政治制度，中国共产党领导的多党合作和政治协商制度、民族区域自治制度以及基层群众自治制度等基本政治制度，中国特色社会主义法律体系，公有制为主体、多种所有制经济共同发展的基本经济制度，以及建立在这些制度基础上的经济体制、政治体制、文化体制、社会体制等各项具体制度。中国特色社会主义道路是实现途径，中国特色社会主义理论体系是行动指南，中国特色社会主义制度是根本保障，三者统一于中国特色社会主义伟大实践，这是党领导人民在建设社会主义长期实践中形成的最鲜明特色。

建设中国特色社会主义，总依据是社会主义初级阶段，总布局是五位一体，总任务是实现社会主义现代化和中华民族伟大复兴。中国特色社会主义，既坚持了科学社会主义基本原则，又根据时代条件赋予其鲜明的中国特色，以全新的视野深化了对共产党执政规律、社会主义建设规律、人类社会发展规律的认识，从理论和实践结合上系统回答了在中国这样人口多底子薄的东方大国建设什么样的社会主义、怎样建设社会主义这个根本问题，使我们国家快速发展起来，使我国人民生活水平快速提高起来。实践充分证明，中国特色社会主义是当代中国发展进步的根本方向，只有中国特色社会主义才能发展中国。

发展中国特色社会主义是一项长期的艰巨的历史任务，必须准备进行具有许多新的历史特点的伟大斗争。我们一定要毫不动摇坚持、与时俱进发展中国特色社会主义，不断丰富中国特色社会主义的实践特色、理论特色、民族特色、时代特色。

在新的历史条件下夺取中国特色社会主义新胜利，必须牢牢把握以下基本要求，并使之成为全党全国各族人民的共同信念。

——必须坚持人民主体地位。中国特色社会主义是亿万人民自己的事业。要发挥人民主人翁精神，坚持依法治国这个党领导人民治理国家的基本方略，最广泛地动员和组织人民依法管理国家事务和社会事务、管理经济和文化事业、积极投身社会主义现代化建设，更好保障人民权益，更好保证人民当家作主。

——必须坚持解放和发展社会生产力。解放和发展社会生产力是中国特色社会主义的根本任务。要坚持以经济建设为中心，以科学发展为主题，全面推进经济建设、政治建设、文化建设、社会建设、生态文明建设，实现以人为本、全面协调可持续的科学发展。

——必须坚持推进改革开放。改革开放是坚持和发展中国特色社会主义的必由之路。要始终把改革创新精神贯彻到治国理政各个环节，坚持社会主义市场经济的改革方向，坚持对外开放的基本国策，不断推进理论创新、制度创新、科技创新、文化创新以及其他各方面创新，不断推进我国社会主义制度自我完善和发展。

——必须坚持维护社会公平正义。公平正义是中国特色社会主义的内在要求。要在全体人民共同奋斗、经济社会发展的基础上，加紧建设对保障社会公平正义具有重大作用的制度，逐步建立以权利公平、机会公平、规则公平为主要内容的社会公平保障体系，努力营造公平的社会环境，保证人民平等参与、平等发展权利。

——必须坚持走共同富裕道路。共同富裕是中国特色社会主义的根本原则。要坚持社会主义基本经济制度和分配制度，调整国民收入分配格局，加大再分配调节力度，着力解决收入分配差距较大问题，使发展成果更多更公平惠及全体人民，朝着共同富裕方向稳步前进。

——必须坚持促进社会和谐。社会和谐是中国特色社会主义的本质属性。要把保障和改善民生放在更加突出的位置，加强和创新社会管理，正确处理改革发展稳定关系，团结一切可以团结的力量，最大限度增加和谐因素，增强社会创造活力，确保人民安居乐业、社会安定有序、国家长治久安。

——必须坚持和平发展。和平发展是中国特色社会主义的必然选择。要坚持开放的发展、合作的发展、共赢的发展，通过争取和平国际环境发展自己，又以自身发展维护和促进世界和平，扩大同各方利益汇合点，推动建设持久和平、共同繁荣的和谐世界。

——必须坚持党的领导。中国共产党是中国特色社会主义事业的领导核心。要坚持立党为公、执政为民，加强和改善党的领导，坚持党总揽全局、协调各方的领导核心作用，保持党的先进性和纯洁性，增强党的创造力、凝聚力、战斗力，提高党科学执政、民主执政、依法执政水平。

我们必须清醒认识到，我国仍处于并将长期处于社会主义初级阶段的基本国情没有变，人民日益增长的物质文化需要同落后的社会生产之间的矛盾这一社会主要矛盾没有变，我国是世界最大发展中国家的国际地位没有变。在任何情况下都要牢牢把握社会主义初级阶段这个最大国情，推进任何方面的改革发展都要牢牢立足社会主义初级阶段这个最大实际。党的基本路线是党和国家的生命线，必须坚持把以经济建设为中心同四项基本原则、改革开放这两个基本点统一于中国特色社会主义伟大实践，既不妄自菲薄，也不妄自尊大，扎扎实实夺取中国特色社会主义新胜利。

只要我们胸怀理想、坚定信念，不动摇、不懈怠、不折腾，顽强奋斗、艰苦奋斗、不懈奋斗，就一定能在中国共产党成立一百年时全面建成小康社会，就一定能在新中国成立一百年时建成富强民主文明和谐的社会主义现代化国家。全党要坚定这样的道路自信、理论自信、制度自信！

三、全面建成小康社会和全面深化改革开放的目标

综观国际国内大势，我国发展仍处于可以大有作为的重要战略机遇期。我们要准确判断重要战略机遇期内涵和条件的变化，全面把握机遇，沉着应对挑战，赢得主动，赢得优势，赢得

未来,确保到二○二○年实现全面建成小康社会宏伟目标。

根据我国经济社会发展实际,要在十六大、十七大确立的全面建设小康社会目标的基础上努力实现新的要求。

——经济持续健康发展。转变经济发展方式取得重大进展,在发展平衡性、协调性、可持续性明显增强的基础上,实现国内生产总值和城乡居民人均收入比二○一○年翻一番。科技进步对经济增长的贡献率大幅上升,进入创新型国家行列。工业化基本实现,信息化水平大幅提升,城镇化质量明显提高,农业现代化和社会主义新农村建设成效显著,区域协调发展机制基本形成。对外开放水平进一步提高,国际竞争力明显增强。

——人民民主不断扩大。民主制度更加完善,民主形式更加丰富,人民积极性、主动性、创造性进一步发挥。依法治国基本方略全面落实,法治政府基本建成,司法公信力不断提高,人权得到切实尊重和保障。

——文化软实力显著增强。社会主义核心价值体系深入人心,公民文明素质和社会文明程度明显提高。文化产品更加丰富,公共文化服务体系基本建成,文化产业成为国民经济支柱性产业,中华文化走出去迈出更大步伐,社会主义文化强国建设基础更加坚实。

——人民生活水平全面提高。基本公共服务均等化总体实现。全民受教育程度和创新人才培养水平明显提高,进入人才强国和人力资源强国行列,教育现代化基本实现。就业更加充分。收入分配差距缩小,中等收入群体持续扩大,扶贫对象大幅减少。社会保障全民覆盖,人人享有基本医疗卫生服务,住房保障体系基本形成,社会和谐稳定。

——资源节约型、环境友好型社会建设取得重大进展。主体功能区布局基本形成,资源循环利用体系初步建立。单位国内生产总值能源消耗和二氧化碳排放大幅下降,主要污染物排放总量显著减少。森林覆盖率提高,生态系统稳定性增强,人居环境明显改善。

全面建成小康社会,必须以更大的政治勇气和智慧,不失时机深化重要领域改革,坚决破除一切妨碍科学发展的思想观念和体制机制弊端,构建系统完备、科学规范、运行有效的制度体系,使各方面制度更加成熟更加定型。要加快完善社会主义市场经济体制,完善公有制为主体、多种所有制经济共同发展的基本经济制度,完善按劳分配为主体、多种分配方式并存的分配制度,更大程度更广范围发挥市场在资源配置中的基础性作用,完善宏观调控体系,完善开放型经济体系,推动经济更有效率、更加公平、更可持续发展。加快推进社会主义民主政治制度化、规范化、程序化,从各层次各领域扩大公民有序政治参与,实现国家各项工作法治化。加快完善文化管理体制和文化生产经营机制,基本建立现代文化市场体系,健全国有文化资产管理体制,形成有利于创新创造的文化发展环境。加快形成科学有效的社会管理体制,完善社会保障体系,健全基层公共服务和社会管理网络,建立确保社会既充满活力又和谐有序的体制机制。加快建立生态文明制度,健全国土空间开发、资源节约、生态环境保护的体制机制,推动形成人与自然和谐发展现代化建设新格局。

如期全面建成小康社会任务十分艰巨,全党同志一定要埋头苦干、顽强拼搏。国家要加大对农村和中西部地区扶持力度,支持这些地区加快改革开放、增强发展能力、改善人民生活。鼓励有条件的地方在现代化建设中继续走在前列,为全国改革发展作出更大贡献。

四、加快完善社会主义市场经济体制和加快转变经济发展方式

以经济建设为中心是兴国之要,发展仍是解决我国所有问题的关键。只有推动经济持续健康发展,才能筑牢国家繁荣富强、人民幸福安康、社会和谐稳定的物质基础。必须坚持发展是硬道理的战略思想,决不能有丝毫动摇。

在当代中国,坚持发展是硬道理的本质要求就是坚持科学发展。以科学发展为主题,以加快转变经济发展方式为主线,是关系我国发展全局的战略抉择。要适应国内外经济形势新变化,加快形成新的经济发展方式,把推动发展的立足点转到提高质量和效益上来,着力激发各类市场主体发展新活力,着力增强创新驱动发展新动力,着力构建现代产业发展新体系,着力培育开放型经济发展新优势,使经济发展更多依靠内需特别是消费需求拉动,更多依靠现代服务业和战略性新兴产业带动,更多依靠科技进步、劳动者素质提高、管理创新驱动,更多依靠节约资源和循环经济推动,更多依靠城乡区域发展协调互动,不断增强长期发展后劲。

坚持走中国特色新型工业化、信息化、城镇化、农业现代化道路,推动信息化和工业化深度融合、工业化和城镇化良性互动、城镇化和农业现代化相互协调,促进工业化、信息化、城镇化、农业现代化同步发展。

(一)全面深化经济体制改革

深化改革是加快转变经济发展方式的关键。经济体制改革的核心问题是处理好政府和市场的关系,必须更加尊重市场规律,更好发挥政府作用。要毫不动摇巩固和发展公有制经济,推行公有制多种实现形式,深化国有企业改革,完善各类国有资产管理体制,推动国有资本更多投向关系国家安全和国民经济命脉的重要行业和关键领域,不断增强国有经济活力、控制力、影响力。毫不动摇鼓励、支持、引导非公有制经济发展,保证各种所有制经济依法平等使用生产要素、公平参与市场竞争、同等受到法律保护。健全现代市场体系,加强宏观调控目标和政策手段机制化建设。加快改革财税体制,健全中央和地方财力与事权相匹配的体制,完善促进基本公共服务均等化和主体功能区建设的公共财政体系,构建地方税体系,形成有利于结构优化、社会公平的税收制度。建立公共资源出让收益合理共享机制。深化金融体制改革,健全促进宏观经济稳定、支持实体经济发展的现代金融体系,加快发展多层次资本市场,稳步推进利率和汇率市场化改革,逐步实现人民币资本项目可兑换。加快发展民营金融机构。完善金融监管,推进金融创新,提高银行、证券、保险等行业竞争力,维护金融稳定。

(二)实施创新驱动发展战略

科技创新是提高社会生产力和综合国力的战略支撑,必须摆在国家发展全局的核心位置。要坚持走中国特色自主创新道路,以全球视野谋划和推动创新,提高原始创新、集成创新

和引进消化吸收再创新能力,更加注重协同创新。深化科技体制改革,推动科技和经济紧密结合,加快建设国家创新体系,着力构建以企业为主体、市场为导向、产学研相结合的技术创新体系。完善知识创新体系,强化基础研究、前沿技术研究、社会公益技术研究,提高科学研究水平和成果转化能力,抢占科技发展战略制高点。实施国家科技重大专项,突破重大技术瓶颈。加快新技术新产品新工艺研发应用,加强技术集成和商业模式创新。完善科技创新评价标准、激励机制、转化机制。实施知识产权战略,加强知识产权保护。促进创新资源高效配置和综合集成,把全社会智慧和力量凝聚到创新发展上来。

(三)推进经济结构战略性调整

这是加快转变经济发展方式的主攻方向。必须以改善需求结构、优化产业结构、促进区域协调发展、推进城镇化为重点,着力解决制约经济持续健康发展的重大结构性问题。要牢牢把握扩大内需这一战略基点,加快建立扩大消费需求长效机制,释放居民消费潜力,保持投资合理增长,扩大国内市场规模。牢牢把握发展实体经济这一坚实基础,实行更加有利于实体经济发展的政策措施,强化需求导向,推动战略性新兴产业、先进制造业健康发展,加快传统产业转型升级,推动服务业特别是现代服务业发展壮大,合理布局建设基础设施和基础产业。建设下一代信息基础设施,发展现代信息技术产业体系,健全信息安全保障体系,推进信息网络技术广泛运用。提高大中型企业核心竞争力,支持小微企业特别是科技型小微企业发展。继续实施区域发展总体战略,充分发挥各地区比较优势,优先推进西部大开发,全面振兴东北地区等老工业基地,大力促进中部地区崛起,积极支持东部地区率先发展。采取对口支援等多种形式,加大对革命老区、民族地区、边疆地区、贫困地区扶持力度。科学规划城市群规模和布局,增强中小城市和小城镇产业发展、公共服务、吸纳就业、人口集聚功能。加快改革户籍制度,有序推进农业转移人口市民化,努力实现城镇基本公共服务常住人口全覆盖。

(四)推动城乡发展一体化

解决好农业农村农民问题是全党工作重中之重,城乡发展一体化是解决"三农"问题的根本途径。要加大统筹城乡发展力度,增强农村发展活力,逐步缩小城乡差距,促进城乡共同繁荣。坚持工业反哺农业、城市支持农村和多予少取放活方针,加大强农惠农富农政策力度,让广大农民平等参与现代化进程、共同分享现代化成果。加快发展现代农业,增强农业综合生产能力,确保国家粮食安全和重要农产品有效供给。坚持把国家基础设施建设和社会事业发展重点放在农村,深入推进新农村建设和扶贫开发,全面改善农村生产生活条件。着力促进农民增收,保持农民收入持续较快增长。坚持和完善农村基本经营制度,依法维护农民土地承包经营权、宅基地使用权、集体收益分配权,壮大集体经济实力,发展农民专业合作和股份合作,培育新型经营主体,发展多种形式规模经营,构建集约化、专业化、组织化、社会化相结合的新型农业经营体系。改革征地制度,提高农民在土地增值收益中的分配比例。加快完善城乡发展一体化体制机制,着力在城乡规划、基础设施、公共服务等方面推进一体化,促进城乡要素平等交换和公共资源均衡配置,形成以工促农、以城带乡、工农互惠、城乡一体的新型工农、城乡关系。

(五)全面提高开放型经济水平

适应经济全球化新形势,必须实行更加积极主动的开放战略,完善互利共赢、多元平衡、安全高效的开放型经济体系。要加快转变对外经济发展方式,推动开放朝着优化结构、拓展深度、提高效益方向转变。创新开放模式,促进沿海内陆沿边开放优势互补,形成引领国际经济合作和竞争的开放区域,培育带动区域发展的开放高地。坚持出口和进口并重,强化贸易政策和产业政策协调,形成以技术、品牌、质量、服务为核心的出口竞争新优势,促进加工贸易转型升级,发展服务贸易,推动对外贸易平衡发展。提高利用外资综合优势和总体效益,推动引资、引技、引智有机结合。加快走出去步伐,增强企业国际化经营能力,培育一批世界水平的跨国公司。统筹双边、多边、区域次区域开放合作,加快实施自由贸易区战略,推动同周边国家互联互通。提高抵御国际经济风险能力。

我们一定要坚定信心,打胜全面深化经济体制改革和加快转变经济发展方式这场硬仗,把我国经济发展活力和竞争力提高到新的水平。

五、坚持走中国特色社会主义政治发展道路和推进政治体制改革

人民民主是我们党始终高扬的光辉旗帜。改革开放以来,我们总结发展社会主义民主正反两方面经验,强调人民民主是社会主义的生命,坚持国家一切权力属于人民,不断推进政治体制改革,社会主义民主政治建设取得重大进展,成功开辟和坚持了中国特色社会主义政治发展道路,为实现最广泛的人民民主确立了正确方向。

政治体制改革是我国全面改革的重要组成部分。必须继续积极稳妥推进政治体制改革,发展更加广泛、更加充分、更加健全的人民民主。必须坚持党的领导、人民当家作主、依法治国有机统一,以保证人民当家作主为根本,以增强党和国家活力、调动人民积极性为目标,扩大社会主义民主,加快建设社会主义法治国家,发展社会主义政治文明。要更加注重改进党的领导方式和执政方式,保证党领导人民有效治理国家;更加注重健全民主制度、丰富民主形式,保证人民依法实行民主选举、民主决策、民主管理、民主监督;更加注重发挥法治在国家治理和社会管理中的重要作用,维护国家法制统一、尊严、权威,保证人民依法享有广泛权利和自由。要把制度建设摆在突出位置,充分发挥我国社会主义政治制度优越性,积极借鉴人类政治文明有益成果,绝不照搬西方政治制度模式。

(一)支持和保证人民通过人民代表大会行使国家权力

人民代表大会制度是保证人民当家作主的根本政治制度。要善于使党的主张通过法定程序成为国家意志,支持人大及其常委会充分发挥国家权力机关作用,依法行使立法、监督、决定、任免等职权,加强立法工作组织协调,加强对"一府两院"的监督,加强对政府全口径预

算决算的审查和监督。提高基层人大代表特别是一线工人、农民、知识分子代表比例,降低党政领导干部代表比例。在人大设立代表联络机构,完善代表联系群众制度。健全国家权力机关组织制度,优化常委会、专委会组成人员知识和年龄结构,提高专职委员比例,增强依法履职能力。

(二)健全社会主义协商民主制度

社会主义协商民主是我国人民民主的重要形式。要完善协商民主制度和工作机制,推进协商民主广泛、多层、制度化发展。通过国家政权机关、政协组织、党派团体等渠道,就经济社会发展重大问题和涉及群众切身利益的实际问题广泛协商,广纳群言、广集民智,增进共识、增强合力。坚持和完善中国共产党领导的多党合作和政治协商制度,充分发挥人民政协作为协商民主重要渠道作用,围绕团结和民主两大主题,推进政治协商、民主监督、参政议政制度建设,更好协调关系、汇聚力量、建言献策、服务大局。加强同民主党派的政治协商。把政治协商纳入决策程序,坚持协商于决策之前和决策之中,增强民主协商实效性。深入进行专题协商、对口协商、界别协商、提案办理协商。积极开展基层民主协商。

(三)完善基层民主制度

在城乡社区治理、基层公共事务和公益事业中实行群众自我管理、自我服务、自我教育、自我监督,是人民依法直接行使民主权利的重要方式。要健全基层党组织领导的充满活力的基层群众自治机制,以扩大有序参与、推进信息公开、加强议事协商、强化权力监督为重点,拓宽范围和途径,丰富内容和形式,保障人民享有更多更切实的民主权利。全心全意依靠工人阶级,健全以职工代表大会为基本形式的企事业单位民主管理制度,保障职工参与管理和监督的民主权利。发挥基层各类组织协同作用,实现政府管理和基层民主有机结合。

(四)全面推进依法治国

法治是治国理政的基本方式。要推进科学立法、严格执法、公正司法、全民守法,坚持法律面前人人平等,保证有法必依、执法必严、违法必究。完善中国特色社会主义法律体系,加强重点领域立法,拓展人民有序参与立法途径。推进依法行政,切实做到严格规范公正文明执法。进一步深化司法体制改革,坚持和完善中国特色社会主义司法制度,确保审判机关、检察机关依法独立公正行使审判权、检察权。深入开展法制宣传教育,弘扬社会主义法治精神,树立社会主义法治理念,增强全社会学法尊法守法用法意识。提高领导干部运用法治思维和法治方式深化改革、推动发展、化解矛盾、维护稳定能力。党领导人民制定宪法和法律,党必须在宪法和法律范围内活动。任何组织或者个人都不得有超越宪法和法律的特权,绝不允许以言代法、以权压法、徇私枉法。

(五)深化行政体制改革

行政体制改革是推动上层建筑适应经济基础的必然要求。要按照建立中国特色社会主义行政体制目标,深入推进政企分开、政资分开、政事分开、政社分开,建设职能科学、结构优化、廉洁高效、人民满意的服务型政府。深化行政审批制度改革,继续简政放权,推动政府职能向创造良好发展环境、提供优质公共服务、维护社会公平正义转变。稳步推进大部门制改革,健全部门职责体系。优化行政层级和行政区划设置,有条件的地方可探索省直接管理县(市)改革,深化乡镇行政体制改革。创新行政管理方式,提高政府公信力和执行力,推进政府绩效管理。严格控制机构编制,减少领导职数,降低行政成本。推进事业单位分类改革。完善体制改革协调机制,统筹规划和协调重大改革。

(六)健全权力运行制约和监督体系

坚持用制度管权管事管人,保障人民知情权、参与权、表达权、监督权,是权力正确运行的重要保证。要确保决策权、执行权、监督权既相互制约又相互协调,确保国家机关按照法定权限和程序行使权力。坚持科学决策、民主决策、依法决策,健全决策机制和程序,发挥思想库作用,建立健全决策问责和纠错制度。凡是涉及群众切身利益的决策都要充分听取群众意见,凡是损害群众利益的做法都要坚决防止和纠正。推进权力运行公开化、规范化,完善党务公开、政务公开、司法公开和各领域办事公开制度,健全质询、问责、经济责任审计、引咎辞职、罢免等制度,加强党内监督、民主监督、法律监督、舆论监督,让人民监督权力,让权力在阳光下运行。

(七)巩固和发展最广泛的爱国统一战线

统一战线是凝聚各方面力量,促进政党关系、民族关系、宗教关系、阶层关系、海内外同胞关系的和谐,夺取中国特色社会主义新胜利的重要法宝。要高举爱国主义、社会主义旗帜,巩固统一战线的思想政治基础,正确处理一致性和多样性的关系。坚持长期共存、互相监督、肝胆相照、荣辱与共的方针,加强同民主党派和无党派人士团结合作,促进思想上同心同德、目标上同心同向、行动上同心同行,加强党外代表人士队伍建设,选拔和推荐更多优秀党外人士担任各级国家机关领导职务。全面正确贯彻落实党的民族政策,坚持和完善民族区域自治制度,牢牢把握各民族共同团结奋斗、共同繁荣发展的主题,深入开展民族团结进步教育,加快民族地区发展,保障少数民族合法权益,巩固和发展平等团结互助和谐的社会主义民族关系,促进各民族和睦相处、和衷共济、和谐发展。全面贯彻党的宗教工作基本方针,发挥宗教界人士和信教群众在促进经济社会发展中的积极作用。鼓励和引导新的社会阶层人士为中国特色社会主义事业作出更大贡献。落实党的侨务政策,支持海外侨胞、归侨侨眷关心和参与祖国现代化建设与和平统一大业。

中国特色社会主义政治发展道路是团结亿万人民共同奋斗的正确道路。我们一定要坚定不移沿着这条道路前进,使我国社会主义民主政治展现出更加旺盛的生命力。

六、扎实推进社会主义文化强国建设

文化是民族的血脉,是人民的精神家园。全面建成小康社会,实现中华民族伟大复兴,必须推动社会主义文化大发展大繁荣，兴起社会主义文化建设新高潮，提高国家文化软实力，发挥文化引领风尚、教育人民、服务社会、推动发展的作用。

建设社会主义文化强国，必须走中国特色社会主义文化发展道路，坚持为人民服务、为社会主义服务的方向，坚持百花齐放、百家争鸣的方针，坚持贴近实际、贴近生活、贴近群众的原则，推动社会主义精神文明和物质文明全面发展，建设面向现代化、面向世界、面向未来的，民族的科学的大众的社会主义文化。

建设社会主义文化强国，关键是增强全民族文化创造活力。要深化文化体制改革，解放和发展文化生产力，发扬学术民主、艺术民主，为人民提供广阔文化舞台，让一切文化创造源泉充分涌流，开创全民族文化创造活力持续迸发、社会文化生活更加丰富多彩、人民基本文化权益得到更好保障、人民思想道德素质和科学文化素质全面提高、中华文化国际影响力不断增强的新局面。

（一）加强社会主义核心价值体系建设

社会主义核心价值体系是兴国之魂，决定着中国特色社会主义发展方向。要深入开展社会主义核心价值体系学习教育，用社会主义核心价值体系引领社会思潮、凝聚社会共识。推进马克思主义中国化时代化大众化，坚持不懈用中国特色社会主义理论体系武装全党、教育人民，深入实施马克思主义理论研究和建设工程，建设哲学社会科学创新体系，推动中国特色社会主义理论体系进教材进课堂进头脑。广泛开展理想信念教育，把广大人民团结凝聚在中国特色社会主义伟大旗帜之下。大力弘扬民族精神和时代精神，深入开展爱国主义、集体主义、社会主义教育，丰富人民精神世界，增强人民精神力量。倡导富强、民主、文明、和谐，倡导自由、平等、公正、法治，倡导爱国、敬业、诚信、友善，积极培育和践行社会主义核心价值观。牢牢掌握意识形态工作领导权和主导权，坚持正确导向，提高引导能力，壮大主流思想舆论。

（二）全面提高公民道德素质

这是社会主义道德建设的基本任务。要坚持依法治国和以德治国相结合，加强社会公德、职业道德、家庭美德、个人品德教育，弘扬中华传统美德，弘扬时代新风。推进公民道德建设工程，弘扬真善美、贬斥假恶丑，引导人们自觉履行法定义务、社会责任、家庭责任，营造劳动光荣、创造伟大的社会氛围，培育知荣辱、讲正气、作奉献、促和谐的良好风尚。深入开展道德领域突出问题专项教育和治理，加强政务诚信、商务诚信、社会诚信和司法公信建设。加强和改进思想政治工作，注重人文关怀和心理疏导，培育自尊自信、理性平和、积极向上的社会心态。深化群众性精神文明创建活动，广泛开展志愿服务，推动学雷锋活动、学习宣传道德模范常态化。

（三）丰富人民精神文化生活

让人民享有健康丰富的精神文化生活，是全面建成小康社会的重要内容。要坚持以人民为中心的创作导向，提高文化产品质量，为人民提供更好更多精神食粮。坚持面向基层、服务群众,加快推进重点文化惠民工程,加大对农村和欠发达地区文化建设的帮扶力度,继续推动公共文化服务设施向社会免费开放。建设优秀传统文化传承体系,弘扬中华优秀传统文化。推广和规范使用国家通用语言文字。繁荣发展少数民族文化事业。开展群众性文化活动,引导群众在文化建设中自我表现、自我教育、自我服务。开展全民阅读活动。加强和改进网络内容建设,唱响网上主旋律。加强网络社会管理,推进网络依法规范有序运行。开展"扫黄打非",抵制低俗现象。普及科学知识,弘扬科学精神,提高全民科学素养。广泛开展全民健身运动,促进群众体育和竞技体育全面发展。

(四)增强文化整体实力和竞争力

文化实力和竞争力是国家富强、民族振兴的重要标志。要坚持把社会效益放在首位、社会效益和经济效益相统一,推动文化事业全面繁荣、文化产业快速发展。发展哲学社会科学、新闻出版、广播影视、文学艺术事业。加强重大公共文化工程和文化项目建设,完善公共文化服务体系,提高服务效能。促进文化和科技融合,发展新型文化业态,提高文化产业规模化、集约化、专业化水平。构建和发展现代传播体系,提高传播能力。增强国有公益性文化单位活力,完善经营性文化单位法人治理结构,繁荣文化市场。扩大文化领域对外开放,积极吸收借鉴国外优秀文化成果。营造有利于高素质文化人才大量涌现、健康成长的良好环境,造就一批名家大师和民族文化代表人物,表彰有杰出贡献的文化工作者。

我们一定要坚持社会主义先进文化前进方向,树立高度的文化自觉和文化自信,向着建设社会主义文化强国宏伟目标阔步前进。

七、在改善民生和创新管理中加强社会建设

加强社会建设,是社会和谐稳定的重要保证。必须从维护最广大人民根本利益的高度,加快健全基本公共服务体系,加强和创新社会管理,推动社会主义和谐社会建设。

加强社会建设,必须以保障和改善民生为重点。提高人民物质文化生活水平,是改革开放和社会主义现代化建设的根本目的。要多谋民生之利,多解民生之忧,解决好人民最关心最直接最现实的利益问题,在学有所教、劳有所得、病有所医、老有所养、住有所居上持续取得新进展,努力让人民过上更好生活。

加强社会建设,必须加快推进社会体制改革。要围绕构建中国特色社会主义社会管理体系,加快形成党委领导、政府负责、社会协同、公众参与、法治保障的社会管理体制,加快形成政府主导、覆盖城乡、可持续的基本公共服务体系,加快形成政社分开、权责明确、依法自治的现代社会组织体制,加快形成源头治理、动态管理、应急处置相结合的社会管理机制。

(一)努力办好人民满意的教育

教育是民族振兴和社会进步的基石。要坚持教育优先发展,全面贯彻党的教育方针,坚持教育为社会主义现代化建设服务、为人民服务,把立德树人作为教育的根本任务,培养德智

体美全面发展的社会主义建设者和接班人。全面实施素质教育，深化教育领域综合改革，着力提高教育质量，培养学生社会责任感、创新精神、实践能力。办好学前教育，均衡发展九年义务教育，基本普及高中阶段教育，加快发展现代职业教育，推动高等教育内涵式发展，积极发展继续教育，完善终身教育体系，建设学习型社会。大力促进教育公平，合理配置教育资源，重点向农村、边远、贫困、民族地区倾斜，支持特殊教育，提高家庭经济困难学生资助水平，积极推动农民工子女平等接受教育，让每个孩子都能成为有用之才。鼓励引导社会力量兴办教育。加强教师队伍建设，提高师德水平和业务能力，增强教师教书育人的荣誉感和责任感。

（二）推动实现更高质量的就业

就业是民生之本。要贯彻劳动者自主就业、市场调节就业、政府促进就业和鼓励创业的方针，实施就业优先战略和更加积极的就业政策。引导劳动者转变就业观念，鼓励多渠道多形式就业，促进创业带动就业，做好以高校毕业生为重点的青年就业工作和农村转移劳动力、城镇困难人员、退役军人就业工作。加强职业技能培训，提升劳动者就业创业能力，增强就业稳定性。健全人力资源市场，完善就业服务体系，增强失业保险对促进就业的作用。健全劳动标准体系和劳动关系协调机制，加强劳动保障监察和争议调解仲裁，构建和谐劳动关系。

（三）千方百计增加居民收入

实现发展成果由人民共享，必须深化收入分配制度改革，努力实现居民收入增长和经济发展同步、劳动报酬增长和劳动生产率提高同步，提高居民收入在国民收入分配中的比重，提高劳动报酬在初次分配中的比重。初次分配和再分配都要兼顾效率和公平，再分配更加注重公平。完善劳动、资本、技术、管理等要素按贡献参与分配的初次分配机制，加快健全以税收、社会保障、转移支付为主要手段的再分配调节机制。深化企业和机关事业单位工资制度改革，推行企业工资集体协商制度，保护劳动所得。多渠道增加居民财产性收入。规范收入分配秩序，保护合法收入，增加低收入者收入，调节过高收入，取缔非法收入。

（四）统筹推进城乡社会保障体系建设

社会保障是保障人民生活、调节社会分配的一项基本制度。要坚持全覆盖、保基本、多层次、可持续方针，以增强公平性、适应流动性、保证可持续性为重点，全面建成覆盖城乡居民的社会保障体系。改革和完善企业和机关事业单位社会保险制度，整合城乡居民基本养老保险和基本医疗保险制度，逐步做实养老保险个人账户，实现基础养老金全国统筹，建立兼顾各类人员的社会保障待遇确定机制和正常调整机制。扩大社会保障基金筹资渠道，建立社会保险基金投资运营制度，确保基金安全和保值增值。完善社会救助体系，健全社会福利制度，支持发展慈善事业，做好优抚安置工作。建立市场配置和政府保障相结合的住房制度，加强保障性住房建设和管理，满足困难家庭基本需求。坚持男女平等基本国策，保障妇女儿童合法权益。积极应对人口老龄化，大力发展老龄服务事业和产业。健全残疾人社会保障和服务体系，切实保障残疾人权益。健全社会保障经办管理体制，建立更加便民快捷的服务体系。

(五)提高人民健康水平

健康是促进人的全面发展的必然要求。要坚持为人民健康服务的方向,坚持预防为主、以农村为重点、中西医并重,按照保基本、强基层、建机制要求,重点推进医疗保障、医疗服务、公共卫生、药品供应、监管体制综合改革,完善国民健康政策,为群众提供安全有效方便价廉的公共卫生和基本医疗服务。健全全民医保体系,建立重特大疾病保障和救助机制,完善突发公共卫生事件应急和重大疾病防控机制。巩固基本药物制度。健全农村三级医疗卫生服务网络和城市社区卫生服务体系,深化公立医院改革,鼓励社会办医。扶持中医药和民族医药事业发展。提高医疗卫生队伍服务能力,加强医德医风建设。改革和完善食品药品安全监管体制机制。开展爱国卫生运动,促进人民身心健康。坚持计划生育的基本国策,提高出生人口素质,逐步完善政策,促进人口长期均衡发展。

(六)加强和创新社会管理

提高社会管理科学化水平,必须加强社会管理法律、体制机制、能力、人才队伍和信息化建设。改进政府提供公共服务方式,加强基层社会管理和服务体系建设,增强城乡社区服务功能,强化企事业单位、人民团体在社会管理和服务中的职责,引导社会组织健康有序发展,充分发挥群众参与社会管理的基础作用。完善和创新流动人口和特殊人群管理服务。正确处理人民内部矛盾,建立健全党和政府主导的维护群众权益机制,完善信访制度,完善人民调解、行政调解、司法调解联动的工作体系,畅通和规范群众诉求表达、利益协调、权益保障渠道。建立健全重大决策社会稳定风险评估机制。强化公共安全体系和企业安全生产基础建设,遏制重特大安全事故。加强和改进党对政法工作的领导,加强政法队伍建设,切实肩负起中国特色社会主义事业建设者、捍卫者的职责使命。深化平安建设,完善立体化社会治安防控体系,强化司法基本保障,依法防范和惩治违法犯罪活动,保障人民生命财产安全。完善国家安全战略和工作机制,高度警惕和坚决防范敌对势力的分裂、渗透、颠覆活动,确保国家安全。

全党全国人民行动起来,就一定能开创社会和谐人人有责、和谐社会人人共享的生动局面。

八、大力推进生态文明建设

建设生态文明,是关系人民福祉、关乎民族未来的长远大计。面对资源约束趋紧、环境污染严重、生态系统退化的严峻形势,必须树立尊重自然、顺应自然、保护自然的生态文明理念,把生态文明建设放在突出地位,融入经济建设、政治建设、文化建设、社会建设各方面和全过程,努力建设美丽中国,实现中华民族永续发展。

坚持节约资源和保护环境的基本国策,坚持节约优先、保护优先、自然恢复为主的方针,着力推进绿色发展、循环发展、低碳发展,形成节约资源和保护环境的空间格局、产业结构、生产方式、生活方式,从源头上扭转生态环境恶化趋势,为人民创造良好生产生活环境,为全球生态安全作出贡献。

(一)优化国土空间开发格局

国土是生态文明建设的空间载体,必须珍惜每一寸国土。要按照人口资源环境相均衡、经济社会生态效益相统一的原则,控制开发强度,调整空间结构,促进生产空间集约高效、生活空间宜居适度、生态空间山清水秀,给自然留下更多修复空间,给农业留下更多良田,给子孙后代留下天蓝、地绿、水净的美好家园。加快实施主体功能区战略,推动各地区严格按照主体功能定位发展,构建科学合理的城市化格局、农业发展格局、生态安全格局。提高海洋资源开发能力,发展海洋经济,保护海洋生态环境,坚决维护国家海洋权益,建设海洋强国。

(二)全面促进资源节约

节约资源是保护生态环境的根本之策。要节约集约利用资源,推动资源利用方式根本转变,加强全过程节约管理,大幅降低能源、水、土地消耗强度,提高利用效率和效益。推动能源生产和消费革命,控制能源消费总量,加强节能降耗,支持节能低碳产业和新能源、可再生能源发展,确保国家能源安全。加强水源地保护和用水总量管理,推进水循环利用,建设节水型社会。严守耕地保护红线,严格土地用途管制。加强矿产资源勘查、保护、合理开发。发展循环经济,促进生产、流通、消费过程的减量化、再利用、资源化。

(三)加大自然生态系统和环境保护力度

良好生态环境是人和社会持续发展的根本基础。要实施重大生态修复工程,增强生态产品生产能力,推进荒漠化、石漠化、水土流失综合治理,扩大森林、湖泊、湿地面积,保护生物多样性。加快水利建设,增强城乡防洪抗旱排涝能力。加强防灾减灾体系建设,提高气象、地质、地震灾害防御能力。坚持预防为主、综合治理,以解决损害群众健康突出环境问题为重点,强化水、大气、土壤等污染防治。坚持共同但有区别的责任原则、公平原则、各自能力原则,同国际社会一道积极应对全球气候变化。

(四)加强生态文明制度建设

保护生态环境必须依靠制度。要把资源消耗、环境损害、生态效益纳入经济社会发展评价体系,建立体现生态文明要求的目标体系、考核办法、奖惩机制。建立国土空间开发保护制度,完善最严格的耕地保护制度、水资源管理制度、环境保护制度。深化资源性产品价格和税费改革,建立反映市场供求和资源稀缺程度、体现生态价值和代际补偿的资源有偿使用制度和生态补偿制度。积极开展节能量、碳排放权、排污权、水权交易试点。加强环境监管,健全生态环境保护责任追究制度和环境损害赔偿制度。加强生态文明宣传教育,增强全民节约意识、环保意识、生态意识,形成合理消费的社会风尚,营造爱护生态环境的良好风气。

我们一定要更加自觉地珍爱自然,更加积极地保护生态,努力走向社会主义生态文明新时代。

九、加快推进国防和军队现代化

建设与我国国际地位相称、与国家安全和发展利益相适应的巩固国防和强大军队,是我国现代化建设的战略任务。我国面临的生存安全问题和发展安全问题、传统安全威胁和非传统安全威胁相互交织,要求国防和军队现代化建设有一个大的发展。必须坚持以国家核心安全需求为导向,统筹经济建设和国防建设,按照国防和军队现代化建设"三步走"战略构想,加紧完成机械化和信息化建设双重历史任务,力争到二〇二〇年基本实现机械化,信息化建设取得重大进展。

国防和军队现代化建设,必须以毛泽东军事思想、邓小平新时期军队建设思想、江泽民国防和军队建设思想、党关于新形势下国防和军队建设思想为指导。要适应国家发展战略和安全战略新要求,着眼全面履行新世纪新阶段军队历史使命,贯彻新时期积极防御军事战略方针,与时俱进加强军事战略指导,高度关注海洋、太空、网络空间安全,积极运筹和平时期军事力量运用,不断拓展和深化军事斗争准备,提高以打赢信息化条件下局部战争能力为核心的完成多样化军事任务能力。

坚持以推动国防和军队建设科学发展为主题,以加快转变战斗力生成模式为主线,全面加强军队革命化现代化正规化建设。毫不动摇坚持党对军队的绝对领导,坚持不懈用中国特色社会主义理论体系武装全军,持续培育当代革命军人核心价值观,大力发展先进军事文化,永葆人民军队性质、本色、作风。坚定不移把信息化作为军队现代化建设发展方向,推动信息化建设加速发展。加强高新技术武器装备建设,加快全面建设现代后勤,培养大批高素质新型军事人才,深入开展信息化条件下军事训练,增强基于信息系统的体系作战能力。加大依法治军、从严治军力度,推动正规化建设向更高水平发展。

紧跟世界新军事革命加速发展的潮流,积极稳妥进行国防和军队改革,推动中国特色军事变革深入发展。坚持以创新发展军事理论为先导,着力提高国防科技工业自主创新能力,深入推进军队组织形态现代化,构建中国特色现代军事力量体系。

坚持走中国特色军民融合式发展路子,坚持富国和强军相统一,加强军民融合式发展战略规划、体制机制建设、法规建设。加快建设现代化武装警察力量。增强全民国防观念,提高国防动员和后备力量建设质量。巩固和发展军政军民团结。

中国奉行防御性的国防政策,加强国防建设的目的是维护国家主权、安全、领土完整,保障国家和平发展。中国军队始终是维护世界和平的坚定力量,将一如既往同各国加强军事合作、增进军事互信,参与地区和国际安全事务,在国际政治和安全领域发挥积极作用。

十、丰富"一国两制"实践和推进祖国统一

香港、澳门回归以来,走上了同祖国内地优势互补、共同发展的宽广道路,"一国两制"实践取得举世公认的成功。中央政府对香港、澳门实行的各项方针政策,根本宗旨是维护国家

主权、安全、发展利益,保持香港、澳门长期繁荣稳定。全面准确贯彻"一国两制"、"港人治港"、"澳人治澳"、高度自治的方针,必须把坚持一国原则和尊重两制差异、维护中央权力和保障特别行政区高度自治权、发挥祖国内地坚强后盾作用和提高港澳自身竞争力有机结合起来,任何时候都不能偏废。

中央政府将严格依照基本法办事,完善与基本法实施相关的制度和机制,坚定支持特别行政区行政长官和政府依法施政,带领香港、澳门各界人士集中精力发展经济、切实有效改善民生、循序渐进推进民主、包容共济促进和谐,深化内地与香港、澳门经贸关系,推进各领域交流合作,促进香港同胞、澳门同胞在爱国爱港、爱国爱澳旗帜下的大团结,防范和遏制外部势力干预港澳事务。

我们坚信,香港同胞、澳门同胞不仅有智慧、有能力、有办法把特别行政区管理好、建设好,也一定能在国家事务中发挥积极作用,同全国各族人民一道共享做中国人的尊严和荣耀。

解决台湾问题、实现祖国完全统一,是不可阻挡的历史进程。和平统一最符合包括台湾同胞在内的中华民族的根本利益。实现和平统一首先要确保两岸关系和平发展。必须坚持"和平统一、一国两制"方针,坚持发展两岸关系、推进祖国和平统一进程的八项主张,全面贯彻两岸关系和平发展重要思想,巩固和深化两岸关系和平发展的政治、经济、文化、社会基础,为和平统一创造更充分的条件。

我们要始终坚持一个中国原则。大陆和台湾虽然尚未统一,但两岸同属一个中国的事实从未改变,国家领土和主权从未分割、也不容分割。两岸双方应恪守反对"台独"、坚持"九二共识"的共同立场,增进维护一个中国框架的共同认知,在此基础上求同存异。对台湾任何政党,只要不主张"台独"、认同一个中国,我们都愿意同他们交往、对话、合作。

我们要持续推进两岸交流合作。深化经济合作,厚植共同利益。扩大文化交流,增强民族认同。密切人民往来,融洽同胞感情。促进平等协商,加强制度建设。希望双方共同努力,探讨国家尚未统一特殊情况下的两岸政治关系,作出合情合理安排;商谈建立两岸军事安全互信机制,稳定台海局势;协商达成两岸和平协议,开创两岸关系和平发展新前景。

我们要努力促进两岸同胞团结奋斗。两岸同胞同属中华民族,是血脉相连的命运共同体,理应相互关爱信赖,共同推进两岸关系,共同享有发展成果。凡是有利于增进两岸同胞共同福祉的事情,我们都会尽最大努力做好。我们要切实保护台湾同胞权益,团结台湾同胞维护好、建设好中华民族共同家园。

我们坚决反对"台独"分裂图谋。中国人民绝不允许任何人任何势力以任何方式把台湾从祖国分割出去。"台独"分裂行径损害两岸同胞共同利益,必然走向彻底失败。

全体中华儿女携手努力,就一定能在同心实现中华民族伟大复兴进程中完成祖国统一大业。

十一、继续促进人类和平与发展的崇高事业

当今世界正在发生深刻复杂变化,和平与发展仍然是时代主题。世界多极化、经济全球化深入发展,文化多样化、社会信息化持续推进,科技革命孕育新突破,全球合作向多层次全方位拓展,新兴市场国家和发展中国家整体实力增强,国际力量对比朝着有利于维护世界和平方向发展,保持国际形势总体稳定具备更多有利条件。

同时,世界仍然很不安宁。国际金融危机影响深远,世界经济增长不稳定不确定因素增多,全球发展不平衡加剧,霸权主义、强权政治和新干涉主义有所上升,局部动荡频繁发生,粮食安全、能源资源安全、网络安全等全球性问题更加突出。

人类只有一个地球,各国共处一个世界。历史昭示我们,弱肉强食不是人类共存之道,穷兵黩武无法带来美好世界。要和平不要战争,要发展不要贫穷,要合作不要对抗,推动建设持久和平、共同繁荣的和谐世界,是各国人民共同愿望。

我们主张,在国际关系中弘扬平等互信、包容互鉴、合作共赢的精神,共同维护国际公平正义。平等互信,就是要遵循联合国宪章宗旨和原则,坚持国家不分大小、强弱、贫富一律平等,推动国际关系民主化,尊重主权,共享安全,维护世界和平稳定。包容互鉴,就是要尊重世界文明多样性、发展道路多样化,尊重和维护各国人民自主选择社会制度和发展道路的权利,相互借鉴,取长补短,推动人类文明进步。合作共赢,就是要倡导人类命运共同体意识,在追求本国利益时兼顾他国合理关切,在谋求本国发展中促进各国共同发展,建立更加平等均衡的新型全球发展伙伴关系,同舟共济,权责共担,增进人类共同利益。

中国将继续高举和平、发展、合作、共赢的旗帜,坚定不移致力于维护世界和平、促进共同发展。

中国将始终不渝走和平发展道路,坚定奉行独立自主的和平外交政策。我们坚决维护国家主权、安全、发展利益,决不会屈服于任何外来压力。我们根据事情本身的是非曲直决定自己的立场和政策,秉持公道,伸张正义。中国主张和平解决国际争端和热点问题,反对动辄诉诸武力或以武力相威胁,反对颠覆别国合法政权,反对一切形式的恐怖主义。中国反对各种形式的霸权主义和强权政治,不干涉别国内政,永远不称霸,永远不搞扩张。中国将坚持把中国人民利益同各国人民共同利益结合起来,以更加积极的姿态参与国际事务,发挥负责任大国作用,共同应对全球性挑战。

中国将始终不渝奉行互利共赢的开放战略,通过深化合作促进世界经济强劲、可持续、平衡增长。中国致力于缩小南北差距,支持发展中国家增强自主发展能力。中国将加强同主要经济体宏观经济政策协调,通过协商妥善解决经贸摩擦。中国坚持权利和义务相平衡,积极参与全球经济治理,推动贸易和投资自由化便利化,反对各种形式的保护主义。

中国坚持在和平共处五项原则基础上全面发展同各国的友好合作。我们将改善和发展同发达国家关系,拓宽合作领域,妥善处理分歧,推动建立长期稳定健康发展的新型大国关

系。我们将坚持与邻为善、以邻为伴,巩固睦邻友好,深化互利合作,努力使自身发展更好惠及周边国家。我们将加强同广大发展中国家的团结合作,共同维护发展中国家正当权益,支持扩大发展中国家在国际事务中的代表性和发言权,永远做发展中国家的可靠朋友和真诚伙伴。我们将积极参与多边事务,支持联合国、二十国集团、上海合作组织、金砖国家等发挥积极作用,推动国际秩序和国际体系朝着公正合理的方向发展。我们将扎实推进公共外交和人文交流,维护我国海外合法权益。我们将开展同各国政党和政治组织的友好往来,加强人大、政协、地方、民间团体的对外交流,夯实国家关系发展社会基础。

中国人民热爱和平、渴望发展,愿同各国人民一道为人类和平与发展的崇高事业而不懈努力。

十二、全面提高党的建设科学化水平

我们党担负着团结带领人民全面建成小康社会、推进社会主义现代化、实现中华民族伟大复兴的重任。党坚强有力,党同人民保持血肉联系,国家就繁荣稳定,人民就幸福安康。形势的发展、事业的开拓、人民的期待,都要求我们以改革创新精神全面推进党的建设新的伟大工程,全面提高党的建设科学化水平。

全党必须牢记,只有植根人民、造福人民,党才能始终立于不败之地;只有居安思危、勇于进取,党才能始终走在时代前列。新形势下,党面临的执政考验、改革开放考验、市场经济考验、外部环境考验是长期的、复杂的、严峻的,精神懈怠危险、能力不足危险、脱离群众危险、消极腐败危险更加尖锐地摆在全党面前。不断提高党的领导水平和执政水平、提高拒腐防变和抵御风险能力,是党巩固执政地位、实现执政使命必须解决好的重大课题。全党要增强紧迫感和责任感,牢牢把握加强党的执政能力建设、先进性和纯洁性建设这条主线,坚持解放思想、改革创新,坚持党要管党、从严治党,全面加强党的思想建设、组织建设、作风建设、反腐倡廉建设、制度建设,增强自我净化、自我完善、自我革新、自我提高能力,建设学习型、服务型、创新型的马克思主义执政党,确保党始终成为中国特色社会主义事业的坚强领导核心。

(一)坚定理想信念,坚守共产党人精神追求

对马克思主义的信仰,对社会主义和共产主义的信念,是共产党人的政治灵魂,是共产党人经受住任何考验的精神支柱。要抓好思想理论建设这个根本,学习马克思列宁主义、毛泽东思想、中国特色社会主义理论体系,深入学习实践科学发展观,推进学习型党组织创建,教育引导党员、干部矢志不渝为中国特色社会主义共同理想而奋斗。抓好党性教育这个核心,学习党的历史,深刻认识党的两个历史问题决议总结的经验教训,弘扬党的优良传统和作风,教育引导党员、干部牢固树立正确的世界观、权力观、事业观,坚定政治立场,明辨大是大非。抓好道德建设这个基础,教育引导党员、干部模范践行社会主义荣辱观,讲党性、重品行、作表率,做社会主义道德的示范者、诚信风尚的引领者、公平正义的维护者,以实际行动彰显共产党人的人格力量。

（二）坚持以人为本、执政为民，始终保持党同人民群众的血肉联系

为人民服务是党的根本宗旨，以人为本、执政为民是检验党一切执政活动的最高标准。任何时候都要把人民利益放在第一位，始终与人民心连心、同呼吸、共命运，始终依靠人民推动历史前进。围绕保持党的先进性和纯洁性，在全党深入开展以为民务实清廉为主要内容的党的群众路线教育实践活动，着力解决人民群众反映强烈的突出问题，提高做好新形势下群众工作的能力。完善党员干部直接联系群众制度。坚持问政于民、问需于民、问计于民，从人民伟大实践中汲取智慧和力量。坚持实干富民、实干兴邦，敢于开拓，勇于担当，多干让人民满意的好事实事。坚持艰苦奋斗、勤俭节约，下决心改进文风会风，着力整治庸懒散奢等不良风气，坚决克服形式主义、官僚主义，以优良党风凝聚党心民心，带动政风民风。支持工会、共青团、妇联等人民团体充分发挥桥梁纽带作用，更好反映群众呼声，维护群众合法权益。

（三）积极发展党内民主，增强党的创造活力

党内民主是党的生命。要坚持民主集中制，健全党内民主制度体系，以党内民主带动人民民主。保障党员主体地位，健全党员民主权利保障制度，开展批评和自我批评，营造党内民主平等的同志关系、民主讨论的政治氛围、民主监督的制度环境，落实党员知情权、参与权、选举权、监督权。完善党的代表大会制度，提高工人、农民代表比例，落实和完善党的代表大会代表任期制，试行乡镇党代会年会制，深化县（市、区）党代会常任制试点，实行党代会代表提案制。完善党内选举制度，规范差额提名、差额选举，形成充分体现选举人意志的程序和环境。强化全委会决策和监督作用，完善常委会议事规则和决策程序，完善地方党委讨论决定重大问题和任用重要干部票决制。扩大党内基层民主，完善党员定期评议基层党组织领导班子等制度，推行党员旁听基层党委会议、党代会代表列席同级党委有关会议等做法，增强党内生活原则性和透明度。

（四）深化干部人事制度改革，建设高素质执政骨干队伍

坚持和发展中国特色社会主义，关键在于建设一支政治坚定、能力过硬、作风优良、奋发有为的执政骨干队伍。要坚持党管干部原则，坚持五湖四海、任人唯贤，坚持德才兼备、以德为先，坚持注重实绩、群众公认，深化干部人事制度改革，使各方面优秀干部充分涌现、各尽其能、才尽其用。全面准确贯彻民主、公开、竞争、择优方针，扩大干部工作民主，提高民主质量，完善竞争性选拔干部方式，提高选人用人公信度，不让老实人吃亏，不让投机钻营者得利。完善干部考核评价机制，促进领导干部树立正确政绩观。健全干部管理体制，从严管理监督干部，加强党政正职、关键岗位干部培养选拔，完善公务员制度。优化领导班子配备和干部队伍结构，注重从基层一线培养选拔干部，拓宽社会优秀人才进入党政干部队伍渠道。推进国有企业和事业单位人事制度改革。加强和改进干部教育培训，提高干部素质和能力。加大培养选拔优秀年轻干部力度，重视培养选拔女干部和少数民族干部，鼓励年轻干部到基层和艰苦地区锻炼成长。全面做好离退休干部工作。

(五)坚持党管人才原则,把各方面优秀人才集聚到党和国家事业中来

广开进贤之路,广纳天下英才,是保证党和人民事业发展的根本之举。要尊重劳动、尊重知识、尊重人才、尊重创造,加快确立人才优先发展战略布局,造就规模宏大、素质优良的人才队伍,推动我国由人才大国迈向人才强国。统筹推进各类人才队伍建设,实施重大人才工程,加大创新创业人才培养支持力度,重视实用人才培养,引导人才向科研生产一线流动。充分开发利用国内国际人才资源,积极引进和用好海外人才。加快人才发展体制机制改革和政策创新,建立国家荣誉制度,形成激发人才创造活力、具有国际竞争力的人才制度优势,开创人人皆可成才、人人尽展其才的生动局面。

(六)创新基层党建工作,夯实党执政的组织基础

党的基层组织是团结带领群众贯彻党的理论和路线方针政策、落实党的任务的战斗堡垒。要落实党建工作责任制,强化农村、城市社区党组织建设,加大非公有制经济组织、社会组织党建工作力度,全面推进各领域基层党建工作,扩大党组织和党的工作覆盖面,充分发挥推动发展、服务群众、凝聚人心、促进和谐的作用,以党的基层组织建设带动其他各类基层组织建设。健全党的基层组织体系,加强基层党组织带头人队伍建设,加强城乡基层党建资源整合,建立稳定的经费保障制度。以服务群众、做群众工作为主要任务,加强基层服务型党组织建设。以增强党性、提高素质为重点,加强和改进党员队伍教育管理,健全党员立足岗位创先争优长效机制,推动广大党员发挥先锋模范作用。严格党内组织生活,健全党员党性定期分析、民主评议等制度。改进对流动党员的教育、管理、服务。提高发展党员质量,重视从青年工人、农民、知识分子中发展党员。健全党员能进能出机制,优化党员队伍结构。

(七)坚定不移反对腐败,永葆共产党人清正廉洁的政治本色

反对腐败、建设廉洁政治,是党一贯坚持的鲜明政治立场,是人民关注的重大政治问题。这个问题解决不好,就会对党造成致命伤害,甚至亡党亡国。反腐倡廉必须常抓不懈,拒腐防变必须警钟长鸣。要坚持中国特色反腐倡廉道路,坚持标本兼治、综合治理、惩防并举、注重预防方针,全面推进惩治和预防腐败体系建设,做到干部清正、政府清廉、政治清明。加强反腐倡廉教育和廉政文化建设。各级领导干部特别是高级干部必须自觉遵守廉政准则,严格执行领导干部重大事项报告制度,既严于律己,又加强对亲属和身边工作人员的教育和约束,决不允许搞特权。严格规范权力行使,加强对领导干部特别是主要领导干部行使权力的监督。深化重点领域和关键环节改革,健全反腐败法律制度,防控廉政风险,防止利益冲突,更加科学有效地防治腐败。加强反腐败国际合作。严格执行党风廉政建设责任制。健全纪检监察体制,完善派驻机构统一管理,更好发挥巡视制度监督作用。始终保持惩治腐败高压态势,坚决查处大案要案,着力解决发生在群众身边的腐败问题。不管涉及什么人,不论权力大小、职位高低,只要触犯党纪国法,都要严惩不贷。

（八）严明党的纪律，自觉维护党的集中统一

党的集中统一是党的力量所在，是实现经济社会发展、民族团结进步、国家长治久安的根本保证。党面临的形势越复杂，肩负的任务越艰巨，就越要加强党的纪律建设，越要维护党的集中统一。各级党组织和广大党员、干部特别是主要领导干部一定要自觉遵守党章，自觉按照党的组织原则和党内政治生活准则办事，任何人都不能凌驾于组织之上。要坚决维护中央权威，在思想上政治上行动上同党中央保持高度一致，坚决贯彻党的理论和路线方针政策，保证中央政令畅通，决不允许"上有政策、下有对策"，决不允许有令不行、有禁不止。加强监督检查，严肃党的纪律特别是政治纪律，对违反纪律的行为必须认真处理，切实做到纪律面前人人平等、遵守纪律没有特权、执行纪律没有例外，形成全党上下步调一致、奋发进取的强大力量。

同志们！在中国特色社会主义道路上实现中华民族伟大复兴，寄托着无数仁人志士、革命先烈的理想和夙愿。在长期艰苦卓绝的奋斗中，我们党紧紧依靠人民，付出了最大牺牲，书写了感天动地的壮丽史诗，不可逆转地结束了近代以后中国内忧外患、积贫积弱的悲惨命运，不可逆转地开启了中华民族不断发展壮大、走向伟大复兴的历史进军，使具有五千多年文明历史的中华民族以崭新的姿态屹立于世界民族之林。在新的征程上，我们的责任更大、担子更重，必须以更加坚定的信念、更加顽强的努力，继续实现推进现代化建设、完成祖国统一、维护世界和平与促进共同发展这三大历史任务。

面对人民的信任和重托，面对新的历史条件和考验，全党必须增强忧患意识，谦虚谨慎，戒骄戒躁，始终保持清醒头脑；必须增强创新意识，坚持真理，修正错误，始终保持奋发有为的精神状态；必须增强宗旨意识，相信群众，依靠群众，始终把人民放在心中最高位置；必须增强使命意识，求真务实，艰苦奋斗，始终保持共产党人的政治本色。

中国特色社会主义事业是面向未来的事业，需要一代又一代有志青年接续奋斗。全党都要关注青年、关心青年、关爱青年，倾听青年心声，鼓励青年成长，支持青年创业。广大青年要积极响应党的号召，树立正确的世界观、人生观、价值观，永远热爱我们伟大的祖国，永远热爱我们伟大的人民，永远热爱我们伟大的中华民族，在投身中国特色社会主义伟大事业中，让青春焕发出绚丽的光彩。

中国特色社会主义事业需要全体中华儿女万众一心、团结奋斗。团结就是大局，团结就是力量。全党同志要用坚强的党性保证团结，用共同的事业促进团结，自觉维护全党的团结统一，巩固全国各族人民大团结，加强海内外中华儿女大团结，促进中国人民同世界各国人民大团结。

让我们高举中国特色社会主义伟大旗帜，更加紧密地团结在党中央周围，为全面建成小康社会而奋斗，不断夺取中国特色社会主义新胜利，共同创造中国人民和中华民族更加幸福美好的未来！

解读十八大报告新思想新观点新部署

五位一体

【报告原文】 必须更加自觉地把全面协调可持续作为深入贯彻落实科学发展观的基本要求,全面落实经济建设、政治建设、文化建设、社会建设、生态文明建设五位一体总体布局,促进现代化建设各方面相协调,促进生产关系与生产力、上层建筑与经济基础相协调,不断开拓生产发展、生活富裕、生态良好的文明发展道路。

"从四位一体上升到五位一体,进一步拓展了中国特色社会主义事业的发展领域和范围,丰富了科学发展观的深刻内涵。"党的十八大报告中提出加快生态文明建设,形成了中国特色社会主义事业总体布局,标志着我们党对经济社会可持续发展规律、自然资源永续利用规律和生态环保规律的认识进入了新境界。中国特色社会主义,既是经济发展、政治民主、文化先进、社会和谐的社会,又是生态环境良好、人与自然和谐的社会。

五位一体,五个方面你中有我,我中有你,互为纽带。比如文化建设提供的是不竭源泉、社会和谐则是我们发展的基石,而生态文明的建设则保证了可持续发展。

"全面协调可持续,这五个方面缺一不可。"经济发展创造"中国奇迹",如果其他几个方面跟不上,特别是社会建设和生态文明建设跟不上,就会造成短板效应,制约发展。

如何落实五位一体总体布局的理念?生态文明建设是巨大的系统工程,需要各方协力推进。环保是生态文明建设的主阵地和根本措施。环保战线要积极探索在发展中保护、在保护中发展的中国环保新道路,遵循代价小、效益好、排放低、可持续的基本要求,加快推进环境管理战略转型,勇担生态文明建设的引领者和实践者。

建成小康

【报告原文】 我们要准确判断重要战略机遇期内涵和条件的变化,全面把握机遇,沉着应对挑战,赢得主动,赢得优势,赢得未来,确保到二○二○年实现全面建成小康社会宏伟目标。

"全面建设"到"全面建成",一字之差标志着我国经济社会发展进入新阶段,十八大报告在党的十六大、十七大确立的全面建设小康社会目标上提出了新的要求:经济持续健康发展,人民民主不断扩大,文化软实力显著增强,人民生活水平全面提高,资源节约型、环境友好型社会建设取得重大进展。

"2020年实现全面建成小康社会,是全党和全国各族人民为之奋斗的共同目标。这一目标的提出,符合中国现实国情,符合科学发展观的要求,符合广大人民群众的意愿。"江苏省宿迁市委书记缪瑞林代表说。

"全面小康"就是丰衣足食、家家都在好房子里住、经济收入来源渠道多、有良好的公共服务和社会保障、有多余的钱投入基础设施建设。

过去十年,中国由世界第六大经济体成长为第二大经济体。这十年,中国城镇居民人均可支配收入和农村居民人均纯收入年均分别增长9.2%和8.1%,是新中国历史上居民收入增长最快的时期之一。当前,中国已经进入了全面建成小康社会的"决定性阶段"。

四化同步

【报告原文】坚持走中国特色新型工业化、信息化、城镇化、农业现代化道路,推动信息化和工业化深度融合、工业化和城镇化良性互动、城镇化和农业现代化相互协调,促进工业化、信息化、城镇化、农业现代化同步发展。

坚持四化同步,必将促进科技进步对经济增长的贡献率的大幅上升,促进工业化和信息化的深度融合,促进城镇化质量的提高,使农业现代化和社会主义新农村建设成效更显著。

快速发展的新型城镇化,正在成为中国经济增长和社会发展的强大引擎。到2011年,全国城镇人口达到6.91亿,城镇化率首次突破50%关口,达到了51.27%。这表明我们已经告别了以乡村型社会为主体的时代,进入到以城市型社会为主体的新时代。工业化与城镇化良性互动,是现代经济社会发展的显著特征。工业化是城镇化的经济支撑,城镇化是工业化的空间依托,推动工业化与城镇化良性互动,相互促进,既是为工业化创造条件,也是城镇化发展的内在规律,涉及大量与群众利益密切相关的具体问题,把信息化与工业化结合起来可以提高效率,也是提高工业经济和企业核心竞争力的重要手段,但有的地方把信息化理解偏了,以为信息化就是买设备。

在未来二三十年里,我国每年将有1000多万人口转移到城市,这必然会带来劳动生产率和城市集聚效益的提高,为农业现代化创造条件。这个过程中必须要以维护好、实现好、发展好广大群众的根本利益作为出发点和落脚点。坚持城镇化和农业现代化相互协调是一项开创性工程,有利于构建科学合理的城市化格局、农业发展格局、生态安全格局。

两个翻番

【报告原文】经济持续健康发展。转变经济发展方式取得重大进展,在发展平衡性、协调性、可持续性明显增强的基础上,实现国内生产总值和城乡居民人均收入比二〇一〇年翻一番。

针对2020年全面建成小康社会的目标,十八大报告中提出"实现国内生产总值和城乡居民人均收入比2010年翻一番"的新指标。代表们认为,双指标同步提出,说明我们不是一味追求经济总量的快速增长,而是下决心更加重视居民收入的提高。报告针对城乡居民收入增长提出明确的倍增目标,这体现了科学发展观的要求,进一步反映了我们党以人为本、民生优先的执政理念,让人倍感温暖。

随着经济社会不断进步,全面建设小康社会的奋斗目标也在不断发展、完善,目标更高,标准更严。实现这个温暖人心的目标并不容易,这是党和政府在改善民生上自我加压。居民收入是硬指标,比起其他的民生指标更直接、更现实,最具有幸福感。甘肃省扶贫办主任、沙拜次力代表认为,将"收入翻番"确定为奋斗目标,更加凸显了中国共产党关注民生的基本立场。

从统计数据看,十六大以来,年均经济增速超过10%;城镇居民人均可支配收入扣除价格因素年均实际增长9.2%,农村居民人均纯收入年均实际增长8.1%,是历史上增长最快的时期之一。报告中提出两个翻番的要求,给我们明确了农村今后的发展道路,为我们指明了发展的方向和目标。收入翻番需要强有力的经济支撑,这需要我们紧紧扭住发展不放松,加快转变经济发展方式,不断做大做好"发展蛋糕"。

美丽中国

【报告原文】把生态文明建设放在突出地位,融入经济建设、政治建设、文化建设、社会建设各方面和全过程,努力建设美丽中国,实现中华民族永续发展。

十六大以来,党中央相继提出走新型工业化发展道路,发展低碳经济、循环经济,建立资源节约型、环境友好型社会,建设创新型国家,建设生态文明等新的发展理念和战略举措。十八大报告,首次提出"美丽中国"、"三个发展"理念。

建设生态文明,完全符合经济发展阶段的需要,也符合人民群众的长远根本利益。探索生产发展、生活富裕、生态良好的文明发展之路,理应成为大家的责任和共识。

这些年党和政府在生态文明的发展进程上持续推进。全国单位国内生产总值能耗10年下降12.9%;实行"最严格的耕地保护制度"、"最严格的节约用地制度"、"最严格的水资源管理制度",坚守18亿亩耕地红线不动摇;"十一五"期间,中国减少二氧化碳排放14.6亿吨,赢得国际社会广泛赞誉。

十八大报告中所指出的大力推进生态文明建设,努力建设美丽中国,实现中华民族永续发展,让我们感到无比振奋。经济发展固然重要,但给子孙后代留下天蓝、地绿、水净的美好家园,更是每一位领导干部义不容辞的职责和担当。

文化活力

【报告原文】建设社会主义文化强国,关键是增强全民族文化创造活力。要深化文化体制改革,解放和发展文化生产力,发扬学术民主、艺术民主,为人民提供广阔文化舞台,让一切文化创造源泉充分涌流,开创全民族文化创造活力持续迸发、社会文化生活更加丰富多彩、人民基本文化权益得到更好保障、人民思想道德素质和科学文化素质全面提高、中华文化国际影响力不断增强的新局面。

从十六大提出"文化体制改革"的任务,到十七大将"文化软实力"写入大会报告;从十七届六中全会首次从完整意义上制定"文化强国战略",到十八大报告再度强调"建设社会主义文化强国,关键是增强全民族文化创造活力",我们党对文化建设规律的认识越来越全面,越来越深刻。

增强全民族文化创造活力,首先必须解放和发展文化生产力。文化创造必定在文化改革发展中实现,过去我们是几年排不了一出戏,现在通过转企改制,面向市场,走向观众,取得了社会效益与经济效益的双丰收。

参考文献

[1] 顾亚奇,常仕本,章晓宇.伟大的历程:中国改革开放30年[M].北京:中信出版社, 2008.

[2] 张坤根,端木清华.改革开放30年重大决策始末(1978—2008)[M].成都:四川人民出版社,2008.

[3] 陆学艺.中国经验——改革开放30年社会建设实践[M].太原:山西人民出版社,2008.

[4] 国务院台湾事务办公室.台湾概况与台湾问题.http://www.gwytb.gov.cn/zlzx/twwt.htm.

[5] 王晓妹.试述党的三代领导集体解决台湾问题的基本方针[J].大连海事大学学报,2007(3).

[6] 苏海涛.两岸和平统一的新纲领——学习胡锦涛同志发展两岸关系的意见、主张和建议[J].中央社会主义学院学报,2007(1).

[7] 刘国深.当代台湾政治分析[M].北京:九州出版社,2002.

[8] 张云.西藏历史问题研究[M].北京:中国藏学出版社,2006.

[9] 中国社会科学院世界经济与政治研究所.全球政治与安全报告:2008[R].北京:社会科学文献出版社,2007.

[10] 韩振亚.美国次贷危机的起因、影响及启示[J].现代金融,2008(7).

[11] 周宇豪.利益攸关:中美关系的过去、现在、未来[M].北京:中国传媒大学出版社,2007.

[12] 苗迎春.经贸关系:21世纪中美关系的战略新基础[J].世界经济与政治论坛,2002(5).

[13] 杨洁勉.中美关系面临考验——布什新政府对华政策[J].美国研究,2001(2).

[14] 余建军.美国大众的中国观与美国对华政策:1990—2002[J].美国研究,2004(2).

[15] 时殷弘.中美关系基本透视和战略分析[J].世界经济与政治论坛,2007(4).

[16] 李建民.冷战后的中日关系史:1989—2006[M].北京:中国经济出版社,2007.

[17] 冯昭奎,林昶.中日关系报告[R].北京:时事出版社,2007.

[18] 栾景河.中俄关系的历史与现实[M].开封:河南大学出版社,2004.

[19] 姜毅.新世纪的中俄关系[M].北京:世界知识出版社,2007.

[20] 倪世雄.当代西方国际关系理论[M].上海:复旦大学出版社,2005.

[21] 颜声毅.当代中国外交[M].上海:复旦大学出版社,2004.

[22] 刘德斌.国际关系史[M].北京:高等教育出版社,2003.

[23] 阎学通.中国国家利益分析[M].天津:天津人民出版社,1996.

[24] 韩玉贵.冷战后的中美关系[M].北京:社会科学文献出版社,2007.
[25] 李爱华,韩玉贵.走向世界——我国对外开放中的重大关系研究[M].北京:中国人民公安大学出版社,1999.
[26] 杨光,温伯友.中东非洲发展报告:2002—2003[M].北京:社会科学文献出版社,2003.
[27] 王泰平.新中国外交50年[M].北京:北京出版社,1999.
[28] 罗建波.非洲一体化与中非关系[M].北京:社会科学文献出版社,2006.
[29] 艾周昌,沐涛.中非关系史[M].上海:华东师范大学出版社,1996.
[30] 顾章义.崛起的非洲[M].北京:中国青年出版社,1999.

读者反馈表

尊敬的读者：

您好！感谢您多年来对哈尔滨工业大学出版社的支持与厚爱！为了更好地满足您的需要，提供更好的服务，希望您对本书提出宝贵意见，将下表填好后，寄回我社或登录我社网站（http://hitpress.hit.edu.cn）进行填写。谢谢！您可享有的权益：

☆ 免费获得我社的最新图书书目　　　☆ 可参加不定期的促销活动
☆ 解答阅读中遇到的问题　　　　　　☆ 购买此系列图书可优惠

读者信息

姓名_____　□先生　□女士　　年龄_____　学历_____
工作单位_____　职务_____
E-mail_____　邮编_____
通讯地址_____
购书名称_____　购书地点_____

---

1. 您对本书的评价

内容质量　　□很好　　□较好　　□一般　　□较差
封面设计　　□很好　　□一般　　□较差
编排　　　　□利于阅读　□一般　□较差
本书定价　　□偏高　　□合适　　□偏低

2. 在您获取专业知识和专业信息的主要渠道中，排在前三位的是：
①_____　②_____　③_____
A. 网络　B. 期刊　C. 图书　D. 报纸　E. 电视　F. 会议　G. 内部交流　H. 其他：_____

3. 您认为编写最好的专业图书(国内外)

书名	著作者	出版社	出版日期	定价

4. 您是否愿意与我们合作，参与编写、编译、翻译图书？
_____

5. 您还需要阅读哪些图书？
_____

网址：http://hitpress.hit.edu.cn
技术支持与课件下载：网站课件下载区
服务邮箱　wenbinzh@hit.edu.cn　duyanwell@163.com
邮购电话　0451－86281013　　0451－86418760
组稿编辑及联系方式　赵文斌(0451－86281226)　杜燕(0451－86281408)
回寄地址：黑龙江省哈尔滨市南岗区复华四道街10号　哈尔滨工业大学出版社
邮编：150006　传真 0451－86414049